O RECONHECIMENTO DO IMPÉRIO

OLIVEIRA LIMA

O RECONHECIMENTO DO IMPÉRIO

HISTÓRIA DA DIPLOMACIA BRASILEIRA

Introdução
Leslie Bethell

2ª edição

Copyright © Topbooks, 2015
1ª edição: 1901

EDITOR
José Mario Pereira

EDITORA ASSISTENTE
Christine Ajuz

REVISORA
Cristina Pereira

PRODUÇÃO
Mariangela Felix

CAPA
Adriana Moreno

DIAGRAMAÇÃO
Filigrana

CIP-BRASIL. CATALOGAÇÃO-NA-FONTE
SINDICATO NACIONAL DOS EDITORES DE LIVROS, RJ

L699h
2. ed.

    Lima, Manuel de Oliveira, 1867-1928
      História diplomática do Brasil : reconhecimento do Império / Oliveira Lima. - 2. ed. - Rio de Janeiro : Topbooks, 2015.
    224 p. ; 23 cm.

    ISBN 978-85-7475-251-8

    1. Brasil - Relações exteriores - 1822-1889. 2. Brasil - História - I Reinado, 1822-1831. I. Título.

15-24750   CDD: 327.81
                              CDU: 327(81)

TODOS OS DIREITOS RESERVADOS POR
Topbooks Editora e Distribuidora de Livros Ltda.
Rua Visconde de Inhaúma, 58 / gr. 203 – Centro
Rio de Janeiro – CEP: 20091-007
Telefax: (21) 2233-8718 e 2283-1039
topbooks@topbooks.com.br | www.topbooks.com.br
Também estamos no facebook.

SUMÁRIO

Introdução à 2ª edição — *Leslie Bethell* 15
À memória de um amigo 31

O RECONHECIMENTO DO IMPÉRIO

I

A Europa e o reconhecimento. 37
Papel da esquadra na independência. 37
Aberturas de reconciliação 38
Nomeação de Brant e Gameiro 38
Expedições armadas na Inglaterra. 38
Encarregatura de negócios de Hipólito. 39
Instruções a Gameiro 40
Posição diplomática do Brasil. 40
Justificação da independência. 41
A mediação inglesa sugerida. 42
A Áustria igualmente medianeira. 42
Canning resolve a questão da mediação ou bons ofícios. 42
Canning como interventor a pedido. 43
Benevolência da Áustria. 44
Hostilidade da Santa Aliança. A Inglaterra e a
   Áustria em pontos de vista diversos. 44
Metternich e a Constituição Brasileira. 44
A orientação francesa sob os Bourbons. 45
Largos planos de Chateaubriand. 45
A França no Novo Mundo. 46
Inconvenientes para o partido da reação de uma solução
   amigável do conflito luso-brasileiro. 46
Embaraços criados pelo partido da reação. 47

Evolução liberal na Inglaterra e papel de Canning
na política europeia..47
O conservantismo de lord Castlereagh. 48
Castlereagh e a emancipação do Novo Mundo. 48
Metternich e o Foreign Office...49
Era Canning um democrata?..49
Canning e Jorge IV. 50
Influência de Canning no partido e sua independência
de opiniões. 51
Perfil intelectual e político de Canning. 51
Pitt e Canning. 52
A libertação da América Latina..52

II

O comércio britânico favorável ao reconhecimento................55
Diferente proceder de Canning para com Portugal e a Espanha. 55
Emancipação das colônias espanholas da América. 56
Emissários ingleses na América espanhola...............................58
Oferecimento pela Grã-Bretanha à Espanha da sua mediação. 58
A doutrina de Monroe e a parte que nela cabe a Canning 58
Oportunidade do reconhecimento da América Espanhola. ...59
Influxo dos Estados Unidos. 59
Canning e as monarquias absolutas...60
Condições de neutralidade no reconhecimento da
América Espanhola. 60
Canning entre Portugal e Brasil. 61
Interesse de Canning no reconhecimento do Império............61
Delongas de Portugal. 61
Instabilidade política no Brasil. Os Andradas e o
sentimento liberal..62
Portugal invoca em Londres os antigos tratados de aliança. 63
A Chancelaria brasileira discute o apelo português. 64
Concessões do Império..65
A opinião pública e a suspensão das hostilidades. 65

Solidez da Independência. 66
Conveniência de transferir para Londres a sede das negociações. 67
A personalidade do Imperador. 67
A fibra militar. 68
Os plenipotenciários brasileiros. 68
A questão do reconhecimento. 69
A sucessão da coroa portuguesa. 70

III

Primeiros passos de Brant e Gameiro. 71
Carta ao marquês de Palmela. 71
Resposta do governo português. 72
Palmela no ministério. 72
Inclinações francesas de Subserra. 72
Desafio de honrarias: o Santo Espírito e a Jarreteira. 73
Tergiversação da Corte de Lisboa. 73
Atitude do ministro Vila Real na troca dos plenos poderes. 73
A Abrilada. 74
Pressa da Inglaterra com relação ao reconhecimento. 74
A questão do tráfico de escravos desde 1810. 74
O Brasil e a escravidão. 76
A missão Amherst ao Rio de Janeiro. O tráfico e José Bonifácio. 76
Instruções secretas de Brant e Gameiro sobre o tráfico. 77
A França e a Grã-Bretanha na Península Ibérica. 78
Partido tirado pelos políticos brasileiros das rivalidades internacionais. ... 79
Ação dos enviados brasileiros junto a Canning. 80
Esboço de tratado formulado por Brant e Gameiro. 80
Canning e a sucessão. 80
Exigências prévias de Vila Real na primeira conferência do
   Foreign Office. 81
A suspensão das hostilidades. 81
Expedição portuguesa ao Rio de Janeiro. 81
Segunda conferência no Foreign Office. Canning assume a tarefa
   de redigir um projeto de tratado. 81

IV

Fraqueza dos recursos militares do Reino. Papel glorioso
   da marinha nacional. 83
As presas de lord Cochrane. 84
Entrevista confidencial de Vila Real com os enviados brasileiros. 84
Novas conferências no Foreign Office. Má vontade da Áustria.
   Juízo de Metternich sobre Canning. 85
Projeto de tratado apresentado por George Canning. 85
Insistências de Vila Real e evasivas de Brant e Gameiro 86
Espírito de rebelião no Brasil 86
Aspecto moral da capital brasileira. 87
Recusa para a transmissão do projeto Canning. 88
Canning transmite seu próprio projeto de tratado para Lisboa. 89
Solicitude de Canning pelas negociações. 89
Afazeres da legação. 89
Empréstimo brasileiro prejudicado pela revolução pernambucana de
   1824. Esperanças portuguesas. Fuga de Manoel de Carvalho. 90
Brant e Gameiro recebem novas instruções. O armistício e a
   sucessão ao trono português. 91
Pretensões portuguesas à suserania. Vantagens comerciais
   oferecidas pelo Brasil. 93
Oposição portuguesa. Ideias de Palmela. Simpatia de Canning. 94
Contraprojeto português. 94
Esforços dos enviados brasileiros em favor da paz.
   Correspondência entre Brant e Palmela. 95
Observações da Chancelaria brasileira ao projeto de Canning. 96

V

Comunicação oficial do contraprojeto. Preparativos de guerra 99
Relações comerciais do Brasil com a Inglaterra. Oposição
   de Wellington e Eldon ao reconhecimento. 99
A questão do pau-brasil. 100
Oposição da maioria do gabinete e do rei às ideias de Canning 100
Reconciliação do rei com o seu secretário de Estado. 101

Influência da Santa Aliança em Lisboa. Mudança benévola para
com o Brasil na atitude da Áustria. Intriga de Metternich. 102
Cordialidade de relações entre Esterhazy e Canning. A Santa
Aliança e o reconhecimento das repúblicas espanholas. 103
A Áustria abandona Portugal. Palmela e Subserra mandam ao Rio
um emissário secreto. O imperador e as negociações clandestinas..... 104
Brant e Gameiro exploram o despacho do emissário.
   Brant preconiza uma guerra econômica. 105
O Brasil recusa declarar a cessação das hostilidades....................105
Desavença entre Vila Real e os enviados brasileiros.
   Subsequente reconciliação. 106
Desunião moral entre Portugal e Brasil.
   Razões deste estado de espírito. 106
O papel de D. Miguel. Palmela e Subserra............................108
Resolução de Canning...108
Bons conselhos de Canning. 109
O reconhecimento em França. 110
Interesses britânicos na América Latina..............................112
Palmela e a Santa Aliança. Réplica de Canning ao contraprojeto. 112
Intrigas francesas em Lisboa. Hyde de Neuville.......................113
Linguagem de Canning para o Brasil. 114
Circular do governo português. 114
Deliberação de Canning com relação ao reconhecimento das
   Repúblicas espanholas. Despeito de Brant e Gameiro. 115
Júbilo dos nossos enviados. Missão de sir Charles Stuart. 116
Canning concilia a Áustria. Brant e Gameiro
   rejeitam o contraprojeto..118
Natureza da missão de sir Charles Stuart. 119
Portugal perde a oportunidade de fazer o reconhecimento.
   Carta de Brant a D. Miguel de Melo. 119
Política prática da Inglaterra. Dissimulações de Metternich. 120
Urgência do reconhecimento. 121
Resposta de D. Miguel de Melo. 121
Mudança radical em Metternich. 121

Os adversários de Canning na sua política latino-americana.
A Áustria, a França e a Rússia. 122

VI

Sir William A'Court, embaixador em Lisboa. 125
Chegada de sir Charles Stuart a Lisboa. Início das negociações............126
Instruções de Canning. 126
As negociações e as potências continentais. 128
O reconhecimento na Europa e na América Latina. 129
A entrevista de Combe Wood. 130
A Carta Régia. Partida de sir Charles para o Rio de Janeiro................130
A Carta Régia julgada em Londres. 131
A Inglaterra no caso de malogro das negociações do Rio. 132
Opiniões de Neumann..133
A missão Stuart e a nossa Secretaria de Estrangeiros. 134
Partida de Brant para o Brasil. Gameiro e Palmela em Londres............135
Perfil de Palmela. Razões de sua popularidade em Londres. 136
Palmela e a Independência do Brasil. 138
Palmela, a demissão de Subserra e a agitação de Hyde de Neuville. 139

VII

Chegada de sir Charles Stuart ao Brasil. Acolhimento imperial.
Nomeação dos plenipotenciários brasileiros..................................141
A situação do Império com relação a Buenos Aires. 141
A Inglaterra e a política platina do Brasil. 142
Ideias de Gameiro sobre a questão de Montevidéu. 143
Buenos Aires igualmente solicita a intervenção inglesa. 144
As negociações no Rio de Janeiro. 145
O tratado e convenção de 29 de agosto de 1825. 148
Ratificação do Tratado e convenção. 151
Palmela e os tratados entre Portugal e Inglaterra. 151
Sir Charles Stuart e o tratado de comércio com a Grã-Bretanha.........152

VIII

O tratado luso-brasileiro julgado em Londres. 153
O tratado em Portugal. 154
O título imperial. 154
Crítica do tratado. 155
O tratado no Brasil. 155
Defesa do tratado por sir Charles Stuart. 156
Satisfação de Canning com o tratado. 157
Os tratados com a Grã-Bretanha. Sua não ratificação. ...158
Motivos da não ratificação. Os favores comerciais. 159
O direito de busca. 159
A conservatória inglesa. 161
Os réus de alta traição. 161
A publicação dos tratados. 162
Canning e sir Charles Stuart. 163
O texto dos tratados. 164
Desvantagens dos tratados. 166
D. João VI, imperador do Brasil. 167
Recebimento de Itabaiana. 167

IX

O reconhecimento nas outras Cortes da Europa. 169
A Áustria. 169
A França. 171
A Santa Sé. 173
O reconhecimento nas outras Cortes europeias. 176

X

Falecimento de Canning. Sua individualidade. 181

Apêndice 183

INTRODUÇÃO À 2ª EDIÇÃO

Leslie Bethell[1]

Manuel de Oliveira Lima, grande historiador pernambucano, nasceu no Recife em 1867. Seu pai era comerciante português e voltou para Portugal quando o filho tinha 6 anos. Manuel, então, foi educado em Lisboa, onde estudou do curso primário à universidade. História era seu interesse principal. Foi inspirado pelo livro *História do Brasil*, de autoria do poeta inglês Robert Southey, pelas obras do historiador Francisco Adolfo de Varnhagen e pelos historiadores da Escola Alemã (Leopold von Ranke, Theodor Mommsen etc.), com quem ele aprendeu o uso crítico das fontes primárias e o papel da História na afirmação da nacionalidade.

Em 1890, um ano depois da Proclamação da República, Oliveira Lima, aos 23 anos, regressou ao Brasil e entrou no serviço diplomático. No princípio de 1891 assumiu o cargo de adido de primeira classe (mais tarde secretário de segunda classe) à legação em Lisboa. Depois serviu em Berlim (1892-1895), Washington (1896-1899) e Londres (1900-1901). Como chefe da legação, representou o Brasil em Tóquio (1901-1903), Caracas (1905-1906) e Bruxelas/Estocolmo (1908-1912). Quando o Senado vetou a indicação de seu nome para a chefia na legação em Londres, em julho de 1913 (sob a acusação de monarquismo), ele se aposentou e passou à vida privada (e ao estudo da história do Brasil), vivendo em Londres, Recife e finalmente Washington, onde faleceu em 1928.

---

[1] Professor Emérito em História da América Latina, Universidade de Londres; *Fellow* Emérito, St. Antony's College, Universidade de Oxford, onde foi Diretor fundador do Centro de Estudos Brasileiros (1997-2007); e sócio correspondente (um dos vinte membros estrangeiros eleitos) da Academia Brasileira de Letras.

Em cada posto diplomático, e entre os mesmos, assim como escrevendo para os jornais (*Jornal do Recife, Jornal do Brasil* e *O Estado de S. Paulo*), Oliveira Lima dedicou a maior parte de seu tempo pesquisando e escrevendo livros sobre a história do Brasil. Sua obra-prima, *D. João VI no Brasil 1808-1821*, foi publicada em dois volumes em 1908 (Rio de Janeiro: Topbooks, 4ª ed., 2006). Esta publicação foi seguida por *Formation Historique de la Nationalité Brésilienne* (Paris, 1911; tradução em português, Rio de Janeiro. 1944; Rio de Janeiro: Topbooks, 2ª ed., 1997), baseada nas suas conferências na Sorbonne; *The evolution of Brazil compared with that of Spanish and Anglo-Saxon America* (Stanford, 1914; tradução em português: *América Latina e América Inglesa. A evolução brasileira comparada com a hispano-americana e com a anglo-americana*, Rio de Janeiro/Paris, 1914; 2ª ed. Brasília: Senado Federal, 2010), baseado nas seis conferências que proferiu na Universidade de Stanford em 1912; e, depois da sua aposentadoria, *O Movimento da Independência 1821-1822* (São Paulo, 1922; 2ª ed. Belo Horizonte: Itatiaia, 1989; 3ª ed. RJ: Topbooks) e *O Império Brasileiro (1822-1889)* (São Paulo, 1927; 2ª ed. Brasília: Editora UnB, 1986).

Antes de *D. João VI no Brasil*, Oliveira Lima já tinha publicado, dentre outros livros, *Pernambuco, seu desenvolvimento histórico* (Leipzig, 1894), seu primeiro: (e como resultado disso foi eleito sócio do Instituto Histórico e Geográfico Brasileiro em 1895, antes de completar 28 anos de idade); *Aspectos da literatura colonial brasileira* (Leipzig, 1896), e depois deste livro, em 1897, aos 29 anos, foi eleito membro fundador da Academia Brasileira de Letras, cadeira 39, que teve Varnhagen como patrono; e *O Reconhecimento do Império. A História Diplomática do Brasil* (Rio de Janeiro/Paris, 1901).

Oliveira Lima pesquisou e escreveu *O Reconhecimento do Império*, além da *Relação dos manuscritos portugueses e estrangeiros de interesse para o Brasil existentes no Museu Britânico de Londres*, pelo Instituto Histórico e Geográfico Brasileiro e publicado em 1903, durante um ano que passou em Londres (1900-1901). Assumiu o cargo de primeiro secretário na legação em Londres no início de 1900, e tornou-se *chargé* d'affaires – aos 33 anos, e depois apenas de nove anos no Itamaraty – logo após o falecimento do ministro Arthur de Souza Corrêa em março. Em junho, entretanto, Joaquim Nabuco, que já estivera na Europa (entre Londres e Paris) como chefe da missão especial para preparar e apresentar o caso brasileiro na disputa com a Grã-Bretanha pelas fronteiras do Brasil com a Guiana Inglesa, assumia a chefia da legação: com isso, no início de 1901 Oliveira Lima foi transferido para o Japão.

Baseado numa vasta coleção de documentação primária portuguesa e inglesa disponível na época, *O reconhecimento do Império*, é um detalhado estudo sobre as negociações diplomáticas complexas em Londres, Lisboa e Rio de Janeiro, que levaram ao tratado de agosto de 1825, no qual Portugal reconheceu o Império do Brasil como nação soberana, de acordo com sua declaração da independência em setembro de 1822. A atenção principal foi dada ao papel, como mediadores entre Portugal e o Brasil, do chanceler do Império Austríaco, o príncipe Von Metternich, e, sobretudo, o ministro das Relações Exteriores da Grã Bretanha, George Canning. José Veríssimo supostamente havia sugerido que o livro de Oliveira Lima fosse renomeado *George Canning e o Reconhecimento do Império*! Dedicado (25 de janeiro de 1901) à memória do barão de Itajubá, seu amigo e chefe na legação em Berlim, responsável por obter o reconhecimento da república brasileira pelo governo francês, em junho de 1890, antes de qualquer outra nação europeia, o livro de Oliveira Lima pretendeu ser a primeira de uma série de estudos sobre a história da diplomacia brasileira no século XIX, mas infelizmente não chegou a se realizar.

Após a publicação no Brasil do *Archivo Diplomático da Independência*, 6 vols. (Rio de Janeiro, 1922-1925), detalhes adicionais à história do reconhecimento da independência do Brasil foram acrescentados, por exemplo, pelos livros de Hilobrando Pompeio Pinto Accioly, *O reconhecimento da independência do Brasil* (1927; 2ª ed. 1945), Pandiá Calógeras, *A política exterior do Império*, vol. I *As origens* (1927), vol. II *O primeiro reinado* (1928), e Alan K. Manchester, *British Preeminence in Brazil: its rise and decline* (Chapel Hill: University of North Carolina Press, 1933; tradução em português, São Paulo: Brasiliense, 1973), capítulo VIII "O preço do reconhecimento, 1822-1827". Manchester também fez grande uso dos documentos do Foreign Office no Public Record Office (agora National Archive), Londres, alguns dos quais podem ser encontrados in C. K. Webster, ed. *Britain and the Independence of Latin America, 1812-1830. Select Documents from the Foreign Office Archives*, 2 vols. (London, 1938). Sobre o papel do Canning, ver H.V. Temperley,

Foreign Policy of Canning 1822-1827 (1925); Caio de Freitas, *George Canning e o Brasil: influência da diplomacia inglesa na formação brasileira*, 2 vols. (São Paulo, 1958), e um pequeno panfleto escrito por mim, *George Canning and the Independence of Latin America* (London: Hispanic and Luso-Brazilian Council, 1970).

Em "The Independence of Brazil and the abolition of the Brazilian slave trade: Anglo-Brazilian relations 1822-1826", *Journal of Latin American Studies* 1/2 (1969) e *The Abolition of the Brazilian Slave Trade. Britain, Brazil and the slave trade question, 1807-1869* (Cambridge: Cambridge University Press, 1970; tradução em português, Editora Expressão e Cultura/Editora Universidade de São Paulo, 1976; Brasília, Editora do Senado Federal, 2002), capítulo 2, "Independência e abolição, 1822-1826", eu tive a oportunidade de expandir este aspecto da diplomacia da independência brasileira na correspondência oficial nos arquivos do Foreign Office em Londres, no Arquivo Histórico do Itamaraty no Rio de Janeiro e também na correspondência privada de Canning na City Library, Leeds, Inglaterra. Charles Landseer foi o artista oficial da missão Stuart e, na minha "Introdução" ao *Charles Landseer. Em Desenhos e Aquarelas de Portugal e do Brasil, 1825-1826* (Rio de Janeiro: Instituto Moreira Salles, 2010), pude incluir detalhes da correspondência privada de Sir Charles Stuart da Lilly Library, na Universidade da Indiana, em Bloomington, Indiana, Estados Unidos.

Novo material dos arquivos portugueses pode ser encontrado em Maria Cândida Proença, *A Independência do Brasil: Relações Externas Portuguesas, 1808-1825* (Lisboa: Livros Horizonte, 1987) e Gabriel Paquette, *Imperial Portugal in the Age of Atlantic Revolutions. The Luso-Brazilian World, c.1770-1850* (Cambridge: Cambridge University Press, 2013). O foco principal do livro de Paquette, entretanto, é o processo da escrita da *Carta* constitucional de D. Pedro para Portugal e a recepção desta em Lisboa. Mas isso aconteceu quase um ano depois do reconhecimento português da independência do Brasil.

Apesar de toda a pesquisa feita pelos historiadores brasileiros, portugueses, norte-americanos e ingleses desde a publicação de *O Reconhecimento do Império,* o livro de Manuel de Oliveira Lima permanece como o indispensável estudo clássico sobre a diplomacia da independência do Brasil. E o apêndice contém 16 textos fundamentais, começando com as Instruções ao negociador brasileiro em Londres, em 24 de novembro de 1823, até o próprio Tratado de 29 de agosto de 1825.

* * *

Após a declaração da independência do Brasil de Portugal, em setembro de 1822, e a aclamação do príncipe regente português D. Pedro, o filho de 24 anos de Dom João VI, como imperador o novo governo brasileiro estava ansioso para garantir não só o reconhecimento português mas também o reconhecimento internacional do Império independente do Brasil. Como em qualquer novo país, esse processo era necessário a fim de garantir o acesso ao mercado financeiro internacional, isto é, à época, a City de Londres, para obter empréstimos governamentais. Mais especificamente no caso do Brasil, era importante por dois motivos principais: primeiro para evitar qualquer tentativa de último momento por parte de Portugal, encorajado e possivelmente ajudado pelas potências reacionárias da Europa que faziam parte da Santa Aliança (Áustria, Prússia e Rússia), junto com a França, de reafirmar a autoridade de D. João no Brasil; segundo, e em última instância ainda mais importante, para fortalecer a própria autoridade de D. Pedro no Brasil contra elementos legalistas, regionalistas/separatistas e republicanos.

O movimento pela independência na América portuguesa havia extraído sua força das províncias do Centro-Sul – Rio de Janeiro, São Paulo e Minas Gerais – e especialmente da capital, Rio de Janeiro. As províncias do Nordeste e do Norte, que ficam geograficamente mais próximas a Portugal, não estavam integradas economicamente com o Centro-Sul e, historicamente, em muitos aspectos, tinham laços mais fortes com Lisboa do que com o Rio de Janeiro. Como nelas ainda havia também uma presença militar portuguesa considerável, comunidades mercantis de bom tamanho, e bastante sentimento a favor dos portugueses, inicialmente escolheram permanecer leais a Portugal. Entre maio e julho de 1823, no entanto, os militares leais a D. Pedro e à Marinha — esta organizada pelo mercenário inglês Lord Cochrane, revigorado por seus triunfos no Chile e no Peru — derrotaram a oposição na Bahia, no Maranhão e no Pará. As últimas tropas portuguesas deixaram o Brasil em março de 1824.

Entre os que estavam a favor da separação de Portugal, especialmente no Nordeste, continuava a haver uma oposição significativa à criação de um Estado unitário compreendendo toda a América portuguesa, à centralização do poder no Rio de Janeiro e, sobretudo, à continuação da monarquia nas mãos dos Braganças. Em março de 1824, uma rebelião armada em Pernambuco levou ao estabelecimento de uma república independente, a Confederação do Equador, que teve o apoio dos estados da Paraíba, Rio Grande do Norte e Ceará, e atraiu a simpatia de todo o Norte e Nordeste do país. Como ocorrera com uma tentativa anterior de estabelecer uma república em Pernambuco em 1817, essa teve, no entanto, pouca duração, e foi sufocada pelas tropas imperiais em seis meses.

Afora dois reinos africanos, os Estados Unidos, em junho de 1824, foram o primeiro país a reconhecer o Império brasileiro. Mas como os Estados Unidos não eram uma das Grandes Potências, isso foi virtualmente irrelevante. A atitude da Grã-Bretanha, por outro lado, foi crucial, pois tinha emergido das Guerras Napoleônicas política e economicamente proeminente não só na Europa mas no mundo todo. Além disso, Portugal era historicamente dependente da Grã--Bretanha e precisaria do apoio britânico para a defesa do resto de seu império após a perda do Brasil, bem como precisaria da própria defesa contra a Espanha e, se necessário, contra as potências da Santa Aliança. Como o marechal Felisberto Caldeira Brant Pontes, o futuro marquês de Barbacena, agente de D. Pedro em Londres, escreveu ao ministro de Relações Exteriores, José Bonifácio de Andrada e Silva, em julho de 1823: "Com a amizade da Inglaterra nós podemos estalar os dedos para o resto do mundo... Não será necessário mendigar o reconhecimento de qualquer outra potência, pois todas quererão a nossa amizade".[2]

O Brasil teve sorte de encontrar a Grã-Bretanha e, em particular, George Canning, que tinha se tornado ministro das Relações Exteriores em setembro de 1822, uma semana após o Grito do Ipiranga de D. Pedro, disposto, por uma variedade de razões diferentes, a reconhecer prontamente a independência brasileira. Em primeiro lugar, essa era, na opinião de Canning, um *fait accompli*. Portugal não tinha nem a vontade política nem os recursos financeiros e mi-

---

[2] Citado em Manchester, *British preeminence in Brazil*, pág. 193, nota 25.

litares para resistir à independência do Brasil. E Canning já estava se preparando para reconhecer várias repúblicas hispano-americanas – o México, a Confederação do Rio da Prata, a Colômbia e o Chile – por razões de sua independência *de facto*. Além disso, ao contrário dos Estados Unidos e dos países hispano-americanos recentemente independentes, o Brasil independente tinha mantido a monarquia, e Canning estava ansioso para preservá-la como um antídoto ao republicanismo e àquilo que ele considerava "os males da democracia universal" no continente americano, e um elo valioso entre o Velho e o Novo Mundos. Qualquer atraso indevido em reconhecer o Império brasileiro poderia pôr em perigo as frágeis instituições políticas do país e ameaçar sua precária unidade territorial.

Ao mesmo tempo, um reconhecimento britânico antecipado iria consolidar a ascendência política e econômica da Grã-Bretanha sobre o Brasil, estabelecida em 1808, como resultado do papel decisivo daquele país na transferência do príncipe regente D. João e da Corte portuguesa de Lisboa para o Rio de Janeiro. Com Portugal agora dependente da Grã-Bretanha para a defesa do Brasil e do resto do império português no além-mar bem como da libertação de Portugal, a figura política mais poderosa na Corte portuguesa no Rio de Janeiro era o ministro britânico Percy Clinton Sydney Smythe, o sexto Visconde Strangford. "Eu dei à Inglaterra", ele declarou notoriamente, "o direito de estabelecer com os Brasis a relação de soberano e súdito e de exigir obediência a ser paga como o preço da proteção [*I have entitled England to establish with the Brazils the relation of Sovereign and Subject and to require obedience to be paid as the price of recognition*]".[3]

A Grã-Bretanha tinha sido o beneficiário principal e imediato da abertura dos portos do Brasil ao comércio internacional em 1808. Mas isso não era o bastante. Em fevereiro de 1810, um Tratado de Navegação e Comércio foi imposto a Portugal, segundo o qual os bens manufaturados britânicos importados para o Brasil atrairiam uma tarifa preferencial máxima de 15%. Além disso, os comerciantes britânicos teriam direito a residir e a adquirir propriedades no Brasil, com suas próprias igrejas, cemitérios e hospitais, mas também o di-

---

[3] Ibid, pág. 67.

reito de nomear magistrados especiais, os chamados juízes conservadores, que ficariam responsáveis por casos que envolvessem súditos britânicos no Brasil.

A influência política da Grã-Bretanha no Brasil diminuiu bastante após 1815. No entanto, a Revolução Liberal em Portugal em 1820, a volta de D. João a Lisboa em 1821 (deixando D. Pedro no Brasil como príncipe regente), a tentativa por parte das Cortes portuguesas em 1821-1822 de fazer voltar os ponteiros do relógio para 1808 e "recolonizar" o Brasil e a subsequente declaração de independência do Brasil, em setembro de 1822, com sua ansiedade por um reconhecimento internacional, deram à Inglaterra novas oportunidades não só de consolidar sua influência política mas também de expandir sua predominância econômica no país. O tratado anglo-português de 1810 deveria expirar em 1825 (depois de quinze anos em vigor). Sua renovação pelo Brasil, que já tinha se tornado o terceiro maior mercado estrangeiro da Grã-Bretanha, foi considerada imperativa para os interesses comerciais britânicos naquele país e qualquer tratado comercial assinado com o Brasil significaria um reconhecimento *de facto*.

Finalmente, a declaração de independência do Brasil tinha presenteado a Grã-Bretanha com uma oportunidade única de fazer um progresso significativo na questão do comércio escravista. Após uma luta de vinte anos, a Grã-Bretanha tinha abolido o comércio transatlântico de escravos em 1807 e imediatamente adotou uma política de promover a abolição internacional. A transferência da Corte portuguesa para o Rio de Janeiro sob a proteção britânica em 1807-1808 havia permitido que a Grã-Bretanha obrigasse Portugal, ainda que relutante, a fazer concessões sobre o comércio de escravos. Sob o artigo 10 do Tratado de Aliança e Amizade, assinado em 1810, o governo português se comprometeu a limitar o comércio a seus próprios territórios e prometeu tomar iniciativas a favor de uma abolição total. Em 1815, em um tratado assinado durante o Congresso de Viena, Portugal declarou ilegal o comércio de escravos ao norte do Equador e reiterou seu compromisso de abolir gradativamente todo esse tipo de comércio. E em 1817, em convenção adicional ao tratado de 1815, Portugal concedeu à marinha britânica o direito de suprimir o comércio ilegal em alto-mar e os instrumentos para fazê-lo – principalmente o "direito de busca", o direito de deter navios suspeitos de levar escravos ilegalmente e mandá-los a julgamento diante de "tribunais de comissão mista" anglo-portugueses, especialmente constituídos, em Freetown, Serra Leoa e Rio de Janeiro, que poderiam condenar os navios e libertar quaisquer escravos que neles estivessem.

Em circunstâncias normais, dada a dependência da economia e da sociedade brasileiras da escravidão e a dependência do sistema escravagista da contínua importação de escravos da África, poderia ter parecido impossível persuadir um Brasil recentemente independente, um dos maiores importadores de escravos africanos no Novo Mundo, a abolir o comércio. Mas exatamente como a Grã-Bretanha tinha extraído concessões, por mais limitadas que fossem, de um Portugal relutante, como preço pelo apoio britânico durante a guerra e nos anos imediatos do pós-guerra, assim também Canning logo percebeu que a ansiedade do Brasil pelo reconhecimento britânico "o colocava à nossa mercê com relação à continuação do comércio escravista". Canning estava fortemente comprometido com uma política de que nenhum Estado no Novo Mundo seria reconhecido a menos que já tivesse abolido o comércio de escravos. Portanto, ele estava de acordo com o líder abolicionista britânico William Wilberforce de que o Brasil deve ser "expurgado de sua impureza antes de o tomarmos em nossos braços [*purged from its impurity before we take it into our embraces*]".[4]

Em novembro de 1822, Canning e Brant Pontes tinham discutido extraoficialmente a possibilidade do reconhecimento imediato do Brasil pela Grã-Bretanha em retorno pela abolição imediata do comércio escravista pelo Brasil. Mas para o novo governo brasileiro liderado por José Bonifácio, um dos poucos políticos brasileiros que se opunham ao comércio escravista, os riscos políticos – e econômicos – de uma abolição imediata eram maiores do que aqueles que poderiam resultar de um não reconhecimento. O máximo que eles podiam oferecer, portanto, era uma abolição gradativa durante quatro ou cinco anos, em troca de um reconhecimento britânico imediato. Por sua parte, Canning estava impedido de adotar qualquer ação muito apressada com respeito ao Brasil pelos membros ultraconservadores do Gabinete inglês e pelo próprio rei George IV. Apesar da preservação da monarquia, o regime brasileiro era, afinal, revolucionário, e a coroação de D. Pedro como imperador tinha implicações populares e

---

[4] Bethell, *Abolition of the Brazilian slave trade*, pág. 31.

napoleônicas, que certamente assustaram o chanceler austríaco Metternich e o czar Alexandre da Rússia. Além disso, a Grã-Bretanha levava em consideração seus interesses econômicos e estratégicos em Portugal e as obrigações contidas em diversos tratados desde o século XVII para manter a integridade do Império português. Era preferível, portanto, que Portugal reconhecesse a independência do Brasil antes da Grã-Bretanha.

Em setembro de 1823, o marquês de Palmela, ministro de Relações Exteriores português (e futuro embaixador em Londres) tinha solicitado os bons ofícios da Grã-Bretanha em suas relações com o Brasil e enviou um negociador, o conde de Vila Real, a Londres. Em dezembro, Canning concordou que a Grã-Bretanha atuasse como mediadora, e, em abril de 1824, o agente brasileiro em Paris, Manoel Rodrigues Gameiro Pessoa, juntou-se a Brant Pontes nas negociações com os portugueses em Londres. Canning deixou claro, no entanto, que não estava disposto a esperar indefinidamente por um reconhecimento da independência brasileira por parte de Portugal: tal espera iria pôr em perigo a influência política da Grã-Bretanha no Brasil, os interesses comerciais britânicos no país, e, principalmente, quaisquer chances que houvesse de persuadir o Brasil a pôr fim ao comércio escravista. Conversações em Londres entre Brasil e Portugal, patrocinadas tanto pela Grã-Bretanha quanto pela Áustria, começaram em julho de 1824, foram suspensas temporariamente em novembro, e finalmente interrompidas em fevereiro de 1825.

Desde outubro que Canning tinha perdido a paciência e decidido que havia chegado o momento de a Grã-Bretanha agir sozinha. Encarregou, então, Sir Charles Stuart de "uma missão especial da maior sutileza e importância". Ele deveria ir a Lisboa e fazer um esforço final no sentido de convencer os portugueses a aceitarem a independência brasileira. Entretanto, *fosse ou não bem-sucedido*, seguiria para o Rio de Janeiro, onde entraria em negociações diretas com os brasileiros para a assinatura de um tratado comercial que incluísse a abolição do tráfico de escravos. A assinatura do tratado constituiria, evidentemente, o reconhecimento pela Grã-Bretanha do império brasileiro independente. A escolha do diplomata inglês mais experiente – mais sênior – neto de um primeiro-ministro, Lord Bute (o primeiro escocês a ocupar tal posto na Grã-Bretanha), ministro e membro do Conselho da Regência em Lisboa durante as Guerras

Napoleônicas e embaixador em Paris desde 1815 – foi um indício da importância que Canning dava à missão em Portugal e no Brasil.

Após meses de preparação, a "embaixada" de Stuart finalmente deixou a Inglaterra a bordo do HMS *Wellesley* no dia 15 de março de 1825, chegando a Lisboa dez dias mais tarde. Depois de nove reuniões no decorrer de várias semanas com o sucessor de Palmela, Antonio de Saldanha da Gama, conde de Porto Santo, Stuart finalmente teve sucesso em persuadir D. João a aceitar que a independência do Brasil era inevitável. Ao mesmo tempo, D. João confiava a Stuart a tarefa de defender os interesses de Portugal e os interesses do próprio rei, isso é, uma recompensa financeira na forma da aceitação do Brasil de parte da dívida externa de Portugal e o acordo sobre a questão dinástica de uma maneira que manteria o direito de D. Pedro ser sucessor do trono português e, com isso, garantir a possibilidade da futura reunião de Portugal e Brasil. No dia 17 de maio, Stuart teve permissão para atuar como plenipotenciário português e negociar com o governo brasileiro em nome tanto de Portugal quanto da Grã-Bretanha.

Stuart deixou Lisboa no dia 25 de maio, chegando ao Rio de Janeiro em 17 de julho. Entre 25 de julho e 27 de agosto teve nada menos do que treze reuniões com a equipe negociadora brasileira, chefiada pelo ministro de Relações Exteriores, Luiz José de Carvalho e Melo, até que, no dia 29 de agosto, foi assinado um tratado pelo qual D. João reconheceu D. Pedro como imperador de um Brasil independente. Em contrapartida, o Brasil concordou em pagar uma indenização a Portugal que chegava a dois milhões de libras esterlinas: 1,4 milhão de libras representando a dívida que o governo português tinha com os bancos ingleses, e mais um adicional de 600 mil libras.

D. Pedro também se comprometeu a respeitar a integridade territorial do resto do Império português e, em particular, a nunca permitir que qualquer outra colônia portuguesa – por exemplo, Luanda e Benguela (Angola), na África Ocidental, que historicamente tinham fortes laços com o Brasil em virtude do comércio escravista – se unisse ao Império brasileiro. Já em fevereiro de 1823, no entanto, Henry Chamberlain, o cônsul geral britânico no Rio de Janeiro, disse que José Bonifácio teria afirmado: "Com relação às colônias na costa da África, não queremos nenhuma, nem em qualquer outro lugar. O Brasil já é grande o bastante e produtivo o bastante para nós, e estamos contentes com o que a Providência nos deu [*With regard to colonies on the coast of Africa, we want none, nor anywhere else. Brazil is quite large enough and productive enough for us, and we are content with what Providence has given us*]"⁵.

D. João teve permissão para se chamar imperador do Brasil bem assim como rei de Portugal e de Algarves para o resto de sua vida, mas isso era apenas um título, sem quaisquer poderes soberanos, e não passaria para seus herdeiros. Sobre a sucessão ao trono português, o tratado nada disse. D. Pedro não renunciou formalmente a seu direito à sucessão, especialmente a fim de evitar que seu irmão Miguel reivindicasse o trono após a morte de seu pai. (Miguel tinha sido deportado de Lisboa para Viena em maio de 1824 por tentar, encorajado por sua mãe Carlota, um golpe absolutista contra D. João). Assim, a possibilidade, que Canning estava disposto a aceitar, de que Brasil e Portugal pudessem um dia vir a ser pacificamente reunidos sob a Casa de Bragança foi deixada em aberto.

O tratado foi ratificado por D. Pedro no dia 30 de agosto e celebrações se realizaram no dia 7 de setembro, no terceiro aniversário da declaração da independência do Brasil. Maria Graham, escritora, botânica, artista e, desde setembro de 1824, tutora e governanta da filha de 5 anos do imperador, Maria da Glória, escreveu para Stuart às vésperas de sua partida para seu país: "Eu lhe parabenizo por ser neste dia o homem mais importante e mais popular na *imensidade* do Brasil [*I congratulate you on being this day the most important and the most popular man in the* immensidade *of Brazil*]"⁶.

O tratado foi transportado para Lisboa a bordo do navio *Wellesley*, voltando para a Inglaterra antes de Stuart. Este foi entregue a D. João no Palácio de Mafra em 11 de novembro e ratificado quatro dias mais tarde, confirmando assim o reconhecimento português da independência brasileira. O reconhecimento britânico *de facto* se seguiu quando, a 30 de janeiro de 1826, Garneiro Pessôa foi recebido como ministro brasileiro em Londres. A essa altura a França já tinha reconhecido o Império brasileiro independente. As outras potências

---

⁵ Ibid., pág. 49, nota 4.

⁶ Maria Graham a Stuart, 7 de setembro de 1825, Stuart Papers, Lilly Library, Indiana University.

europeias mais importantes – Áustria, Prússia e Rússia – rapidamente fizeram o mesmo.

No Brasil, houve raiva e indignação ao preço pago pelo reconhecimento português, tanto com relação aos arranjos dinásticos quantp, sobretudo, à concessão do título de imperador do Brasil ("título popular e exclusivamente nacional" nas palavras de Oliveira Lima) feita ao rei de Portugal e à indenização extraída do Brasil. Em uma das passagens mais citadas de *O reconhecimento* do Império, ele escreveu: "A compra da independência por dois milhões de libras esterlinas, depois de ela ser um fato consumado e irrevogável, foi um estigma de que a monarquia, justa ou injustamente, nunca pôde livrar-se no Brasil e cuja recordação pairou sobre o trono até os seus últimos dias". Essa opinião foi ecoada por historiadores brasileiros desde então, embora deva ser lembrado que, à época, o barão do Rio Branco discordou. "Não houve compra da independência", escreveu ele em sua cópia do livro de Oliveira Lima. "Quando se separa um território, o que se separa toma o encargo de parte da dívida pública".[7]

A inevitável crise dinástica chegou mais cedo do que se esperava. D. João morreu inesperadamente no dia 10 de março de 1826. A notícia chegou ao Rio de Janeiro em 24 de abril. D. Pedro, o herdeiro incontestável de D. João, tornou-se Pedro IV de Portugal. Mas o Parlamento brasileiro deveria se reunir a 3 de maio pela primeira vez desde sua dissolução em novembro de 1823. Para além das ambiguidades do tratado de reconhecimento de 1825, D. Pedro estava consciente de que a Constituição brasileira de 1824, que ele próprio tinha imposto, não permitia a reunificação de Portugal e Brasil. Dia 2 de maio, portanto, ansioso para evitar qualquer tentativa por parte de seu irmão absolutista, Miguel, e de sua mãe Carlota de tomar o poder em Portugal, D. Pedro abdicou do trono português a favor de sua filha, Maria da Glória, que tinha apenas 7 anos, e nomeou sua irmã, Isabel Maria, regente. D. Miguel, propôs D. Pedro, deveria jurar lealdade a uma nova Constituição portuguesa baseada na Constituição brasileira de 1824, que ele tinha apressadamente esboçado, e eventualmente casar-se com sua sobrinha, a rainha Maria II, e substituir sua irmã como regente. A *Carta* portuguesa foi levada para Lisboa

---

[7] Accioly, *O reconhecimento da Independência*, págs 221-222.

em seu nome por Sir Charles Stuart, que voltava para a Inglaterra no final de sua missão.

Nesse ínterim, o Brasil teve de pagar um preço pelos serviços realizados pela Grã-Bretanha para garantir o reconhecimento da independência brasileira e pela amizade e apoio britânicos no futuro. Em primeiro lugar, durante todas as negociações, desde 1822, a Grã-Bretanha havia exigido a abolição do tráfico de escravos em troca do reconhecimento. Em segundo, ela esperava que o Brasil assinasse um tratado comercial baseado no tratado anglo-português de 1810. As instruções de Canning eram claras: primeiro (em 14 de março de 1825), Stuart deveria iniciar negociações diretas para um tratado comercial baseado no tratado de 1810, que incluiria a abolição do comércio escravista; segundo (em 7 de maio), o tratado de 1810 poderia ser prolongado por dois anos para permitir sua revisão adequada e, ao mesmo tempo, o Brasil deveria concordar em abolir o comércio escravista dentro daqueles dois anos, continuando também a fazer cumprir os tratados de 1815 e 1817 relacionados com a supressão desse comércio.

Stuart, no entanto, tinha uma reputação bem conhecida de seguir suas próprias políticas, independentemente das instruções vindas de Londres. Orgulhoso de seu sucesso em negociar o reconhecimento por Portugal, e talvez ansioso para completar "a missão mais infernal que jamais ocupei [*the most infernal mission I ever filled*]" e deixar "este lugar odioso [*this odious place*]", "este lugar detestável [*this detestable place*]"[8] – Stuart negociou tratados *separados*, um comercial e outro sobre o comércio de escravos, fazendo concessões significativas às exigências brasileiras nos dois casos. Esses tratados foram assinados no dia 18 de outubro de 1825, publicados no *Diário Fluminense* em 14 de novembro e mais tarde na imprensa londrina – para a intensa irritação de Canning. O tratado comercial mantinha a tarifa preferencial de 15% sobre as importações britânicas, mas não

---

[8] Stuart a Joseph Planta, Subsecretário do Estado no Ministério de Relações Exteriores britânico, 19 de agosto, 5 de setembro de 1825, Canning Papers, arquivo 109, Leeds District Archive, Inglaterra. "Whatever misfortune occurs to you through life [Seja qual for a má sorte que você tenha na vida]", Stuart aconselhou um amigo em julho de 1826, "never go to the Brazils [nunca vá para os Brasís]". Paquette, *Imperial Portugal in the Age of Atlantic Revolutions*, pág. 227.

manteve os juízes conservadores (ou seja, os direitos extraterritoriais da Grã-Bretanha no Brasil). O tratado da abolição permitia que o comércio continuasse por quatro anos e deixou de incluir a continuação dos tratados de 1815 e 1817, ou seja, o direito que navios britânicos teriam de fazer buscas e deter os navios negreiros, enviando-os para julgamento em tribunais de comissão mista. "Isso vem de um homem que se considera mais inteligente que todo o resto da humanidade, e que acredita ser protegido pelo rei contra o ministro responsável sob quem ele está atuando [*This comes of a man thinking himself clever than all the rest of mankind and believing himself to be protected by the King against the responsible Minister under whom he is actiing*]", Canning comentou.[9] Em janeiro de 1826 ele não hesitou em rejeitar os dois tratados e em ordenar que Stuart voltasse à Grã-Bretanha. Em meados de abril, com uma perda considerável de prestígio pessoal, Stuart foi forçado a informar ao imperador que os tratados teriam de ser renegociados.

O sucessor de Stuart como ministro britânico, Robert Gordon, irmão mais novo do Lord Aberdeen, futuro ministro das Relações Exteriores e primeiro-ministro e autor do vergonhoso *bill Aberdeen* de 1845, que autorizava a Marinha Real a tratar o comércio escravista brasileiro como pirataria, chegou ao Rio de Janeiro em 13 de outubro de 1826. Ele tinha instruções para assinar primeiramente um novo tratado sobre o comércio escravista, e depois um novo tratado comercial. Um ano havia sido perdido; o Império brasileiro estava um ano mais velho e mais seguro; as circunstâncias eram menos favoráveis do que quando Stuart tinha estado lá para garantir a aceitação das exigências britânicas em troca de serviços prestados. Mas Gordon, "aquele escocês mal educado e teimoso", como D. Pedro o chamou, era um negociador agressivo. Após negociações muito difíceis, um tratado foi assinado a 23 de novembro, sob o qual todo o comércio escravista brasileiro se tornaria ilegal três anos após a ratificação. O direito de busca da Marinha Real foi estendido para os navios brasileiros suspeitos de levar escravos, e qualquer navio detido seria enviado para julgamento e para a libertação de seus escravos por um dos tribunais de comissão mista estabelecidos no Rio de Janeiro e em Serra Leoa, que passaram a ser tribunais anglo-brasi-

---

[9] Temperley, *Foreign Policy of Canning*, págs. 508-509.

leiros. O tratado foi ratificado em 13 de março de 1827. Um tratado comercial, que manteve a tarifa máxima de 15% sobre bens britânicos importados pelo Brasil, bem como o direito da Grã-Bretanha de nomear juízes conservadores para tratar de casos que envolvessem súditos britânicos residentes no Brasil, foi assinado em 17 de agosto de 1827, e ratificado em Londres três meses mais tarde.

Canning, no entanto, que tinha se tornado primeiro ministro em maio de 1827, não testemunhou a conclusão do processo iniciado em 1808, pelo qual a Grã-Bretanha transferiu com sucesso sua posição econômica extremamente privilegiada de Portugal para o Brasil e, ao mesmo tempo, garantiu a abolição (ou pelo menos a ilegalidade) do comércio escravista brasileiro. Depois de apenas 119 dias no posto, ele morreu a 8 de agosto.

Houve raiva e indignação renovadas no Brasil pelo preço pago à Grã-Bretanha para facilitar o reconhecimento de sua independência. Gordon reconheceu que os tratados anglo-brasileiros tinham sido "cedidos à nossa solicitação em oposição às opiniões e desejos de todo o Império [*ceded at our request in opposition to the views and wishes of the whole Empire*]"[10]. Eles foram amplamente considerados um sacrifício excessivo (e possivelmente desnecessário) dos interesses nacionais (ou pelo menos dos interesses da classe dominante de proprietários da terra e donos de escravos) e da soberania nacional à insistência de uma Grã-Bretanha imperial e poderosa, que perseguia seus próprios interesses econômicos, políticos e ideológicos, quando o Império brasileiro, recentemente independente, estava mais vulnerável. E historiadores brasileiros, de um modo geral, concordaram com a opinião contemporânea.

A hostilidade aos tratados foi um fator significativo que contribuiu para a abdicação de D. Pedro, em abril de 1831, a favor de seu filho de 5 anos, nascido no Brasil, o futuro D. Pedro II. D. Pedro voltou para Portugal, onde apoiou sua filha Maria da Glória contra seu irmão Miguel na Guerra Civil. Sua morte, em setembro de 1834, assinalou a separação definitiva do Brasil de Portugal, já que pôs fim a qualquer possibilidade de união futura por meio da casa de Bragança.

---

[10] Bethell, *Abolition of the Brazilian slave trade*, pág. 62.

À MEMÓRIA DE UM AMIGO

(3 de novembro de 1897)

Dedicando à memória do barão de Itajubá este ensaio, o primeiro de uma série sobre a nossa história no exterior, desejo relembrar este amigo, que durante três saudosos anos foi meu chefe na legação em Berlim, e cuja morte prematura significou para a diplomacia brasileira, naquele momento, a perda do seu mais completo representante.

Digo completo, porque ele reunia à finura da inteligência e à prática dos negócios, a distinção das maneiras e a formosura do caráter. Pode-se decerto ser um grande diplomata sem o último predicado: o já clássico exemplo de Talleyrand aí está para prová-lo. A experiência dos negócios pode ser suprida pelos rasgos de gênio: Napoleão, aos 28 anos, dirigia as negociações de Campo Formio com a perícia consumada que Albert Sorel nos descreveu em um belo trabalho. O barão de Itajubá era porém o equilíbrio moral em pessoa. Nele algumas qualidades não haviam desenvolvido extraordinariamente à custa de outras. Metódico ao extremo, a chancelaria era o seu templo, o expediente o seu sacerdócio, sem que contudo a rotina o tornasse imbecil, ou sequer a burocracia lhe desmanchasse a linha fidalga. A certa hora aquele funcionário-modelo convertia-se muito naturalmente — porque nele nada havia de afetado — no homem de sociedade mais correto e mais atraente. À banca de trabalho nunca conheci inteligência mais viva, percepção mais pronta dos diversos lados de uma questão. Em um salão nunca conheci pessoa mais à sua vontade, tendo uma resposta finamente espirituosa, nunca maldosa, para tudo, igualmente amável com todos.

Esta amabilidade era tanto mais cativante, quanto derivava não só da sua educação, como do seu coração. Itajubá era, além de inteligente e distinto, bom, fundamentalmente bom, de uma bondade simples e tocante. A sua alma rejubilava discretamente à ideia do bem que num dado momento podia praticar, e atormentava-se com o mal — para outrem — que não podia evitar. Para outrem note-se, porque, no que lhe dizia respeito, mostrava uma impassibilidade que dava a medida do seu espírito superior. Não que fosse indiferente aos ataques ou à má vontade. Sua sensibilidade era em demasia delicada para permitir-lho, mas sabia como genuíno mundano esconder a sua contrariedade, sem, cristão verdadeiro, guardar o mais leve rancor.

Repito, Itajubá era o equilíbrio moral em pessoa: igualmente solícito no desempenho dos seus deveres oficiais e sociais, polido até o requinte, generoso de verdadeiras atenções — que é bem mais difícil do que ser generoso de dinheiro — afetuoso até a ternura para os seus, que o adoravam, e para os amigos, que o estremeciam.

O nome do barão de Itajubá não ficou ligado em nossa história diplomática a nenhuma convenção particularmente notável, mas a um sem-número de pequenas negociações delicadas e a algumas espinhosas, que ele sabia guiar com mão segura e resolver com um tato perfeito. Ministro em Madri, em Washington, em Roma, em Paris e em Berlim, nunca lhe deparou ocasião para diplomacias de alta escola, nem ele a procurava. Achava com razão que, no caminhar diário dos negócios, há farto ensejo de prestar serviços para quem os não visa como meio de chamar a atenção. A sua excelente posição social em todas aquelas capitais facilitava-lhe, de resto, a solução de qualquer questão, refletindo-se toda em lustre do país que ele personificava.

Nos últimos anos o fato que pôs mais em evidência a capacidade diplomática do barão de Itajubá foi o reconhecimento da República brasileira pelo governo francês em 20 de junho de 1890, obtido exclusivamente por sua influência pessoal, três meses antes de fazê-lo qualquer outra nação europeia, sem aguardar a França resultado das eleições para a Constituinte do Rio de Janeiro. Fizeram-lhe disso um crime por ser ele um representante vindo do antigo regime e um amigo do imperador deposto; quando o *crime*, aliás comum a centenas de outros, significava apenas que, com a sua visão sempre clara dos acontecimentos e dedicação à nação que servia, Itajubá compreendera perfeitamente que a monarquia americana caíra para sempre, e que o dever dos brasileiros residia muito mais na defesa do bom nome do país, em promover a continuidade das suas tradições de honra e de civilização, do que na dedicação platônica e improfícua a uma dinastia que mais se suicidara do que fora derrubada. Ele serviu a República com a lealdade que foi a regra da sua vida pública e privada, que foi a melhor arma, a única mesmo, da qual se serviu vitoriosamente contra os seus detratores e, usemos do termo próprio, os seus invejosos. A sua norma, a sua justificação consistiam em antepor sempre e em tudo às fórmulas que passam, alguma coisa que fica — a pátria.

OLIVEIRA LIMA
Londres, 25 de janeiro de 1901

O RECONHECIMENTO DO IMPÉRIO

I

A Independência consumou-se em 1822; o reconhecimento do Império do Brasil pelo Reino de Portugal apenas teve lugar em 1825, e antes da ex-metrópole nenhuma nação europeia, nem mesmo a Inglaterra de Canning, abalançara-se a receber em seu convívio oficial a colônia insurgente. De 1823 a 1827 coube pois à jovem diplomacia brasileira pugnar na Europa pela admissão no areópago político do mundo civilizado da nova nação americana, criada pela ousadia e decisão de um príncipe, pelo sentimento latente e crescente da desunião, pela habilidade e patriotismo de alguns estadistas, pelo entusiasmo e confiança de numerosos espíritos cultos, e pela valiosa cooperação de um almirante inglês em ostracismo social.

<small>A Europa e o reconhecimento.</small>

Sem esta última contribuição não é exagerado dizer que os esforços das demais corriam grave risco de ficarem frustrados. Com efeito, senhores os portugueses do Norte do Brasil, estabelecidos em terra e no mar, e sendo absurdo pensar numa expedição terrestre saída da capital, só poderiam ter sido expelidos das suas posições por meio de uma esquadra, a qual se formou às carreiras e com benemérito vigor local, suprindo elementos da oficialidade estrangeira, especialmente da britânica que acabava de se distinguir na libertação do Peru e do Chile, o que havia ainda de escasso e deficiente na marinhagem nacional. Era esta tanto mais inexperiente quanto, sob o domínio português, o próprio comércio de cabotagem andava vedado aos brasileiros. Na Inglaterra acontecia justamente que a terminação das guerras napoleônicas, depois de revolucionada a Europa, deixara a meio soldo e sem pasto para sua atividade muitos oficiais de valor e ambição, que sobremaneira estimavam encontrar em outros campos de batalha emprego para seus gostos e habilitações.

<small>Papel da esquadra na independência.</small>

A esquadra às ordens de lord Cochrane, o grande *condottiere* naval da emancipação do Novo Mundo, foi, malgrado a sua composição heterogênea, o agente principal da nossa União. A ela deve-se que, quando o marechal Felisberto Caldeira Brant Pontes e o cavalheiro Manoel Rodrigues Gameiro Pessoa, com razão fiados nas boas disposições do Foreign Office, apresentaram-se a Canning urgindo o exercício da influência inglesa para efetuar-se o reconhecimento pela mãe pátria e conseguintemente pela Europa do Império sul-americano, este merecesse bem o seu título pela enormidade do seu território e homogeneidade da sua organização.

<small>Aberturas de reconciliação</small>

Não fora sem grande trabalho que chegara a tornar-se possível esta solução pacífica da acalorada disputa que, por motivo da separação, tinha lavrado entre as duas partes da monarquia portuguesa. Canning, que de princípio tomara a peito a questão, manifestara porém o parecer de que o Brasil não podia nem devia mais esquivar-se com pretextos de dignidade e amor próprio à inclinação, muito por último e a muito custo, mostrada por Portugal, de consentir na abertura de negociações diretas de reconciliação sem exigir a prévia e incondicional submissão, na qual insistira inflexivelmente para satisfazer o espírito público e quando julgava que o Reino Unido passaria do papel de *honnête courtier* para o de interventor determinado. De acordo com a sugestão do secretário de Estado dos Negócios Estrangeiros de Sua Majestade Britânica e ao mesmo tempo que Portugal, seduzido pelos conselhos das potências continentais, ia regressando à primitiva intransigência, o Brasil iniciava sua campanha diplomática nas Cortes do Velho Mundo.

<small>Nomeação de Brant e Gameiro.</small>

Caldeira Brant e Gameiro Pessoa tinham sido encarregados de aplanar as diferenças entre as duas nações sem propriamente solicitarem a mediação britânica, mas com ordem de comunicar ao Foreign Office os seus passos e tentames, e de pedir e receber os conselhos de Canning. Caldeira Brant anteriormente à sua missão residira na Inglaterra, oficialmente acreditado na qualidade de agente do governo do Brasil. Como tal se ocupara de variados negócios, entre outros de construções navais e alistamento de marinheiros, até agosto de 1823, mês em que partira para o Império.

<small>Expedições armadas na Inglaterra.</small>

O alistamento de marinheiros realizava-se sem inconveniente nem embaraço, mesmo depois da Independência, não tendo na prática aplicação às possessões portuguesas o *Foreign Enlistment Bill*, proposto e aprovado em 1819 para privar de então em diante de justificação as queixas da Espanha, a qual via com desgosto e irritação saírem dos portos britânicos expedições armadas em favor da emancipação das suas colônias americanas. Eram semelhantes expedições, tanto a consequência do tradicional espírito liberal da nação inglesa, naturalmente simpática a qualquer nacionalidade opressa ou desejosa de ganhar seus foros, como a expressão das vantagens mercantis que um comércio que acabava de sofrer o bloqueio continental e se via a braços com a acumulação de mercadorias dele resultante, encontrava em novos mercados abertos a sua iniciativa. Custara tanto menos a Canning defender aquele projeto ministerial quanto achava-se persuadido, com a firmeza da inteligência e a confiança da vontade, que a emancipação da América Latina consumar-se-ia fossem quais fossem as circunstâncias que a favorecessem ou a retardassem. O Brasil estava de resto em posição diferente, porque em rigor não podia considerar-se uma colônia abruptamente despregada do tronco metropolitano. Algum tempo antes de declarar-se independente e sobretudo com a curta regência de D. Pedro, gozara o reino ultramarino de uma larga autonomia que o habilitara a entabular relações europeias e a fazer-se julgar como um governo de fato, capaz de desempenhar seus próprios compromissos.

Na ausência de Caldeira Brant ficou interina e oficiosamente encarregado dos negócios do Império o vigoroso jornalista que durante quinze anos estivera na estacada, redigindo o *Correio Braziliense* e prestando à causa constitucional e da liberdade americana os mais assinalados serviços. Em recompensa havia Hipólito José Pereira da Costa Furtado de Mendonça merecidamente nomeado cônsul-geral em Londres, lugar que exerceria cumulativamente com o de conselheiro da legação quando o governo britânico reconhecesse ambas as nomeações, pois até então estava permitida nos portos da Inglaterra a admissão da bandeira independente, mas não se concedia o *exequatur* aos cônsules, posto que fossem nomeados e recebidos cônsules ingleses no Brasil e na Cisplatina. A etiqueta diplomática o mais que tolerava neste ponto eram os agentes comerciais, vedando quaisquer fórmulas externas do reconhecimento político a que no fundo anuía.

Encarregatura de negócios de Hipólito

A encarregatura de Hipólito foi muito curta e pouco interessante. Em novembro de 1823 era o cavalheiro Gameiro, que estava servindo de encarregado de negócios em Paris, removido no mesmo caráter para Londres, só recebendo porém a respectiva comunicação em março de 1824. O pobre Hipólito falecia entretanto, quando via despontar o triunfo do seu ideal, sem poder desfrutar a vitória e deixando tão pobre a senhora inglesa que desposara, que o imperador, a pedido do duque de Sussex, mandou conceder-lhe uma pensão de 200 libras anuais.

<small>Instruções a Gameiro.</small>

Nas instruções que simultaneamente com a nomeação eram expedidas a Gameiro, dizia-se que ele e o marechal Caldeira Brant, que estava para regressar do Rio de Janeiro, seriam os plenipotenciários escolhidos para tratar em Londres da questão primordial e magna do reconhecimento do Império, que preocupava essencialmente os estadistas brasileiros e que também mais ou menos tinha ocupado a atenção de Canning desde a sua volta ao Foreign Office, coincidente com a proclamação do Ipiranga. As instruções do Ministério de Estrangeiros recomendavam entretanto a Gameiro que se fosse empenhando sozinho pelo aludido negócio, procurando ser logo admitido publicamente como encarregado de negócios, depois ou mesmo antes de dar satisfação, corroborando a que no Rio de Janeiro fora dada em notas ao cônsul Chamberlain, pelos "atos inconsiderados do passado ministério". Diziam estes atos respeito ao incidente com o brigue de guerra *Beaver*, contra o qual a fortaleza da Laje disparara dois tiros de pólvora seca quando ia saindo em ocasião que o porto havia sido mandado fechar, e à entrada na armada nacional do desertor tenente Taylor, que o governo imperial a muito custo e com muito sacrifício se prestava a demitir e, se tanto fosse exigido, entregar, como prova da sua boa vontade para com a Grã-Bretanha. Lembremos de passagem que Canning teve o espírito e a generosidade de contentar-se com a demissão do seu distinto compatriota.

<small>Posição diplomática do Brasil.</small>

O recebimento, pelo menos oficioso, de Gameiro não padecia dúvida, apesar das íntimas ligações de Portugal com a Inglaterra. Nem podia ser de outro modo. A França, se bem que não permitindo a reciprocidade, acabava de despachar como encarregado de negócios para o Rio de Janeiro o conde de Gestas; a Prússia até manifestara desejos de concluir um tratado, e o cônsul britânico Henry Chamberlain exercia no Brasil funções diplomáticas que, no rigoroso acatamento dos preceitos do direito das gentes, só deveriam caber a um agente acreditado perante um governo legalmente constituído. O reconhecimento formal estava porém longe ainda de achar-se ultimado, e era essa a chave que para o Brasil abriria a porta a todas as outras negociações, mesmo a da abolição do tráfico de escravos com que o imperador acenava à Inglaterra, e cuja regulação inicial no tratado de 1810 com Portugal e na convenção de Londres de 1817 andava tão imperfeita ou mal-interpretada, que fornecia azo a seguidos protestos do cônsul Chamberlain.

Nas instruções enviadas a Gameiro, após insinuado que outras potências europeias poderiam roubar à Inglaterra a prioridade no passo de amizade internacional que o reconhecimento significava, assim afetando os interesses comerciais britânicos, e de reafirmada a resolução inabalável do imperador e do seu povo em manterem a atitude tomada, resumiam-se os motivos que tivera o Brasil para desligar-se de Portugal, avultando entre eles a retirada de D. João VI do Rio de Janeiro e a tirania das Cortes demagógicas de Lisboa, e salientava-se "que a política, os interesses nacionais, o ressentimento progressivo do povo, e até a própria natureza tornavam de fato o Brasil independente"[1]. Relembrava-se que a ex-colônia "conciliando os princípios da legitimidade com os da salvação do Estado, e interesses públicos", patenteara toda a sua dedicação à Casa de Bragança ao aclamar como seu soberano o primogênito do monarca português, ao passo que as nações hispano-americanas se tinham constituído debaixo da forma republicana de governo, forma que também era a predileta de uma turbulenta facção no Brasil, "animada pela efervescência do século", e a qual aumentaria e ganharia força se verificasse que às realezas europeias repugnava a plena admissão como legítimo "de um governo fundado na justiça, e na vontade de quatro milhões de habitantes". O título de imperador correspondia aliás a uma ideia de escolha, eleição ou sagração popular que se coadunava com o espírito democrático do país, e, no dizer das instruções, fora adotado, "por certa delicadeza com Portugal; por ser conforme às ideias dos brasileiros; pela extensão territorial; e finalmente para anexar ao Brasil a categoria que lhe deverá competir no futuro na lista das outras potências do continente americano".

Justificação da independencia.

---

[1] Vide no Apêndice o texto completo das instruções enviadas a Gameiro (Doc. nº 1).

<small>A mediação inglesa sugerida.</small>

Declarando estar pronto para tratar com seu augusto pai sobre a base do reconhecimento da categoria política assumida pelo Brasil, e por este modo facultar a Portugal "aproveitar do Brasil o que ainda for possível", o imperador acabava por mencionar, como podendo originar um tal resultado, a mediação inglesa, certamente agradável a Portugal e que ele de boa mente aceitava, sem que a tivesse solicitado. Assim pois, antes da chegada de Caldeira Brant, já tivera Gameiro ensejo e tempo para entender-se com aqueles que deviam ser os mais importantes personagens na peça que se ia representar no tablado do Foreign Office. O caminho estava aberto. Quando ambos os enviados receberam do Rio suas instruções definitivas e plenos poderes para negociarem com todas as potências europeias, imediatamente procuraram em virtude da prévia inteligência tanto o secretário de Estado dos Negócios Estrangeiros do Reino Unido, como o barão de Neumann, encarregado de negócios da Áustria na ausência do embaixador, príncipe Esterhazy.

<small>A Áustria igualmente medianeira.</small>

Viera a combinar-se que o gabinete de St-James, protetor declarado de Portugal, e o imperador da Áustria, sogro de D. Pedro I, seriam conjuntamente os medianeiros ou antes assistentes na paz e reconciliação diretamente negociadas em Londres entre a metrópole e a colônia da véspera. Canning, em seu louvável empenho de preservar a paz quanto possível, gostava de proceder de harmonia e até favorecer os desígnios das potências continentais, sempre que esses não fossem adversos aos interesses britânicos. Os bons ofícios da Grã-Bretanha haviam sido primeiro sugeridos por Palmela, ao responder a uma declaração do novo ministro inglês, sir Edward Thornton, de que o gabinete britânico estando persuadido da impossibilidade de restabelecer-se a sujeição, voluntária ou forçada, do Brasil, era conveniente concordar-se logo no modo de resolver a pendência, satisfatoriamente para a independência política do Brasil e para a soberania em ambas as partes da monarquia portuguesa da Casa de Bragança.

<small>Canning resolve a questão da mediação ou bons ofícios.</small>

Um pouco depois, por efeito de conselhos contrários dados em Lisboa ao gabinete da Bemposta, o conde de Vila Real, ministro português em Londres, vibrou como uma ameaça a interferência das potências continentais. Canning, porém, que combatia no Velho Mundo os ditames reacionários da Santa Aliança e os desconhecia com relação ao Novo, declinou para o caso vertente toda e qualquer intervenção de semelhante natureza. Abria apenas uma exceção para a Áustria pela razão do íntimo parentesco entre as cortes de Viena e do Rio de Janeiro, ao ponto mesmo de prometer suspender eventualmente o reconhecimento do Império brasileiro até dar mostras de consumar-se a mediação austríaca, se preferida à britânica. Os bons ofícios da Inglaterra não podiam todavia ser evitados, dada a sua posição de ascendência em Lisboa como no Brasil, e o governo português volveu a cortejá-los, no intuito de por meio deles obter do Império as condições mais suaves para o orgulho da mãe pátria. Por seu lado, Canning, servindo-se do cônsul Chamberlain, insinuou a vantagem daqueles bons ofícios no espírito dos governantes brasileiros, a cujo conhecimento incumbiu-se de levar posteriormente as disposições mais conciliadoras de Portugal, de entrar em negociações para regular a futura sucessão das duas partes da monarquia e restabelecer as primitivas relações comerciais existentes entre os dois reinos.

Não era fácil empresa, mesmo para o gênio diplomático de Canning, o desmanchar as desconfianças e atritos levantados entre Portugal e Brasil, fazendo ver a este quanto a amizade do Velho Mundo lhe seria proveitosa e como lhe cabia angariá-la pela sua moderação e condescendência, e esforçando-se por anular naquele a procrastinação e má vontade estimuladas pelas potências continentais, as quais pintavam o gabinete britânico como exclusivamente devotado a fomentar os interesses brasileiros.

<small>Canning como interventor a pedido.</small>

Canning logrou todavia realizar o seu intento. A dissolução da Constituinte do Rio de Janeiro, em novembro de 1823, animara o governo de Lisboa em sua estudada morosidade, alvoroçando-o com a perspectiva do predomínio no Brasil do chamado partido português; quando porém essa última esperança se lhe esvaiu — de que o imperador seria levado ou compelido a readmitir a soberania paterna — mandou ao conde de Vila Real instruções que o fizeram solicitar formalmente, por meio de uma nota verbal com data de 4 de março de 1824, a intervenção britânica a fim de obter satisfações por parte do Brasil. Era um meio indireto ou antes um circunlóquio diplomático para reabrir a questão, sendo posta de lado a preliminar submissão do Império ao seu status colonial. Aparentava-se tratar somente de reparar ofensas e prevenir mais conflitos, previamente a ventilar-se qualquer outra diferença, isto é, a de soberania ou independência. Os bons ofícios da Grã-Bretanha e da Áustria entraram por esta forma numa fase de efetividade, não dispensando absolutamente Canning a colaboração da corte de Viena, cuja mediação havia sido solicitada em fins de 1823 pelo governo português.

<small>Benevolência da Áustria.</small>

E a Áustria entrava no negócio cheia de benevolência, porque Canning convencera tão perfeitamente Metternich que a destruição do trono brasileiro, fatal no caso de falhar o reconhecimento, seria mais perniciosa ao princípio monárquico, por ambos os estadistas acatado, do que a aceitação da separação dos dois reinos, que o chanceler austríaco, após demorar por alguns meses sua resposta ao gabinete de Lisboa, declarara sem ambages que lhe não parecia possível restabelecer-se a situação anterior à Independência e que o mais avisado seria, na hipótese muito provável do Brasil não consentir em aceder a uma autonomia completa e efetiva, debaixo da suserania portuguesa e sob o governo de um príncipe português, assegurar a coroa americana para a Casa de Bragança. O governo austríaco dizia-se pronto até a anunciar ao imperador do Brasil, uma vez efetuada, a concessão da independência, a qual todavia nunca reconheceria senão depois de o fazer Sua Majestade Fidelíssima.

<small>Hostilidade da Santa Aliança. A Inglaterra e a Áustria em pontos de vista diversos.</small>

A boa vontade da Áustria, inspirada pelas considerações de família, não era porém tudo, mesmo que não variasse, segundo veio a acontecer. Canning perceberia a breve trecho, conforme escrevia a lord Liverpool poucos meses depois, que "Portugal parecia ser o terreno escolhido pela Aliança continental para combater peito a peito a Inglaterra, pelo que devemos estar preparados para travar a peleja e destroçar o inimigo, suportando qualquer forma imaginável de intriga ou intimidação, sob pena de sermos expulsos do campo".[2] Começa porque os dois medianeiros da questão brasileira de certo modo colocavam-se em pontos de vista diversos. A Áustria, ou Metternich por ela, não podia seguramente ver com muito bons olhos que o Império americano pretendesse trilhar a senda constitucional, legado da maldita Revolução.

<small>Metternich e a Constituição Brasileira.</small>

Houve um momento mais tarde em que Canning assustou-se deveras com um boato corrente, de ter Teles da Silva, o agente

---

[2] Augustus Granville Stapleton, *George Canning and his times*. Londres, 1859, p. 501.

brasileiro em Viena, prometido ao chanceler desistir do imperador, em troca do reconhecimento, da perfilhada orientação liberal, e chegou a perguntar por escrito a Brant e Gameiro se era verdadeira tal intenção. O boato era falso, ainda que lhe dessem cor a dissolução forçada da Constituinte e as subsequentes deportações políticas, mas o certo é que, segundo lê-se na correspondência dos nossos enviados, Neumann iria sucessivamente esfriando do seu primitivo interesse pela causa brasileira, acabando por trabalhar de mãos dadas com o plenipotenciário português, conde de Vila Real.

Esta mudança só deve ser atribuída à conhecida e fundamental antipatia da Santa Aliança por tudo quanto tresandava a liberalismo e ao acréscimo de favor que conseguintemente lhes merecia o Portugal regressado aos bons tempos do absolutismo. A referida atitude do imperador D. Pedro contra a Câmara emanada da vontade popular, o seu ato de violência seguido da outorga de uma Carta Constitucional deviam-lhe no entanto assegurar pelo menos a simpatia da França, que para efetuar uma mudança semelhante em proveito de Fernando VII, empreendera a expedição da Espanha. À França porém desagradariam altamente o reconhecimento pacífico e cordial e a reconciliação do Império com o Reino mediante a intervenção amigável da Inglaterra, que assim recolheria a gratidão de ambas as partes; isto quando os seus planos políticos, sobretudo acariciados pela fogosa imaginação romântica de Chateaubriand, abraçavam uma larga esfera de atividade oposta à britânica.

<small>A orientação francesa sob os Bourbons.</small>

O ministro dos Negócios Estrangeiros de Luís XVIII calculara, não sem propriedade, que a restauração da monarquia absoluta espanhola pelo exército francês daria à nação invasora o direito consequente e inseparável de auxiliar a reconquista da América Espanhola, ou mesmo redundaria numa procuração para tal fim. À Inglaterra que, quarenta anos atrás, sustentara uma custosa guerra para reduzir à obediência as suas colônias americanas revoltadas, estava vedado empatar em princípio o exercício dos incontestáveis direitos espanhóis, e se tal o fizesse na prática, contava a França com a neutralidade benévola das potências continentais para a sua faina de abater, por meio de uma guerra, as pretensões britânicas e tomar a desforra de Waterloo, ao mesmo tempo tornando popular pelo reflexo da glória militar a monarquia dos Bourbons. Nas

<small>Largos planos de Chateaubriand.</small>

Memórias de além campa, Chateaubriand confessa não ter tido em vista fito mais alto do que esse interesse dinástico, ao servir a política belicosa do momento e levar a cabo as decisões do Congresso de Verona, paralelamente reduzindo a questão espanhola, de europeia a francesa, o que traduzia uma decidida vantagem nacional.

<small>A França no Novo Mundo.</small>

A reconquista da América espanhola em proveito do inepto representante dos Bourbons da Espanha, afora o imenso benefício moral, traria com certeza para a França — assim o devaneavam Chateaubriand e o gabinete Villèle — uma recompensa territorial avultada no Novo Mundo, a qual seria o núcleo da reconstituição do poderio colonial francês, perdido no decorrer do século anterior e com que se locupletara a Inglaterra, empolgando o Canadá e alastrando-se pelo Hindustão. Chateaubriand, que vagueara pelos campos do Oeste americano, tornados ainda mais extensos pela solidão imensa em que jaziam, e, contemplando as águas barrentas do Mississipi, meditara longamente sobre os problemas políticos e morais do universo, sentia mais do que qualquer outro a importância da diminuição sofrida pela França com a perda do Canadá e a alienação da Louisiana, cuja junção com a possessão do Norte, subindo a corrente do grande rio que parte longitudinalmente em dois os Estados Unidos, interceptaria a expansão inglesa e fundaria um império latino onde hoje se espraia a majestosa democracia anglo-saxônica. O posto seria, além de tudo o mais, excelente para exercer sobre a América Central e Meridional a hegemonia que os Estados Unidos já estavam avocando e a que Luís Napoleão mais tarde quis insensatamente opor a do império mexicano estabelecido e protegido pelas águias francesas.

<small>Inconvenientes para o partido da reação de uma solução amigável do conflito luso-brasileiro.</small>

A serena liquidação da questão brasileira seria, para a execução de tão altos desígnios, um obstáculo quase insuperável, representando uma vitória para a Grã-Bretanha, que assim desfeiteava a Santa Aliança, reforçava a opinião liberal do mundo em prol da independência das colônias espanholas, e em extremo dificultava o complemento do projeto de restauração ultramarina da autoridade da metrópole. Não admira pois que a França se absorvesse na partida, usando de toda a sua perícia. Mesmo despedido Chateaubriand do ministério, o que se deu em 5 de junho de 1824, a política francesa não variava o seu rumo e Villèle, senão um ultra, pelo menos governado por eles, ficava para zelar-lhe a orientação geral, naturalmente antipática ao Império, cujo soberano traía em alguns atos a sua educação absolutista, mas cujos estadistas persistiam, com o seu instintivo feitio democrático, em desafiar a legitimidade, o direito divino e outros fetiches do passado.

"Si l'empereur ne s'accommode pas aux vues des Souverains de l'Europe, on le fera sauter en trois mois", chegou Neumann a dizer um dia a Brant; ao que, sem perder o sangue-frio, replicou laconicamente o marechal: "Tant pis pour eux", significando, como Canning, que os soberanos europeus assim ceifariam ingloriamente a única monarquia americana, sem poder mais substituí-la pelo extinto regime colonial e somente dando nascimento a outra república. Brant e Gameiro, mesmo que não quisessem dar a conhecer aos estranhos o seu estado de espírito, arreceavam-se todavia muito das tendências hostis da Santa Aliança, a cujas intrigas atribuíam mesmo a oposição e animosidade de Buenos Aires, que já em 1824 ameaçava declarar-nos a guerra. É preciso não esquecer que batia justamente então a hora do apogeu da política reacionária de Metternich, quando na França os ultras, com a elevação iminente de Carlos X ao trono, preparavam-se para dominar exclusivamente o governo; a Espanha sofria em dolorida resignação as prepotências de Fernando VII, forro da escravidão constitucional, e Portugal via aparecer em plena luz, à frente dos regimentos que regressavam empoeirados de Vila Franca ou postavam-se insolentes no largo da Bemposta, a figura esbelta e brutal do infante absolutista.

Embaraços criados pelo partido da reação.

Na Inglaterra, pelo contrário, acentuava-se a evolução liberal, naturalmente combatida pelos *tories* puros, mas tirando forças do contato com a luta e ganhando incremento com o próprio ardor da peleja. O papel político de George Canning na história britânica e na do mundo avulta tanto aos olhos da posteridade, porque na verdade foi decisiva a sua ação e grandiosa a sua obra, que consistiu particularmente em garantir a autonomia completa de um continente, para isto transformando a política externa da Inglaterra, criando o seu isolamento, e pondo cobro às alianças austríacas cultivadas por Castlereagh em obediência às suas inclinações pessoais e no intuito diplomático de fazer frente às ambições russas. Poucos meses depois de recolher a herança de Castlereagh, Canning desvendava sem hesitações as suas vistas nas seguintes palavras de uma carta ao rei, de 11 de julho de 1823: "(...) As grandes potências

Evolução liberal na Inglaterra e papel de Canning na política europeia.

despóticas do Continente presumiam estar V.M. indissoluvelmente unido aos seus princípios e projetos. Por minha parte desejo pelo contrário, avisada ou inconscientemente, ver o peso da autoridade de V.M. lançado no outro prato da balança. Muito mais do que isso. Estou intimamente convencido de que a verdadeira posição de V.M. no embate existente de teorias adversas e opiniões extremas, é uma posição neutra: neutra tanto entre princípios hostis como entre nações hostis; e que é sustentando essa posição, a qual V.M. único entre os soberanos da Europa pode assumir, que V.M. conduzirá sem demora o seu povo ao mais alto grau de prosperidade, e estará melhor habilitado para salvar outros países dos perigos que, por seu turno, podem ameaçar quase todos eles."

O conservantismo de lord Castlereagh.

Não devemos daí entender que o predecessor de Canning no Foreign Office tivesse sido um reacionário do estofo de Metternich. Não podia sê-lo, porque forçosamente ainda que inconscientemente, pulsava nele o constitucionalismo orgânico do inglês. Era porém um *tory* da velha escola, com os piores prejuízos políticos da classe aristocrática, contrário por instinto às mais benignas manifestações revolucionárias, e disposto por natureza ao mais comprometedor galanteio com a Santa Aliança. Apenas apelara para a sua sobranceria quando essa Aliança, tornando-se mais ousada com a aquiescência do gabinete de Londres, proclamou doutrinas, no seu dizer incompatíveis com as leis fundamentais da Grã-Bretanha; e ainda assim não falta quem assevere que, em semelhante emergência, fora precária a sua sinceridade, e que mais imperara nele o respeito pela opinião do Parlamento do que a própria convicção. Castlereagh em princípio repeliu com aparente vigor a teoria da intervenção absolutista, preconizada e firmada no Congresso de Troppau em 1820, mas assentira praticamente na miserável e sangrenta intervenção austríaca em Nápoles.

Castlereagh e a emancipação do Novo Mundo.

Se assim ousava ir de encontro à opinião progressiva do seu país, não é de espantar que o interesse mercantil do mesmo, combinado com a indiferença ou antes antipatia pela Espanha, não fossem suficientes para compelir seu ingênito conservantismo a favorecer o movimento autonomista do Novo Mundo. Tão pouco simpática era contudo a atitude de Castlereagh à opinião predominante na Inglaterra, mesmo à de antes da reforma de lord Grey; tão avessas ao caráter político britânico, aquela fascinação pelas prerrogativas das monarquias absolutas e qualquer identificação com os planos domésticos continentais, que um observador como Greville, movendo-se no meio social mais exclusivo e aparentado com algumas das primeiras casas da Inglaterra, escrevia no seu diário que a perda do então marquês de Londonderry fora grande para o partido e maior para os amigos, mas nula para o país, e criticava sem rebuço o proceder do governo inglês para com aquelas das nações europeias que se tinham fiado na Grã-Bretanha, ao tratarem da aplicação do seu ideal liberal.

O bisbilhoteiro Greville conta mesmo que Castlereagh andava feito com Metternich, tendo Canning e lord George Bentinck, secretário particular deste, encontrado no Foreign Office por ocasião da acessão — de Canning ao posto — papéis particulares que evidenciam, não só que Castlereagh ao afetar afastar-se da Santa Aliança, pretendia apenas deitar poeira nos olhos da Câmara dos Comuns, como que na realidade seguia cegamente a política mística e retrógrada inaugurada por Alexandre I. O positivo é que lavrava manifesta contradição entre as exigências públicas, do meio e do momento, e as preferências individuais e de casta de Castlereagh, e também que Metternich levou tempo a convencer-se de que Canning era sincero na oposição movida à Santa Aliança: persuadira-se a princípio que o seu liberalismo internacional se cifrava numa mera necessidade parlamentar.[3]

Metternich e o Foreign Office.

Canning estava entretanto longe de ser um democrata. Desadoro as revoluções, exclamava ele no famoso discurso de Plymouth, ao ser-lhe ofertada em 1823 a franquia do burgo: "Passei quase trinta anos da minha vida batalhando por velhas instituições. Não deve contudo ficar deslembrado que, ao resistir à Revolução Francesa, em todas as suas fases, desde a Convenção até Bonaparte, eu certamente advogava a resistência ao espírito de inovação, mas não advogava menos a resistência ao espírito de dominação estrangeira. Enquanto esses dois espíritos permanecem ligados, a resistência a um anima a resistência ao outro; uma vez separados todavia, ou, o que é ainda pior, em antagonismo um ao outro, o mais estrênuo e mais consistente antirrevolucionário pode bem hesitar no partido a escolher." Se bem que fosse um *tory* entusiasticamente

Era Canning um democrata?

---

[3] *The Greville Memoirs,* vol. 1, pp. 54, 55 e 107.

antirreformista, Canning tinha chegado, por um concurso de circunstâncias políticas e da própria idiossincrasia, a personificar na política exterior britânica o elemento mais audaz de governo, bem como na política geral europeia a defesa das franquias constitucionais, ameaçadas de destruição. No mesmo discurso de Plymouth ele assim definia sua posição: "Julgo muito pouco avisado, como parece querer a Santa Aliança, forçar a um conflito os princípios abstratos da monarquia e da democracia. O papel da Inglaterra consiste em preservar, tanto quanto for possível, a paz do mundo e a independência das diversas nações que o compõem. Não julgo, como parece julgar a Santa Aliança, que não existe segurança para a paz entre as nações, a menos que cada nação esteja em paz consigo mesma, ou que a Monarquia absoluta seja o feitiço de que depende tal tranquilidade interna."

Pensando assim, nenhuma tendência propriamente reacionária podia ser-lhe simpática. Os povos valiam no seu entender tanto quanto os reis, ou por outra, um rei só merecia fidelidade quando reinava para o seu povo. Ele mesmo era um exemplo vivo do quanto já logravam alcançar em sua pátria o prestígio pessoal e o favor da opinião. Não passava do filho, singularmente dotado de talento, de um homem bem-nascido mas quase pobre, e de uma mãe honesta mas que tivera de fazer-se atriz depois de viúva, para manter-se a si e a ele. Este desprotegido do berço, após uma brilhante ascensão parlamentar, alguns anos de administração, uma curta embaixada e outros anos de estudado afastamento, vira-se quase unanimemente indicado e fora novamente colocado por lord Liverpool no Foreign Office, quando o tornou vago o suicídio de lord Castlereagh.

<small>Canning e Jorge IV.</small>

É sabido que Jorge IV, que mais tarde viria a estimá-lo sinceramente, opôs-se com acrimônia à sua segunda elevação aos conselhos da coroa, sendo o motivo vulgarmente apontado do rancor real, o fato da demissão de Canning do gabinete por ocasião do processo da rainha Carolina, da qual pretendia o monarca divorciar-se depois de enxovalhar-lhe a reputação. Canning, como amigo e conselheiro que havia sido da infeliz princesa, entendeu conservar-se neutral nesta questão que tanto agitou a Inglaterra e quase conduziu a uma revolução, não tomando parte alguma no andamento do processo e debates parlamentares. É porém mais natural, como quer provar o comentador da correspondência de Canning, que o rei se sentisse alheado deste homem de Estado, não por um ressentimento já apagado e em todo o caso injustificável, mas antes por causa das ideias avançadas de Canning no tocante à emancipação dos católicos e à das colônias latino-americanas. Pela primeira não pôde fazer muito, tendo-o roubado a morte em plena maturidade e poucos meses depois de haver galgado a *premiership,* assumindo a direção geral dos negócios públicos. Quanto à segunda, os cinco anos de gerência dos negócios estrangeiros foram-lhe bastantes para transmudar a política ultraconservadora do seu predecessor e afixar-se deliberadamente como o adversário europeu da Santa Aliança.

Consentia-lhe esta postura, em desacordo com a maioria dos *leaders* e com o trono, a sua força extraordinária na Câmara dos Comuns e no partido, isto é, a harmonia do seu pensar com o sentimento geral do país, e a fascinação exercida pela superioridade do seu espírito sobre a massa dos partidários, os quais não poderiam também olvidar que Pitt lhe encaminhara os primeiros passos parlamentares, se lhe afeiçoara em extremo e por fim o designara como seu sucessor. *Tory* leal até que a repugnância dos elementos mais conservadores do partido fê-lo inclinar para os *whigs,* com os quais pode dizer-se que, havendo-o abandonado Wellington, Eldon e Peel, governou depois da morte de Liverpool, durante a sua curta *premiership,* nunca podia ter sido um tribuno popular, nem como tal teria feito carreira no tempo dos burgos podres e do predomínio quase exclusivo das grandes famílias nobres; mas tampouco foi um satélite da aristocracia, posto que a ela estivesse ligado por laços de parentesco. Canning porém nascera para guiar, e não para ser guiado. A sua composição moral era completa, pois que era um delicado no sentir, um idealista no conceber e um homem de ação no executar.

Influência de Canning no partido e sua independência de opiniões.

As inclinações literárias de Canning levavam-no para a poesia satírica, que traduzia a feição humorística do seu espírito, no qual casava-se, numa combinação encantadora, uma preocupação repassada de gravidade dos problemas políticos do momento com uma certa leveza própria do tempo, da sociedade e do homem, e que o tornou alheio aos problemas propriamente sociais. As suas preferências mundanas conduziam-no para a vida elegante e refinada, num círculo limitado e escolhido de apreciadores, nunca tendo conseguido a ambição tão vasta quanto legítima que o impelia

Perfil intelectual e político de Canning.

vergar-lhe o ânimo ao ponto de cortejar a fácil popularidade dos comícios e das plataformas. Até ser membro do gabinete, Canning escreveu muito mais do que falou. As suas orações parlamentares mais notáveis datam quase todas do tempo em que se sentava no Banco do Tesouro, quando com o prestígio do cargo passou a expor na sua forma um tanto difusa mas cuidada, animada e persuasiva, as ideias e os conceitos que lhe acudiam em abundância, e que até então confiava especialmente à correspondência privada com os seus íntimos. Os seus ideais políticos arrastavam-no, já o sabemos, para a restituição dos direitos políticos aos católicos, a abolição da escravatura e o reconhecimento das nacionalidades americanas, sem que contudo o liberalismo nele constituísse o desdobramento de uma natureza apaixonada, filantrópica ou exuberante de seiva. A localização desse liberalismo na alma ponderada e equilibrada de Canning não correspondia portanto ao entusiasmo de O'Connell, nem ao evangelismo de Wilberforce, nem à exaltação comunicativa de Brougham. O defensor da América Latina era um estadista reflexivo, um monarquista convicto, um governante por temperamento; conservador por cálculo se não por instinto no que dizia respeito aos negócios domésticos, patriota intransigente em questões de política exterior, não recuando ante a solução extrema da guerra na aspiração de salvaguardar a grandeza britânica, quando falhassem os meios suasórios, da paz e da diplomacia.

Pitt e Canning. Pitt aparecia-lhe como o tipo representativo da época, como o precursor do imperialismo que tinha de ser a característica e a condição da orientação inglesa. Como Pitt, possuiu ele nervo e mostrou audácia, e não foi sem razão que num célebre discurso, aludindo à guerra da intervenção francesa na Espanha, lhe foi dado exclamar com toda a ênfase a que, no período literário de Chateaubriand, nem a oratória inglesa escapou: "Eu decidi que, a ter a França a Espanha, tê-la-ia sem as Índias. Olhei para a América com o fim de corrigir as desigualdades da Europa. Chamei um novo mundo à existência para servir de contrapeso ao antigo."

A libertação da América Latina. O pronome da primeira pessoa não foi muito do agrado dos colegas de Canning no gabinete, mas traduzia a realidade. A intervenção da França nos negócios da Espanha, combatida até o último momento pelo ministério Liverpool — receosa a Inglaterra dessa renovação anacrônica do velho Pacto de Família — e apenas tolerada com as três condições, que a França respeitaria Portugal, deixaria em paz, entregue às suas lutas e facções, a América espanhola, e não permaneceria indefinidamente além dos Pireneus, determinou Canning — e Canning mais que ninguém na Grã-Bretanha — a procurar, nas colônias emancipadas das metrópoles peninsulares, um contrapeso valioso para a balança internacional, e uma nova e mais extensa base sobre que apoiar a influência britânica. O seu sistema político, inverso do de Castlereagh, tinha, como vimos, por fundamento que a Inglaterra devia ser o fiel da balança, não só entre nações inimigas, como entre princípios inimigos. Sendo o antiliberal o prato que então pendia, por amor do próprio equilíbrio. Canning lançou o poder moral e material da sua pátria no outro prato, que tinha reunido contra si o peso da Europa continental.

II

O meio era indubitavelmente favorável à ação da novel diplomacia brasileira. O comércio britânico, cujo influxo na Câmara dos Comuns é considerável pelo fato mesmo de achar-se representado nessa assembleia numa vasta proporção (já assim era antes de 1832), aspirava abertamente à tranquilidade pública do outro lado do oceano, e com tal intuito favoneava quanto podia o reconhecimento do Império, cuja grandeza territorial e fartura de recursos prometiam um campo remunerador à exploração mercantil europeia. Aferindo as coisas pela craveira inglesa e medindo quanto no seu país valia a influência do comércio sobre a marcha dos negócios públicos, é que o cônsul-geral Chamberlain aconselhava no Rio de Janeiro o ministro de Estrangeiros Carvalho e Melo a cessar o governo de fazer apreender os navios mercantes portugueses e, pelo contrário, abrir-lhes os portos brasileiros. Restabelecido o tráfico entre os dois países e acumulados os créditos comerciais portugueses no Brasil, os próprios negociantes do Reino sentiriam o máximo interesse em promover a reconciliação, antepondo as vantagens práticas às suscetibilidades patrióticas.

<small>O comércio britânico favorável ao reconhecimento.</small>

A Canning não era contudo lícito ferir direta e profundamente as suscetibilidades de Portugal, onde estava justamente envidando esforços para moralmente sustentar o regime constitucional, que parecia ser da escolha entusiástica da nação, mas que na verdade era repugnante não só à corte, como à idiossincrasia nacional. Não precisara ter as mesmas contemplações com a Espanha, adversária de sempre em vez de aliada de séculos, e cujo império colonial se esfacelara debaixo das vistas indulgentes da Inglaterra, sem que esta pensasse um instante em obstar à desagregação, antes indiretamente favorecendo-a com a sua simpatia e até agindo diretamente, ao combater os ensaios europeus da intervenção suplicada por Fernando VII junto dos monarcas da Santa Aliança. Ainda depois do restabelecimento do poder absoluto em Madri, teve o rei da Espanha

<small>Diferente proceder de Canning para com Portugal e a Espanha.</small>

de dar ao gabinete de St-James as duas garantias por este exigidas para não tornar imediato o reconhecimento da independência das possessões rebeladas do Novo Mundo.

As garantias eram as seguintes: primeira, que a Santa Aliança não auxiliaria a Espanha no reduzir à obediência as colônias insurgentes; segunda, que o tráfico mercantil não volveria a ser exclusivo da mãe pátria, ficando aberto a todas as bandeiras. Semelhante promessa por parte da Inglaterra estava porém longe de ser definitiva, no pensamento dos que a formulavam. Não passava de uma dilação. As garantias da Espanha apenas temporariamente satisfaziam a Canning, para quem o reconhecimento das nacionalidades da América Latina era resolução assente, e que formalmente declarou à Espanha que, no momento oportuno, o governo britânico adotaria as medidas convenientes para executar o seu desígnio sem mais entender-se com ela (*without further reference to the court of Madrid*).

Emancipação das colônias espanholas da América.

As colônias espanholas da América já tinham aliás todas dado provas mais que suficientes da vitalidade que nelas borbulhava. Buenos Aires, a que primeiro, rebelando-se contra o usurpador, por menos guarnecida e sopitada e mais pobre e descurada logrou separar-se da mãe pátria, não só derrubara o poderio dos seus vice-reis, como armara expedições libertadoras que com Belgrano tinham chegado sem proveito ao Paraguai, com Balcarce atingido ousadamente o Alto Peru, e com San Martin denodadamente corrido ao socorro do Chile depois do fracasso da insurreição local. Buenos Aires também por si resistira às intrigas francesas e austríacas, sôfregas por imporem-lhe um príncipe da Casa de Bourbon ou da de Habsburgo depois de malograda a candidatura de D. Carlota Joaquina, e, conservando com amor a sua liberdade, ainda que esta não passasse de uma mescla de tirania e de anarquia, afirmara em 1826 no Congresso de Tucuman a sua independência e das províncias que lhe gravitavam em torno, assim consagrando o movimento de 25 de maio de 1810, em que fora deposto o vice-rei Cisneros e aclamada a junta governativa.

No resto dos vice-reinados a contenda com os elementos fiéis ao domínio da metrópole, sob não importa que regime, passara por alternativas, ora jubilosas, ora cruciantes, e motivara o derramamento de muito sangue generoso e muito sangue leal em cenas de carnificina que dão à história da emancipação da América espanhola uma tonalidade rubra que a da América portuguesa não conheceu. Na primeira a luta foi incomparavelmente mais porfiada. Foi antes uma campanha prolongada que começou logo em 1809, quando chegaram além-mar as primeiras notícias da invasão da Espanha pelos exércitos de Napoleão, e ainda durava no Peru quando a Inglaterra, após a entrada em Madri e em Cadiz das forças do duque de Angoulême, entrou a dispor o reconhecimento das repúblicas que haviam alcançado a vitória e ensaiado a pacificação. O espírito de independência seguira levando com efeito a melhor, e o gabinete inglês encontrava, nas decididas vantagens obtidas pelos revolucionários americanos, a mais completa justificação da política momentaneamente tentada pelos ministros de 1797, de, em oposição à Espanha, ajudarem moral e praticamente a libertação das suas possessões no Novo Mundo.

Estas a tinham entretanto granjeado por si mesmas, pelo explodir dos ódios amontoados, e à custa de muitos sacrifícios, de muita heroicidade e de muita barbaridade. A insurreição ali ressentira-se da falta de um centro, como o tivera a do Brasil, que atraísse e harmonizasse os disseminados esforços, mas o rastilho revolucionário fora tão veloz e preciso que ateara fogo a todo o continente, desde o Orenoco até o Prata, desde o planalto do México, em que se ergue a antiga cidade de Montezuma, até a fralda dos Andes, em que se espreguiçam as vilas levantadas pelos conquistadores. A extrema facilidade com que o incêndio se propagou, com que as labaredas revolucionárias apontaram quase a um tempo em Caracas, em Quito, em Santa Fé de Bogotá, em Santiago, em Buenos Aires, prova à saciedade que a usurpação francesa foi apenas um pretexto, posto que em muitos casos sincero, para a lealdade colonial, e que de fato as possessões, se não estavam prontas em educação cívica para desfrutarem os benefícios da emancipação, achavam-se no entanto maduras para a insurreição pela infiltração das ideias jacobinas — como tinham vindo a ser denominadas as ideias crescidas e acalentadas no século XVIII. Por mais que calafetassem as construções coloniais, o aroma sutil e violento da liberdade derramava-se por toda a parte e estonteava todas as cabeças. Frequentemente inconsciente muito embora, a aspiração era tão geral quanto irresistível, e acabara por conduzir à autonomia do continente.

<small>Emissários ingleses na América espanhola.</small> Pelo tempo em que os plenipotenciários brasileiros transpunham os umbrais do Foreign Office, aparelhados para a peleja diplomática, emissários ingleses percorriam as ex-colônias espanholas a fim de informarem com segurança o gabinete de Londres da situação política e social em cada uma e do grau de estabilidade dos seus governos. A literatura britânica sobre a América Latina é deveras copiosa no primeiro quartel do século XIX e a opinião pública na Inglaterra agia com perfeito conhecimento, não só dos recursos, das belezas naturais e da história de qualquer das possessões da Península, como dos seus costumes, qualidade de população e tentativas de independência. Canning porém carecia de proceder com todas as precauções e reservas oficiais, e por isso aguardou os relatórios dos seus emissários antes de decidir entrar em relações comerciais com Buenos Aires, como aconteceu em julho de 1824, e com a Colômbia e o México, como sucedeu em dezembro do mesmo ano. É evidente que tais relações comerciais equivaliam a relações políticas, mas em rigor, segundo Canning explicou num dos seus discursos parlamentares, o reconhecimento em condições semelhantes podia passar pela consequência de protegerem-se interesses já legalmente existentes e não denotar o propósito de criar interesses novos.

<small>Oferecimento pela Grã-Bretanha à Espanha da sua mediação.</small> Imediatamente antes, porém debalde, oferecera a Grã-Bretanha à Espanha a sua mediação para tratar com as possessões emancipadas, sobre a base da sua respectiva independência. Apenas pretendia que o governo de Fernando VII entrasse nos ajustes preliminares com inteira disposição de ceder nesse ponto em troca de outras condições satisfatórias. A Espanha não entendeu aquiescer: apelou para a sua dignidade como um argumento irrespondível contra tamanha derrogação da sua soberania, e o ensaio de acordo gorou sem que Canning se preocupasse extraordinariamente com isso, porque contava infalivelmente com o futuro. *Laissez faire et laissez venir* — tinham sido as suas instruções de 31 de dezembro de 1823 a sir William A'Court, representante britânico em Madri. "Mais cedo ou mais tarde, se nos conservarmos quietos e não dermos pretexto de queixas contra nós, as coisas correrão muito da forma que desejarmos, ou pelo menos que permitirmos... A questão hispano-americana está essencialmente ajustada."

<small>A doutrina de Monroe e</small> A doutrina de Monroe acabava de dar, na expressão de Canning, o *coup de grâce* ao Congresso de que cogitavam as potências

continentais para regular aquela questão. Ora não convinha por modo algum à Inglaterra deixar tomar-se a dianteira pelo governo de Washington, o qual, mediante a famosa declaração presidencial e o conexo reconhecimento das novas nações latino-americanas, andava granjeando influência e popularidade no Novo Mundo. É curioso que Canning tivesse indiretamente sido o maior causador da doutrina de Monroe. Havendo proposto ao ministro americano Rush uma ação conjunta dos Estados Unidos e da Inglaterra na questão da América Latina, dirigida contra a política reacionária da Europa continental, obtivera como resposta achar-se o ministro sem poderes especiais para aceitar tão imprevisto alvitre, não duvidando contudo assumir tamanha responsabilidade se a Grã-Bretanha quisesse começar por proceder ao reconhecimento político dos novos países hispano-americanos.

a parte que nela cabe a Canning.

Canning julgou não ser ainda chegado o momento indicado e declinou a sugestão de Rush, a qual levantava forte oposição no seio do gabinete. Os Estados Unidos aproveitaram-se porém e deram expressão concreta à insinuação que fora feita pelo secretário dos Negócios Estrangeiros de Jorge IV, dela resultando a chamada doutrina de Monroe. O instante verdadeiramente oportuno para a sua ação, vangloriou-se Canning de tê-lo escolhido um pouco depois, quando Buenos Aires entrou a soldar as suas desconjuntadas províncias confederadas, a Colômbia a escapar ao perigo que lhe acarretara o embarque para outro vice-reinado do seu exército nacional libertador, e o México a forrar-se das loucas tentativas dos pretendentes como Iturbide.

Oportunidade do reconhecimento da América Espanhola.

Canning entretanto não entendia opor-se em caso algum ao estabelecimento de uma monarquia no México, mesmo que fosse em proveito de uma infanta espanhola. No seu pensar esse acontecimento, que estenderia ao continente Norte o princípio monárquico já estabelecido no Sul, obstaria até a traçar-se a linha de demarcação de que ele mais se arreceava, a saber, América contra Europa, como davam mostras de pretender os Estados Unidos e seria fatal numa geral democracia transatlântica. Que assim procedendo, obedecia o ilustre estadista à sua perspicácia e não a móveis egoístas, já o verificamos. O espírito político de Canning atingira o grau de visão e de tolerância em que a preocupação das formas de governo desaparece perante as considerações mais puras, mais levantadas ou

Influxo dos Estados Unidos.

mesmo simplesmente mais patrióticas, porque ele não ocultava, na sua feliz expressão, que em vez de Europa, gostaria de quando em vez de ler — Inglaterra.⁴

<small>Canning e as monarquias absolutas.</small>

Numa carta escrita em 16 de setembro de 1823 a sir Henry Welesley, então embaixador em Viena, acha-se mais uma vez afirmada a sua libérrima teoria das formas de governo. Não tinha, dizia, objeção alguma a que a monarquia absoluta continuasse a florescer onde era o produto próprio do solo e onde estivesse contribuindo para a felicidade, ou para a tranquilidade (que afinal de contas é a felicidade) do povo. A harmonia do mundo político não ficaria contudo destruída por causa da variedade de instituições civis, em estados diferentes, assim como a harmonia do mundo físico não é perturbada pelas grandezas diversas dos corpos que constituem um sistema. O Evangelho proclamou que há uma glória do sol, outra glória das estrelas, e assim por diante. O príncipe de Metternich parecia ser de opinião contrária — que todas as glórias deviam ser iguais, e estava até disposto a tentar a experiência com a Inglaterra, para tornar a glória dela o mais possível idêntica à do sol e da lua do continente. Metternich porém que nos deixe sossegados em nossa espera, acrescentava Canning, ou tocaremos uma música muito desafinada.

<small>Condições de neutralidade no reconhecimento da América Espanhola.</small>

Canning era de opinião que uma nação tinha por dever reservar suas energias para dadas ocasiões, e não andar desperdiçando-as em contendas que se pudessem evitar. Por isso labutava por despir o ato que daria validade internacional às colônias emancipadas da tutela espanhola, de toda e qualquer aparência de hostilidade. Na ocasião em que, resolvendo agir, atuaram gabinete e coroa, reconhecendo a entrada daquelas colônias no grêmio das nações, já não mais se tratava, com efeito, de retaliar pelas injúrias recebidas às mãos das autoridades da metrópole pelos veículos do comércio britânico, nem sequer de num ímpeto de entusiasmo ajudar os Estados

---

⁴ Carta a sir Charles Bagot, embaixador em S. Petersburgo. No já citado discurso de Plymouth encontra-se o comentário daquela frase nas seguintes palavras: "Senhores, eu penso que o meu coração bate tão pressuroso pelos interesses gerais da humanidade, que eu possuo uma disposição tão benévola para com as outras nações da Terra, quanto aquele que mais alto preza a sua filantropia. Rejubila-me porém confessar que no manejo dos negócios políticos o grande objeto da minha contemplação é o interesse da Inglaterra."

embrionários a alcançarem sua liberdade. Tratava-se tão somente de admitir os fatos consumados e entrar em relações oficiais com as únicas autoridades constituídas do Novo Mundo. Canning desejava no entanto fazer sobressair a neutralidade de fato guardada pela Inglaterra, chegando a consentir na justificação eventual da Espanha no pretender favores mercantis especiais das suas possessões emancipadas.

A parcialidade britânica em prol da constituição autonômica da grande porção do continente que obedecia aos ditames de Madri, não era todavia um segredo para ninguém, pelo menos desde que se iniciara a gerência por George Canning dos negócios exteriores da Inglaterra, e sobretudo desde que o governo espanhol recusara os oferecimentos de mediação ou bons ofícios que, melhor avisado ou mais sagaz, o governo de Lisboa acabaria por adotar para grande benefício dos seus interesses, os quais de outro modo teriam corrido à revelia e sido por completo sacrificados ao pundonor do Império. Tratando-se de Portugal, carecia Canning, disposto embora no íntimo e inabalavelmente a igualmente reconhecer a Independência do Brasil, de salvar mais ainda as aparências, zelar todas as formas, orientar a sua navegação entre piores cachopos e mais difíceis correntezas. Tomou não obstante pela nossa questão tão decidido interesse quanto pela das repúblicas hispano-americanas, por amor da qual duas vezes ofereceu a Jorge IV sua demissão, e foi quem realmente promoveu o rápido e feliz resultado desse inicial conflito diplomático. *Canning entre Portugal e Brasil.*

O seu interesse no reconhecimento pacífico da Independência do Império era de resto múltiplo e de fácil compreensão. À Inglaterra convinham fregueses ricos e aliados fortes, não fregueses arruinados e aliados desmantelados pela guerra. Demais, a forma monárquica de governo adotada pelo novo Brasil estava, em face da poderosa facção demagógica nacional, para assim dizer dependente da pronta sanção europeia. O exemplo da cordialidade restabelecida entre a mãe pátria portuguesa e a sua ex-colônia, com todo um cortejo de vantagens econômicas, devia além disso ser eficacíssimo para a Espanha e para a Santa Aliança, que a sustentava em sua improfícua obstinação. *Interesse de Canning no reconhecimento do Império.*

Portugal é que não estava açodado como o prometido mediador no fazer as pazes com a sua possessão rebelada, sobretudo depois que a expulsão *manu militari* dos deputados da nação brasileira *Delongas de Portugal.*

e a prisão e exílio dos corifeus do partido antiportuguês lhe haviam dado fagueiras esperanças de que D. Pedro, um instante desorientado pelos pérfidos conselhos dos patriotas, voltaria à razão e ao lúcido exame dos seus interesses, que eram os de uma monarquia una.

Portugal não contava portanto demover-se da sua postura sem primeiro ter esgotado os ardis e delongas da diplomacia, e sem bem experimentar a rigidez da decisão de Canning, para a qual influíra, afora os expostos e palpáveis motivos, a atitude simpática e correta do Brasil oficial, contrastando com a hostilidade à Inglaterra, evidenciada pelas Cortes de Lisboa. Verdade é que o governo constitucional estrebuchava nas ânsias da morte desde a Vilafrancada, e que a plena autoridade restabelecida do soberano buscaria instintivamente firmar-se na amizade britânica, tradicional na sua dinastia, ainda que fossem fortíssimas as seduções empregadas pela Santa Aliança para angariar mais este sequaz.

<small>Instabilidade política no Brasil. Os Andradas e o sentimento liberal.</small>

Por outro lado a instabilidade política no Brasil era tão pronunciada que com orientação definitiva alguma se podia contar. É sabido que os Andradas, que governavam quando foi proclamada a Independência e para esta trabalharam pertinazmente, excitaram pelas suas arbitrariedades a inimizade de Ledo, José Clemente e outros elementos mais democráticos, apoiados nas lojas maçônicas, mandadas mais tarde parcialmente fechar, e para minarem a influência das quais organizaram os Andradas o Apostolado e fundaram o *Regulador*. O Apostolado tomou as feições de um clube como os da Revolução Francesa, sendo para a Constituinte do Rio de Janeiro o que o clube dos jacobinos foi para a Convenção: ali se discutiam primeiro as medidas legislativas a propor à assembleia deliberante.

Os Andradas eram, no justo dizer de Armitage, facciosos na oposição e prepotentes no poder. Após uma curta demissão, tinham voltado ao ministério com a condição de deportarem os contrários e buscaram firmar na perseguição a sua autoridade, com o resultado que lhes decaiu de pronto a popularidade, crescendo a onda liberal. Ao iniciar a Constituinte as suas discussões, encarnavam os Andradas a defesa dos interesses monárquicos contra as ideias radicais da maioria da Assembleia. As posições inverteram-se porém muito depressa. A defesa por Antônio Carlos de um projeto antiportuguês de Muniz Tavares levara os realistas extremes a travarem aliança com os patriotas, sempre desconfiados dos Andradas, cuja queda assim se tornou inevitável, substituindo-os ministros moderadamente realistas (Carneiro de Campos e Nogueira de Gama). Os Andradas converteram-se logo por isso às ideias oposicionistas e tornaram-se façanhudos liberais. Foi o tempo inolvidável do *Tamoyo* e da acesa luta parlamentar que terminou com a demonstração militar levada a cabo pelos portugueses, a organização de outro gabinete mais marcadamente realista, a dissolução da Constituinte e a deportação de José Bonifácio, Antônio Carlos, Rocha, Montezuma e outros.

O golpe de vista antolhava-se pois favorável à ex-metrópole, para a qual a desordem no Brasil significava a perspectiva de melhores tempos. Daí uma recrudescência em Lisboa de esperanças e de impertinência. Em Londres, o ministro Vila Real exigira na nota verbal ao Foreign Office de 4 de março de 1824, a mesma aliás em que Portugal entrou a fraquejar, que, em observância dos antigos tratados de aliança entre as duas nações, a Inglaterra não celebrasse convenção alguma com o "governo do Rio de Janeiro" sem que fosse contemplado Portugal, e indicara ao mesmo tempo as condições preliminares de quaisquer negociações suas com o Brasil. Eram quatro essas condições: cessação de hostilidades; restituição das presas marítimas e levantamento dos sequestros; promessa formal de não serem atacadas as colônias ainda fiéis à coroa portuguesa; despedida dos súditos britânicos ao serviço do Império.

<small>Portugal invoca em Londres os antigos tratados de aliança.</small>

Na sua comunicação ao ministro Carvalho e Melo, sucessor de Carneiro de Campos, o cônsul Chamberlain especificava como sendo os seguintes os tratados invocados por Portugal em abono da sua reclamação: Tratado de Londres de 29 de janeiro de 1642, artigo 1º, Tratado de Westminster de 10 de julho de 1654, artigos 1º e 16º, e Tratado de Whitehall de 23 de junho de 1661, artigo secreto. No próprio mês da proclamação da Independência do Brasil e na previsão desta ocorrência, o governo português, o qual durante o mesmo predomínio das Cortes pensara em entrar com a Espanha numa aliança defensiva e ofensiva, juntando-se os seus recursos e armamentos com o fim de subjugarem as respectivas possessões rebeladas, instara com o governo britânico para concluir um tratado garantindo a Constituição aprovada e a integridade do domínio lusitano. Apesar do governo liberal ameaçar fechar o acordo com o correligionário espanhol e necessariamente prejudicar a influência inglesa até então absorvente, Canning escusara-se ao convite, que só vinha pôr estorvos ao seu plano de organização autonômica do mundo latino-americano, e não lhe parecia deduzir-se como cláusula obrigatória das solenes convenções de amizade pactuadas entre as duas nações.

A Chancelaria brasileira discute o apelo português.

No entender da Secretaria de Estrangeiros do Brasil o apelo português àqueles velhos tratados devia ser antes tachado de pueril, visto que, quando tais convenções haviam sido ajustadas, apenas podiam ter cogitado da hipótese de uma desavença e eventual reconciliação *com terceira potência,* entrando uma das partes contratantes em acordos prejudiciais aos interesses da outra parte. Em 1808, por exemplo, no momento da declaração de guerra de Napoleão, Portugal não teria a liberdade de ajustar a paz com a França em prejuízo da Inglaterra.

É claro que os dois tratados, de 1642 e 1654, estipulavam nos termos mais explícitos que nenhum dos dois países consentiria em que fosse perpetrada injúria por guerra ou por tratado contra o outro país; que não seria concedido asilo nos territórios de um aos insurgentes contra o poderio do outro, e que ficariam fora da lei os transgressores das disposições contidas nos referidos tratados. Mais do que isso — o tratado de 1661, celebrado por ocasião do casamento de Carlos II com a infanta de Portugal, rezava muito categoricamente que a Grã-Bretanha protegeria a integridade do domínio colonial português. O governo de Lisboa sustentava que a tomada pelas forças do governo independente do Rio de Janeiro das províncias brasileiras fiéis à autoridade portuguesa; a persistência nas hostilidades a despeito da atitude pacífica voluntariamente assumida por Portugal, e sobretudo o engajamento na marinha e exército imperiais de súditos britânicos, constituíam flagrantes violações dos tratados em vigor. Estes tratados não podiam porém, contestava nossa chancelaria, prever o conflito entre porções da mesma monarquia, da qual uma reclamasse "o gozo privativo de seus direitos naturais e políticos". A admitirem-se semelhantes fundamentos, a Inglaterra deveria igualmente pôr-se contra as colônias ao lado da Espanha, nação com que andava ligada por tratados tão antigos quanto o de 18 de agosto de 1604. Este fato não impedira contudo a Espanha de, aliada à França, combater a Grã-Bretanha quando foi da revolta das colônias inglesas da América, com as quais o próprio Portugal pretendera entrar em relações, propondo a Benjamin Franklin, então enviado em Paris, a negociação de um convênio, antes de reconhecida pela mãe pátria a Independência dos Estados Unidos.

Levando em 5 de maio de 1824, por ordem de Canning, ao conhecimento do nosso Ministério de Estrangeiros o conteúdo da nota verbal do ministro Vila Real, o cônsul Chamberlain ajuntara achar-se S.M. britânica disposto a não abandonar o seu velho aliado rei de Portugal, e reiterara as representações do governo inglês contra "a continuação inútil de hostilidades não provocadas nem sequer retaliadas, as confiscações injustas e sem motivo plausível de propriedades portuguesas, e o emprego indesculpável de súditos britânicos nas operações de guerra contra uma potência com a qual estava S.M. britânica em relações de amizade e aliança". O governo britânico "esperava que o governo brasileiro, guiado por um espírito de sabedoria e humanidade, prestar-se-ia de bom grado a aceder a essas representações, baseadas tanto sobre seus próprios interesses quanto sobre os usos reconhecidos".

Respondendo, avançava o Brasil que a Portugal não era dado valer-se de obsoletos, ou melhor, inaplicáveis tratados de aliança com a Inglaterra no intuito de embaraçar a obra do reconhecimento da sua categoria política. A fim de por seu lado aplainar a execução da dita obra, convinha porém o governo imperial no levantamento dos sequestros; na atribuição das presas ao julgamento de uma comissão *ad hoc* para fixação dos prejuízos sofridos e de justa e recíproca compensação; e, por último, na fácil promessa de não mandar atacar as colônias portuguesas da Ásia e África, persistindo em cerrar os ouvidos às requisições chegadas de Angola e Benguela, na costa ocidental africana, para se lhes prestarem auxílio com que se reunissem ao Império. Uma expedição longínqua dessa natureza mudaria aliás logo o caráter civil da contenda entre Brasil e Portugal, tornando-a quase análoga a uma agressão estrangeira contra as possessões de S.M. Fidelíssima. Na matéria da demissão dos oficiais britânicos, que livre e espontaneamente, no gozo das suas prerrogativas de cidadãos do Reino Unido, haviam posto suas espadas ao serviço da libertação de um país escravizado, é que o governo imperial escolhia não aceder; assim como continuava a fazer a cessação legal (porque virtual já o era) das hostilidades dependente do reconhecimento da Independência pela ex-metrópole.

O governo imperial explicava que não só seria desairoso e ofenderia o espírito público, naturalmente suscetível numa crise semelhante, o ordenar publicamente o Império a suspensão das hostilidades

Concessões do Império.

A opinião pública e a suspensão das hostilidades.

quando a paz se não achava ainda firmada, como daria ensejo a propagar-se a calúnia assacada pelos demagogos ao imperador, de estar em conivência secreta com seu pai. Isto quando a separação era um fato consumado e absolutamente ao abrigo de qualquer reconsideração. O gabinete do Rio devia já estar farto de repetir o que representava a pura verdade histórica — que a independência do Brasil não fora o simples resultado de um movimento brusco e repentino de despeito ou de revolta: fora a coroação calculada e consciente de uma série de atos praticados pelo país em defesa própria, desde que a política franca e inequivocamente antibrasileira das Cortes de Lisboa obrigou monarca a regressar para Portugal, e pretendeu compelir o reino ultramarino a deixar-se novamente impor a tutela do outro reino.

Solidez da Independência.

D. Pedro não podia ter interesse pessoal na separação, que lhe diminuía o patrimônio: se acedeu em pôr-se à frente do movimento de desunião, é que o amor próprio ofendido, a conveniência do momento histórico e mesmo a justiça da causa brasileira ditavam-lhe este procedimento, desejado e aplaudido tanto pelos que ambicionavam obter depressa a emancipação do Brasil, como pelos que receavam ver cair o país nas mãos da facção extrema ou fragmentar-se a imensa colônia. A independência não correra no entanto tão fácil e rápida quanto poderia deduzir-se do aspecto quase incruento do conflito. O partido português era poderoso, tinha soldados aguerridos, armas e mais dinheiro. O partido nacional possuía massas indisciplinadas, as armas de carregação que ia importando por intermédio dos seus agentes na Europa, e os montes de papel-moeda que, à guisa de destroços de um naufrágio, anunciavam o soçobrar do Banco do Brasil, criado pelo governo paternal de D. João VI para desenvolver a economia brasileira, e que passara a ser, com seus cofres vazios de numerário e seus livros de caixa prenhes de passivo, o emblema do descalabro financeiro da colônia que no século anterior fizera a opulência de Portugal. O ímpeto do movimento separatista foi contudo tão indomável, que as forças militares da metrópole cederam ante as ameaças palavrosas mais ainda do que diante das demonstrações belicosas, que o sentimento de antagonismo ao Reino foi gradualmente tomando consistência, linhas e feições com as provocações reais e imaginadas, e que o divórcio dos espíritos atingiu o seu auge no momento mais azado para vingar e para forçar a deferência das outras nações.

As pretensões de Portugal tinham sido, com os argumentos expostos, habilmente discutidas no Rio de Janeiro entre o Ministério de Negócios Estrangeiros do Império e o Consulado de S.M. Britânica, mas, para serem eficientes, as negociações tinham que transportar a sua sede para Londres, pelo menos enquanto não se chegasse a uma primeira inteligência, que fizesse aparecer a perspectiva da reconciliação. A nota do conde de Vila Real oferecia, no dizer da comunicação inglesa a Carvalho e Melo, "uma animação evidente à abertura de uma negociação direta com Portugal", a qual o gabinete britânico entendia que não era lícito ao Brasil rejeitar, consultando quer a justiça, quer a prudência. Portugal, já o sabemos, abstivera-se de insistir mais na sujeição incondicional preliminar, e apenas reservara a discussão da soberania e independência para depois de suspensas as hostilidades e restabelecidas as relações de paz e comércio. A Grã-Bretanha, recomendando à aceitação do Império a abertura de paz feita pelo Reino, assumia uma responsabilidade de que Canning tinha plena consciência.

Conveniência de transferir para Londres a sede das negociações.

O livro do Foreign Office na legação de Londres, correspondente aos anos de 1824 e 1825, reúne poucos documentos além de um avultado número de chamados, muitos deles urgentes, para conferências dos enviados brasileiros já com Canning, já com mr. Planta, o subsecretário permanente. As negociações foram pois quase exclusivamente verbais, consignando-se porém o seu andamento nos protocolos das conferências, e não se relaxando por assim dizer uma semana o interesse de Canning no seu progredir. Com a firmeza de Canning por um lado, e o temperamento irrequieto e obstinado de D. Pedro I pelo outro, estavam condenadas, *doomed to a failure* como antecipava Canning, a inércia de D. João VI e a procrastinação de Palmela.

A personalidade resoluta do imperador era sem dúvida um elemento muito considerável para a certeza do resultado a atingir. Em face de um soberano de vontade fraca e de estudada contemporização erguia-se agora outro de vontade enérgica e todo de impulsos, cujos sentimentos de veneração filial não tinham sido amorosamente cuidados nem pela mãe, de quem ele herdara a vivacidade, a bravura, a generosidade e até o erotismo (*very frisky with the ladies,* escreveria de D. Pedro alguns anos depois lady Granville), mas que lhe preferia o outro filho, mais dócil à sua tutela, nem pelo pai, que pela prole

A personalidade do Imperador.

inteira distribuía igualmente a sua afeição, tíbia como a sua índole, e guardara a sua mais pronunciada estima para um sobrinho e genro mais respeitoso que os filhos. Os escritores estrangeiros do tempo são, para o estudo dos personagens e fatos desta época, preferíveis aos de língua portuguesa porque os não prendiam a cortesania nem o receio de exprimir a verdade, e ao mesmo tempo os iluminava o clarão de uma percepção intelectual tornada muito mais desanuviada e penetrante pela educação e estranheza ao meio que observavam. Todos esses escritores são tão concordes em elogiar a bonomia de D. João VI, a sua clemência, que não era absolutamente um efeito da fraqueza pois ao contrário são os tiranos mais fracos os mais cruéis, a sua acessibilidade, a sua sagacidade mesmo, como em derramar louvores sobre o *donaire* e a majestade do porte, a indefatigável atividade, a coragem e sangue frio, e a preocupação de agradar, ser justo e fazer bem, que distinguiam D. Pedro I. Não alcançara ilustração nem possuía a qualidade de ouvir conselhos outros que os da própria experiência, como de passagem no Rio observou o general Miller, inglês que desempenhou papel conspícuo nas campanhas da Independência sul-americana. Queria não só agir como pensar por si. Semelhante orientação era certamente contraproducente numa terra que, na essência democrática, se vangloriava de constitucional, e entre homens de Estado que andavam intimamente, e em muitos casos inconscientemente mesmo, solicitados por predileções republicanas: valia porém um tesouro quando se tratava de questões, como a do reconhecimento, envolvendo a dignidade da nação.

A fibra militar.

Noutro ponto ainda a dissociação do imperador com o meio tornar-se-ia mais para diante distinta. D. Pedro de Bragança, soldado até a medula, era antes o monarca talhado para um país entusiasta do exército do que para um país fundamentalmente paisano, a custo fascinado pelas glórias das batalhas. Esse mesmo antagonismo não se dava entretanto no momento da emancipação como se daria por ocasião da guerra da Cisplatina, porque então todas as energias convergiam para a manutenção da liberdade política enfim alcançada, e a animosidade contra as ambições de recolonização por parte da metrópole despertava na alma nacional a sonolenta fibra militar.

Os plenipotenciários brasileiros.

Da parte dos plenipotenciários brasileiros escolhidos para a missão de Londres, devia evidentemente manifestar-se o maior fervor no cumprimento das ordens recebidas. Antes de tudo, tratava-se do batizado político da nova pátria, fundada com o alvoroço natural à nação que adquire a consciência de haver atingido a sua virilidade. Pessoalmente, Gameiro Pessoa, o futuro visconde de Itabaiana, gozava em alto grau da confiança e estima do imperador, e era apenas legítimo que se sentisse ansioso por honrar a elevada distinção de que fora recipiente, com prestar os melhores serviços ao seu país e ao soberano em plena popularidade. Felisberto Caldeira Brant, o futuro marquês de Barbacena, era um militar de calma energia e um político de comedida ambição, o qual devia nutrir pelo Reino um ódio hereditário, como neto do faustoso contratador de diamantes que maravilhara a colônia com suas audácias, riquezas e liberalidades, antes de ir expirar em Lisboa sob o peso de graves acusações de fraude, livrando-o o terremoto de 1755 da clausura no Limoeiro desabado, mas não lhe restituindo a opulência, nem a honra, nem a paz da alma.[5]

Homem de variadas aptidões, o marechal Caldeira Brant tornou-se conhecido como guerreiro, como negociante, como diplomata e como administrador. Pelejou nos mares de Angola e nos campos da Cisplatina. Comerciou na praça da Bahia, e com igual desembaraço representou depois o Império em Cortes europeias e privou com os personagens mais importantes da época. Foi estadista benemérito, tendo atravessado um largo aprendizado para a vida pública e havendo-se salientado, antes mesmo de entrar na política, pelas suas ideias inteligentes e progressistas: assim introduziu a primeira vacina no Brasil, abriu estradas, importou maquinismos bélicos, agrícolas e de navegação, inclusive a primeira máquina a vapor, e interessou-se por estabelecimentos de crédito, pelo desenvolvimento da lavoura e pela colonização das terras.[6]

Para os dois enviados de D. Pedro I, a legação do Brasil não foi certamente uma sinecura. O próprio reconhecimento apareceu-lhes bem mais difícil do que à primeira vista se imaginava. Várias questões, conforme é sabido, andavam-lhe conexas, e não era fácil achar-lhes solução que agradasse a ambas as partes.

A questão do reconhecimento.

---

[5] Rodrigo Octávio, da Academia brasileira — *Felisberto Caldeira, Crônica dos tempos coloniais*, Rio de Janeiro, 1900.
[6] A. A. de Aguiar, *Vida do Marquês de Barbacena*, Rio de Janeiro, 1896.

<small>A sucessão da coroa portuguesa.</small>   Primeiramente, havia a questão da dignidade, pretendendo Portugal que a admissão da independência do Brasil fosse matéria da negociação diplomática e não preliminar dela, e pensando o Brasil do modo justamente oposto. Depois, havia a questão da sucessão, motivada pela coincidência de ser o imperador o filho primogênito e legítimo herdeiro do rei. A Inglaterra, certamente para evitar o pouco auspicioso domínio de D. Miguel, mostrava desejar que as duas coroas se reunissem, após o falecimento de D. João VI, na cabeça de D. Pedro: subentendia-se ou não no espírito dos estadistas ingleses que o imperador oportunamente as repartiria, como veio a suceder, formando com a sua progênie duas dinastias. Opinava Metternich, com melhor senso e previdência e contra o juízo dos representantes da Áustria no Rio de Janeiro e em Londres, que a reconciliação na família e domínios de Bragança se não poderia operar de uma maneira permanente ou pelo menos durável sem uma separação inicial, absoluta e perpétua das duas coroas, tanto mais razoável quanto Portugal nunca se sujeitaria a ser, por um instante sequer, colônia do Brasil. D. Miguel por esse tempo chegava exilado à Corte de Viena e o chanceler, que decerto se mirava nesse espelho reacionário, não levaria à paciência deixar sem destino tão formosa vocação autoritária.

Sobre o assunto capital da sucessão, Caldeira Brant e Gameiro nenhumas instruções tinham recebido e viram-se na necessidade de mandar pedi-las de Londres. O imperador visivelmente abordava o negócio da regulação dos seus direitos de sucessão com muita reserva mental, preferindo aliás não comprometer-se de antemão a respeitar uma composição que os menoscabasse. O agente austríaco no Rio de Janeiro não passaria neste ponto de receptáculo da opinião imperial, que facilmente haveria sido sugerida por transmissão ao encarregado de negócios em Londres da Corte de Viena. Os ideais políticos do barão de Neumann não abrangiam por certo as emancipações coloniais, e tudo quanto fosse de molde a favorecer a legitimidade atraía-o por instinto. Faltava-lhe a visão límpida ou cínica do homem de Estado, que em Metternich se sobrepunha aos preconceitos cortesãos.

III

O primeiro passo dado em comum por Caldeira Brant e Gameiro, no desempenho da sua árdua missão diplomática, foi procurarem o barão de Neumann, a pedir-lhe que encaminhasse para Lisboa a comunicação da chegada a Londres dos plenipotenciários brasileiros e solicitasse a nomeação de plenipotenciários portugueses, que com aqueles se entendessem para firmar a paz. A Áustria estava a começo — como por fim estaria de novo — em tão boas disposições para com o Império, que o seu encarregado de negócios na Inglaterra dissera ao banqueiro Rothschild que podia sem risco de desagradar à Santa Aliança contratar o empréstimo brasileiro de 3 milhões esterlinos, que os nossos enviados tinham instruções para negociar sob hipoteca das rendas aduaneiras.

<small>Primeiros passos de Brant e Gameiro.</small>

O mesmo Neumann questionou porém longamente a redação da participação de Caldeira Brant e Gameiro ao marquês de Palmela, apenas recebendo-a, para endereçá-la ao destinatário, quando aprovada por George Canning a terceira e última minuta, e com o protesto de que esse seu ato não envolvia o reconhecimento do Império e do imperador.[7] Para pouparem-se uma qualquer *fin de non-recevoir*, Caldeira Brant e Gameiro aquiesceram em não redigir a carta nos termos que lhes tinham primeiramente acudido, de que estavam autorizados a chegar a qualquer arranjo que julgassem compatível com a Independência do Brasil; mas não deixaram de referir-se ao seu soberano como tal, achando o contrário em desacordo com o teor mesmo das instruções vindas do Rio. A este propósito escreveu Canning ao marquês de Palmela, aconselhando o governo português que não comprometesse a boa vontade manifestada pelo Brasil em semelhante pormenor com meras questões de forma, pelas quais não era atilado sacrificar-se a substância. Na diplomacia é entretanto

<small>Carta ao marquês de Palmela.</small>

---

[7] Vide no Apêndice a redação adotada, por julgada a mais anódina, da carta a Palmela (Doc. nº 2).

conhecido que as questões de forma não raro primam as de fundo: neste caso porém a forma traduzia essencialmente o fundo.

<small>Resposta do governo português.</small>
O ministro português, conde de Vila Real, abstivera-se de entrar em relações formais com os enviados do governo brasileiro até receber ordens positivas de Lisboa, para onde empurrara o negócio da abertura das proposições de paz e para onde Canning, o qual por ocasião da subida de Palmela ao poder, sustara a discussão direta com o Brasil do seu reconhecimento, preferindo sondar a tal respeito o novo gabinete, escreveu também ao ministro inglês Thornton, que influísse no sentido de uma pronta solução no despacho da autorização. Já em 26 de maio Vila Real recebia os plenos poderes para negociar, tendo aliás sido feita a sua nomeação antes da chegada às mãos de Palmela a comunicação de Caldeira Brant e Gameiro, a qual obteve a polida resposta que podia antecipar-se da pena do culto diplomata e perfeito homem do mundo.[8]

<small>Palmela no ministério.</small>
O regime monárquico-democrático uma vez varrido pela Vilafrancada, o marquês de Palmela fora chamado por D. João VI para o Ministério de Estrangeiros a fim de deslindar a embrulhada situação externa legada pelas Cortes, cujas relações com os outros governos estavam geralmente rotas. Como notório, era Palmela um liberal moderado, que sinceramente pensava na outorga de uma Carta Constitucional pelo soberano, ainda que a lembrança despertasse uma grande oposição por parte dos gabinetes da Santa Aliança. Como acontece a todos os moderados em circunstâncias apuradas e momentos críticos, foi negativo e impopular: acusavam-no a um tempo, os reacionários de pedreiro-livre, e os liberais de corcunda, e, hesitante entre os dois fogos, ele nada ousava de decisivo ou sequer de decidido. O regime liberal carecia de ser implantado pelas armas para tornar-se fecunda a ação de Palmela.

<small>Inclinações francesas de Subserra.</small>
Em 1824 a sua influência, mais propensa à amizade inglesa, posto que sem a mínima disposição de sacrificar os interesses do Reino com relação à separação da sua colônia americana, andava fortemente contrabalançada no seio do ministério pela do seu colega Pamplona (conde de Subserra), o valido do monarca, cuja demissão Canning acabaria por exigir *quase com ameaças*, por considerá-lo com justa razão partidário estrênuo e fautor principal do predomínio francês. A

---

[8] Vide no Apêndice, Doc. nº 3.

dupla corrente tradicional na política portuguesa, a da aliança britânica contra a da amizade gaulesa, recrudescera no seu embate, depois da Vilafrancada, com a acessão simultânea de Palmela e Subserra ao poder, concretizando-se não só numa emulação de interesses políticos e dinásticos, como até num desafio de honrarias reais.

Com efeito, ao tempo que desembarcava em Lisboa o embaixador extraordinário de Luís XVIII que trazia ao rei de Portugal a ordem do Santo Espírito, singrava da Inglaterra num vaso de guerra o portador da ordem da Jarreteira, e contam as cartas de uma senhora inglesa, por esse tempo residente em Lisboa, que D. João VI só fazia ralhar com os físicos da real câmara para que lhe pusessem logo garbosa a perna engrossada pelas erisipelas, permitindo-a receber condignamente a liga simbólica com que Jorge IV queria mimosear o seu fiel aliado. Aquela rivalidade de estadistas e de vistas, estimulada pelos motivos de ocasião, revelar-se-ia fatalmente no andamento da nossa questão diplomática, se bem que Palmela haja deixado escrito nos seus *Apontamentos* que as relações particulares e oficiais que entreteve com o conde de Subserra foram sempre excelentes, e que procurou o mais possível defender o seu colega de gabinete contra o infante e contra a Inglaterra. Desafio de honrarias: o Santo Espírito e a Jarreteira.

A Corte de Lisboa aparentemente manifestava a melhor vontade de encetar as negociações com os representantes de D. Pedro, e a isso movia-a o interesse de pôr inabalável cobro às hostilidades que Canning não cessava de pedir ao Império para sobrestar de vez, por seu turno reclamando os enviados brasileiros o exercício da influência britânica a fim de pôr obstáculo às apregoadas expedições portuguesas. Afora porém estarem Subserra e suas afeições continentais em plena voga e achar-se D. João VI na lua de mel semiabsolutista que se seguiu ao grosseiro regime dos Pétions das Cortes, Palmela planeava reforçar sua popularidade à custa do reino ultramarino, e andava pessoalmente muito despeitado com Canning, pela recusa do gabinete de St-James de mandar tropas inglesas a defenderem o rei de Portugal contra as facções extremas que o empuxavam em direções opostas, e garantirem o partido do *juste milieu* que Palmela encarnava. Tergiversação da Corte de Lisboa.

Refletindo esses cumulativos estados da alma, o ministro português em Londres logo à primeira entrevista com os brasileiros levantou uma dificuldade, negando-se à troca dos plenos poderes por Atitude do ministro Vila Real na troca dos plenos poderes.

poder ser este ato erroneamente interpretado como um reconhecimento, posto que indireto, do imperador que delegara os seus. Caldeira Brant e Gameiro recorreram à autoridade de Canning, citando o precedente de Mr. Oswald, o plenipotenciário britânico que nos ajustes de paz com os Estados Unidos não tivera dúvida em proceder, sobre a base da reciprocidade, às negociações com os representantes das colônias rebeladas, e o secretário dos Negócios Estrangeiros, em resposta, lembrou com o seu costumado espírito que os reis da Grã-Bretanha usaram por séculos do título de reis de França, sem que se entendesse, pelo fato da troca repetida de plenos poderes, que os franceses reconheciam semelhante título. Vila Real acabaria por aceder à troca, mas acompanhando-a de um protesto seu ou declaração de ressalva dos direitos do seu soberano, idêntico ao de Jorge III por ocasião da emancipação política dos Estados Unidos.

<small>A Abrilada.</small>

Os acontecimentos sobrevindos em Lisboa, onde entretanto o infante cometera a pior das suas travessuras, deviam naturalmente acirrar o desejo de Canning de ver logo ultimada a transação entre Brasil e Portugal, antes que se complicasse mais a penosa situação do Reino, tornando impossível qualquer acordo imediato. A insubordinação de seu filho, contagiando parte das tropas da guarnição da capital, obrigou D. João VI, por conselho e de combinação com Palmela, o embaixador de França e o ministro da Inglaterra, a refugiar-se a bordo da nau britânica *Windsor Castle* e daí fomentar a reação contra a reação, sendo preso D. Miguel e restabelecida a régia autoridade.

<small>Pressa da Inglaterra com relação ao reconhecimento.</small>

A Inglaterra tinha pressa de liquidar o assunto, porque importantes interesses comerciais de súditos britânicos se tinham criado no Brasil à sombra da amizade portuguesa, aumentando de ano para ano o número de casas inglesas nos portos e avolumando-se portanto o intercurso de mercadorias. O seu objetivo diplomático era fazer seguir o tratado de reconhecimento do Império de outro para obtenção de favores mercantis e para completa abolição do tráfico de escravos, no espírito das anteriores disposições entre Portugal e a Grã-Bretanha e das conclusões do Congresso de Viena, onde aquela abolição fora consagrada como princípio.

<small>A questão do tráfico de escravos desde 1810.</small>

A Inglaterra que, em 1807, certamente por filantropia e espírito liberal, extinguira o tráfico nas próprias colônias, pretendia agora extirpá-lo de vez em todo o mundo por espírito também de egoísmo ou de conservação, não lhe convindo alimentar, mercê da barateza do trabalho servil, concorrentes temíveis aos seus estabelecimentos tropicais. Conforme é sabido, a abolição do tráfico fora consignada anteriormente, como promessa de gradual extinção, no tratado celebrado em 1810 com a Corte do Rio de Janeiro, e, fundada nele, entrou a marinha britânica a capturar nos mares da África navios portugueses com carregamentos de africanos, pelo que a Inglaterra, em virtude dos enérgicos protestos do conde da Barca, teve de pagar em 1815 300 mil libras esterlinas de indenização. No mesmo ano de 1815, a 8 de fevereiro, as oito potências signatárias do tratado de Paris, as quais prepararam os atos finais do Congresso de Viena e dirigiram os trabalhos desta célebre reunião de soberanos e ministros, assinaram uma declaração reprovando o tráfico e manifestando coletivamente sua intenção de aboli-lo:[9] entre essas potências contava-se Portugal.

Como certas contemplações eram porém devidas a certos interesses, a certos hábitos, a certas prevenções mesmo, não se estabeleceu um prazo fixo para a referida abolição: deixou-se em aberto a fim de ser determinado de acordo com as conveniências de cada potência. Nesta questão, como na da anexação da Saxônia à Prússia e do avassalamento da Itália à Áustria, Talleyrand soube insinuar-se no espírito dos outros delegados e manobrar com tão consumada habilidade, que conseguiu dar as cartas mais ou, pelo menos, tanto quanto Metternich. O diplomata francês ajudou muito o então conde de Palmela nos seus esforços para neutralizar os da Inglaterra, que queria arrancar da Espanha e de Portugal a abolição imediata do tráfico de escravos. Em vez desta, o tratado de 22 de janeiro de 1815, assinado em Viena por lord Castlereagh e pelos plenipotenciários portugueses — Palmela, Saldanha da Gama e Lobo da Silveira — estipulava que ficaria vedado aos súditos portugueses traficarem escravos em qualquer parte da costa da África ao norte do equador. Permanecia contudo de pé a promessa geral de que as duas partes contratantes fixariam o período, em que o comércio de negros teria de cessar inteiramente para os domínios portugueses.

Na correspondência de Talleyrand, quando embaixador em Viena, para Luís XVIII, está escrito que a Espanha e Portugal obtinham um prazo de oito anos para a abolição (o prazo prescrito para

---

[9] Anexo XV do Ato final do Congresso de Viena (1814-1815).

a França no tratado de Paris fora de cinco anos), o que leva a crer que esteve por tal modo assente esse ponto, ainda que logo ficasse abandonado. Em 1817, voltando a Grã-Bretanha à carga, alcançou pela convenção de 28 de julho que fosse adotado e reconhecido o direito de visita e busca, pelos vasos de guerra britânicos, nas embarcações portuguesas suspeitas daquele tráfico, e bem assim a criação de comissões mistas para julgarem os navios apresados.[10] Para Canning seria um motivo de verdadeiro júbilo dar nesta estimulante questão um passo adiante dos de Castlereagh e, conseguindo um prazo certo e irrevogável para a cessação do tráfico de negros entre a África e o Brasil, poder exclamar com o poeta seu compatriota:

> *Thy chains are broken, Africa, be free*
> *Thus saith the island — empress of the sea.*

O Brasil e a escravidão.

O empenho de Canning era tão forte que chegara antes a assegurar que reconheceria sem demora o Império e afiançaria sua integridade, se o tráfico fosse completamente abolido. O Brasil constituía o grande mercado de escravos africanos, tendo-se a América espanhola liberado dessa peste, e, sem o seu encerramento, inútil seria insistir na extirpação do tráfico. A oportunidade aparecia seguramente única à filantropia e à diplomacia do Reino Unido, carecendo o Império tanto do apoio britânico e dando por isso mostras inequívocas de estar disposto a fazer concessões em tal terreno. Canning acreditou na lógica dos fatos e, por esta consideração mais do que por todas as outras, sem demora desanimara Portugal nas suas primeiras pretensões de angariar o auxílio inglês para reduzir à obediência o reino ultramarino, declarando ao Defensor Perpétuo do Brasil que nada tinha a recear de hostil ou pouco amigável da parte do governo de Jorge IV.

A missão Amherst ao Rio de Janeiro. O tráfico e José Bonifácio.

Mais do que isso, aproveitando a ida para a Índia, em fevereiro de 1823, do governador-geral lord Amherst, Canning incumbira-o de, no decurso da escala do seu navio no Rio de Janeiro, tratar com o imperador e o seu ministério do assunto vital do tráfico, fazendo-lhes ver que uma nação independente não poderia decentemente preservar uma instituição que era somente tolerável numa colônia, campo de

---

[10] Pereira Pinto, *Coleção dos Tratados*, Rio. 1864, vol. I, pp. 153.

cultivo e comércio, sem a dignidade de uma potência soberana, nem as responsabilidades da defesa da sua integridade territorial. Além disso o Brasil permaneceria isolado, como uma vasta mancha negra, na América Latina livre, único a sustentar um comércio odioso e universalmente reprovado. A justiça britânica ser-lhe-ia facultada, como o sói ser a qualquer país, mas a amizade britânica, essa tinha de ser conquistada mediante aquele sacrifício, que era uma depuração. Procedendo com tamanha urgência quanto denunciava essa incumbência, confiada àquele que ia preencher o lugar aceito por Canning no momento do inopinado desaparecimento de Castlereagh, a Inglaterra não tencionava abandonar Portugal à sua sorte; antes exigia do Brasil que o reconhecimento fosse logo correspondido "com os ajustes necessários acerca do Reino": mas a obsessão da extinção do tráfico imperava por forma tal na sua imaginação que dissipava os melindres das alianças.

Stapleton, o secretário particular, fiel amigo e historiógrafo de Canning, conta que lord Amherst tratou do objeto da sua missão com José Bonifácio, cujas inclinações abolicionistas não padecem dúvida, mas foram infelizmente platônicas. O ministro de D. Pedro recuou ante a perspectiva do descontentamento nacional, o qual podia até ameaçar a própria existência do novo regime, e somente concordou numa diminuição gradual e progressiva do número de escravos importados, que daria em resultado a abolição completa do tráfico dentro de muito poucos anos.

As instruções secretas mandadas a Caldeira Brant e Gameiro no ano imediato prescreviam-lhes, porém, que obtivessem o reconhecimento sem essa condição julgada desairosa, cuja retirada não significava todavia que o imperador não estivesse disposto, como firmemente estava, a abolir no futuro um tão desumano comércio. A última concessão que, segundo as mencionadas instruções secretas, o Brasil se inclinava a fazer a fim de obter o almejado reconhecimento, o qual só muito contrariado o governo imperial prestar-se-ia a aceitar conjuntamente com a abolição do tráfico, era a de estabelecer-se o prazo de oito anos, como se projetara em Viena, ou mesmo o de quatro, mas com uma indenização de 800 contos por ano nos quatro restantes, para compensar a falta dos direitos de importação sobre os negros e outros danos. A ausência de colonização estrangeira que suprisse o trabalho escravo, a necessidade de prover nos anos próximos uma mais avultada entrada de africanos

<aside>Instruções secretas de Brant e Gameiro sobre o tráfico.</aside>

para habilitar a lavoura a fazer face à forçosa escassez ulterior, e os desarranjos agrícolas e comerciais que a terminação do tráfico acarretaria, eram outras tantas razões ponderosas que aconselhavam a fixação de um prazo e excluíam por nociva a abolição imediata.

No fundo esta questão do tráfico aproximava então os dois países mais do que os dividia. A Inglaterra estava ainda justamente persuadida de que muito melhor lhe iria em obter a extinção pela iniciativa do governo imperial, do que por meio de pressão exterior. O Brasil começava ligeiramente a convencer-se — e pena foi que não continuasse a pensar assim — de que o espírito do século não permitiria a preservação de condições sociais em que fosse elemento o escravo, e que o dia chegaria no qual, não havendo formulado espontaneamente a concessão, teria de ceder violentado. Efetivamente, no despacho de 28 de agosto de 1824, em vista da correspondência recebida da legação em Londres, mandava o governo imperial desistir até da citada indenização pecuniária, "no último caso de se não poder conseguir de outra maneira o reconhecimento".

É claro que o governo brasileiro mudava de resolução pela força das circunstâncias, pois a autorização facultada aos plenipotenciários brasileiros, para liquidarem finalmente a divergência de vistas das duas nações sobre o tráfico, havia-lhes sido retirada dias antes, no despacho de 18 de agosto, por ter-se o governo imperial capacitado de que a Grã-Bretanha não deixaria de reconhecer a Independência do Brasil pelo fato de não ajustar-se aquela divergência. O imperador sentia-se também desobrigado de quaisquer contemplações para com o gabinete de St-James, que traduzissem prejuízo para a economia nacional. É mister não esquecer que até ali a Inglaterra se não decidira inteiramente a pôr Portugal de lado e negociar diretamente o tratado de reconhecimento, nem "quisera ser abertamente mediadora para com Portugal, tendo-se apenas mostrado oficiosa", verdade é que pela simples razão que Portugal nunca solicitara formalmente a mediação para celebrar a paz com o Brasil.

A França e a Grã-Bretanha na Península Ibérica.

A Inglaterra no entanto possuía, além dos comerciais e humanitários, motivos de natureza restritamente política para desejar não ser vencida por qualquer outra potência do Velho Mundo nas boas graças do Brasil. A sua rivalidade com a França, rivalidade tradicional e característica na história europeia, encontrara na Península

Ibérica, mercê da localização do conflito geral entre absolutismo e constitucionalismo, um campo de verdadeira cultura intensiva. Depois da guerra da Espanha e das fáceis vitórias do duque de Angoulême, a influência dos Bourbons de França tornara-se poderosíssima na Corte parente de Madri. Na Corte de Lisboa Hyde de Neuville estava em alguns casos conseguindo mais do que Thornton, não só pela ligação pessoal com Subserra, como pelo fato de representar uma monarquia que, longe de permitir à inundação democrática fertilizar a administração pública, antepunha um dique de preconceitos à maré popular.

Os políticos do Rio de Janeiro, para os quais a amizade britânica, da nação senhora dos mares, era bem mais importante do que a francesa, com bastante tino pensaram em explorar essa conhecida rivalidade com o fito de mais facilmente obterem a classificação política do Império, e tampouco se descuidaram de jogar outras cartas diplomáticas. Nas instruções ostensivas de Caldeira Brant e Gameiro notava-se — um mês depois de proclamada a doutrina de Monroe, a qual Canning, ao sugeri-la indiretamente num momento de apuro, certamente não antevia quanto poderia de futuro tornar-se infensa à própria Inglaterra — que o estabelecimento de uma possante monarquia constitucional no hemisfério sul da América operaria como uma barreira oposta "à ambiciosa e democrática política dos Estados Unidos, a fim que para o futuro não prevaleça a política americana à europeia". Esta razão não era fútil para que a Inglaterra hesitasse em urgir Portugal. Era pelo contrário uma das mais convincentes para o estadista que geria as relações externas do Reino Unido.

Partido tirado pelos políticos brasileiros das rivalidades internacionais.

Canning antevia e temia a concorrência mercantil e sobretudo política dos Estados Unidos, e o fato mesmo de ele recear a preponderância norte-americana no continente que se jactava de haver chamado à existência autônoma, é um motivo para não se acreditar que, como pretendem alguns, a declaração do presidente Monroe tivesse sido o fruto do concerto do secretário dos Negócios Estrangeiros de Jorge IV com John Quincy Adams.

Na verdade, mais do que a sugestão das palavras ao ministro Rush, aproveitou à República a indicação fornecida pela própria atitude de Canning para com a metrópole espanhola, se bem que não tivesse igualado a postura agressiva de Pitt, refletida na famosa proclamação de sir Thomas Picton, convidando o povo venezuelano a "libertar-se do jugo opressivo e tirânico que mantinha o monopólio do comércio". Formulando a sua doutrina internacional, cuidavam porém os Estados Unidos de combater a importância que estava adquirindo sobre o Novo Mundo a proteção inglesa, e não em auxiliar quaisquer planos do estadista britânico. Monroe de fato opôs o protetorado americano ao inglês quando ambas as potências visavam o mesmo alvo, que era a conquista comercial e moral das novas nações fabricadas com os fragmentos do império colonial ibérico.

Ação dos enviados brasileiros junto a Canning.

Continuando entretanto Vila Real a demorar o seguimento das negociações, alegando não receber de Canning a fórmula, que lhe pedira, do protesto inglês por ocasião do tratado de paz com as colônias da América, e que lhe devia servir de modelo, os enviados brasileiros, impacientados, foram ter com o secretário de Estado, a quem perguntaram desassombradamente se estava disposto a tratar isoladamente com eles, não dando Portugal mostras de querer reconciliar-se. Canning, por cuja individualidade Caldeira Brant e Gameiro professavam a maior admiração e estima, não se furtando a encarecer-lhe o gênio e a sinceridade, e tratando-o repetidamente nos seus informes para o Rio de *grande homem de Estado*, fizera-os sossegar e os aconselhara a de novo procurarem o conde de Vila Real, ajustando-se por fim a futura troca dos plenos poderes na forma já descrita, e realizando-se no Foreign Office, a 12 de julho, a primeira conferência sobre o negócio do Brasil, a que assistiram os cinco interessados: Caldeira Brant, Gameiro, Vila Real, Canning e Neumann.[11]

Esboço de tratado formulado por Brant e Gameiro.

Os plenipotenciários brasileiros tinham previamente submetido a Canning, a pedido mesmo deste, um esboço do tratado pelo qual Portugal reconheceria a independência do reino ultramarino. Era o único acordo que tinham recebido instruções para assinar imediata e definitivamente, devendo celebrar outro tratado *ad referendum*, em que fossem passadas em revista e assentadas todas as questões oriundas ou prendendo-se com a independência, tais como sucessão da coroa, indenizações e outras.

Canning e a sucessão.

Canning queria, pelo contrário, incluir logo no tratado de reconhecimento a regulação da herança do trono português, que vi-

---

[11] Vide no Apêndice o respectivo Protocolo (Doc. nº 4).

sivelmente o preocupava, pressentimento do qual se pode coligir a agudeza da sua visão política.

Quanto a Vila Real, assinalou a entrevista pedindo, antes mesmo de falar em reconhecimento, explicações sobre três pontos, que correspondiam às condições portuguesas para a entrada em relações diplomáticas com a ex-colônia: a cessação das hostilidades; o restabelecimento das relações comerciais, e a restituição das propriedades de portugueses sequestradas e das embarcações apresadas, ou a indenização equivalente. *Exigências prévias de Vila Real na primeira conferência do Foreign Office.*

O ministro português, como cabia a um bom diplomata, não deixou de fazer valer — e a referência produziu impressão nos circunstantes — que D. João VI, assim que reassumira a plenitude do seu poder, mandara espontânea e generosamente suspender as hostilidades. Habilmente porém acudiram Caldeira Brant e Gameiro que D. Pedro de fato havia feito o mesmo: de direito não ousaria fazê-lo mais expressiva ou terminantemente visto não ser, como seu pai, monarca absoluto. A evocação das limitações constitucionais tinha o condão de agradar sempre a um ministro, como Canning, que lutava contra os restos do poder pessoal na monarquia britânica. *A suspensão das hostilidades.*

Tendo os enviados brasileiros aproveitado perfeitamente o ensejo oferecido pelo português para ocuparem-se da expedição de 10.000 homens, com 5.000 mercenários hanoverianos, a qual ameaçava partir de Lisboa para o Brasil, ficou combinado que tal expedição quedaria em projeto (Vila Real prometeu-o com tanto menos ambages quanto Portugal não sentia grande confiança na praticabilidade do plano de ataque), se por parte do Brasil continuassem efetivamente suspensas as hostilidades. Por seu lado prometeram Caldeira Brant e Gameiro encaminhar para o Rio de Janeiro, a Luiz José de Carvalho e Melo,[12] as proposições do plenipotenciário de S.M. Fidelíssima. *Expedição portuguesa ao Rio de Janeiro.*

Em 19 de julho teve lugar no Foreign Office a segunda conferência, à qual também assistiu o príncipe Esterhazy, já de regresso da Áustria e removido para a embaixada de Paris.[13] Deu-se nova e infrutífera insistência dos plenipotenciários brasileiros para arran- *Segunda conferência no Foreign Office. Canning assume a tarefa de redigir um projeto de tratado.*

---

[12] O sucessor de José Bonifácio e de Carneiro de Campos (marquês de Caravelas) na pasta de Estrangeiros foi depois visconde da Cachoeira.

[13] Vide Protocolo no Apêndice (Doc. nº 5).

carem ao conde de Vila Real o reconhecimento da Independência, e como ele se recusasse, para levarem as cortes medianeiras a obterem-no. Fazendo Caldeira Brant e Gameiro depender tudo mais daquele reconhecimento, e não indo as instruções do plenipotenciário português, conforme declarou depois numa entrevista confidencial com os brasileiros realizada a 1º de agosto, além da autorização para o reconhecimento da autonomia, não da soberania do Brasil, a negociação teria entrado num beco sem saída se Canning, com sua habitual presença de espírito, não houvesse, para remover a dificuldade, tomado o expediente de avocar às potências medianeiras a tarefa de redigirem e apresentarem o tratado de reconciliação. E como o príncipe Esterhazy advertisse que a Corte austríaca apenas queria conciliar ideias e não sugeri-las, o inglês propôs-se assumir sozinho o trabalho e a responsabilidade. Por sua vez, Vila Real observou que não possuía poderes para mais do que para discutir as proposições brasileiras, podendo contudo encaminhar para Lisboa qualquer projeto de Canning.

IV

O plenipotenciário português defendia com pertinácia uma causa de antemão perdida.

O que se tratava de ganhar, era não mais o Brasil, mas a honra. O governo de D. João VI devia estar, como o próprio rei, plenamente convencido de que, pela guerra, Portugal nada alcançaria. Que os recursos do Reino se viam impotentes para bater o Império, provara-o de sobejo o fato da pobríssima esquadra nacional às ordens de lord Cochrane, com uma única nau forte, veleira e bem tripulada, a *Pedro Primeiro,* haver logrado bloquear a Bahia, imobilizar as forças marítimas contrárias, incomparavelmente superiores em número e como unidades, e compelir em terra o general Madeira a capitular. Pior do que isso — com quatro navios apenas o almirante anglo-brasileiro, em julho do ano anterior (1823), dera caça à esquadra portuguesa de treze navios, comboiando 60 a 70 embarcações com tropa, famílias portuguesas que se retiravam para a metrópole, munições e o mais, e apresara ou incapacitara uma porção dessa frota, pondo a mão sobre metade do exército inimigo com bandeiras, artilharia e provisões.

Ficou demonstrado, uma vez ainda depois da guerra naval com os holandeses na costa do Norte do Brasil, quanto vale no mar a ligeireza: as naus portuguesas, mais pesadas, não podiam escapar, quando isoladas ou interceptadas, às embarcações mais velozes da marinha brasileira, nem tampouco podiam persegui-las de combinação. Deixando em paz o resto da esquadra dos adversários, Cochrane aproveitou-se dessa sua maior facilidade de movimentos para fazer-se a vela para o Maranhão, que, sem derramar gota de sangue, audaciosa e astutamente reduziu a autoridade imperial antes de chegar o reforço português. No Pará, o capitão Grenfell, para ali despachado pelo almirante, procedeu de modo análogo e com idêntico afortunado resultado, podendo a improvisada esquadra nacional gabar-se no fim da curta campanha de ter, sem sacrifício de uma nau,

Fraqueza dos recursos militares do Reino. Papel glorioso da marinha nacional.

subjugado duas enormes províncias e apresado mais de 120 navios portugueses.[14]

> As presas de lord Cochrane.

É sabido que, apesar das legítimas reclamações de lord Cochrane e da sua sôfrega marinhagem, o imperador não mandou proceder à condenação e adjudicação das embarcações capturadas e bens sequestrados, cônscio de que tal ato excitaria extrema animosidade em Portugal e causaria má impressão na Inglaterra, e desejando conservar toda a propriedade portuguesa em depósito para oportunamente restituí-la, quando fosse celebrada a reconciliação com a mãe pátria. O governo imperial, cuja segurança contra a opinião nativista não era contudo tanta que o tivesse permitido abolir por ato público as hostilidades, quando para este passo o instigava o governo britânico, porta-voz do português, queria manifestar por aquela forma ao Reino e à Europa a sua honestidade e moderação.

> Entrevista confidencial de Vila Real com os enviados brasileiros.

Considerando todas estas razões, o esgotamento de Portugal e a tolerância do Brasil no assunto das presas, Vila Real entendeu, não obstante a sua sobranceria de gentil-homem diplomata, dever abrir-se um poucachinho mais na entrevista confidencial de 1º de agosto com Caldeira Brant e Gameiro, na qual afirmou com segunda intenção estar-lhe formalmente vedado ouvir e encaminhar proposições de independência que não fossem acompanhadas de justas compensações. Perguntado num tom indiferente pelos nossos enviados quais poderiam ser essas supostas compensações, respondeu, na aparência vagamente, que julgava serem, pelo menos, a reunião por morte de D. João VI das duas coroas na cabeça de D. Pedro, ou dos seus sucessores imediatos ou colaterais; favores especiais ao comércio português, e assunção pelo Brasil de parte da dívida pública portuguesa. Caldeira Brant e Gameiro responderam que, por enquanto, lhes faleciam instruções para tratarem dos pontos aventados, havendo, quanto ao primeiro, o imperador propositalmente querido separar seus interesses pessoais dos gerais do Império. Não deixaram entretanto os plenipotenciários brasileiros de ir logo apontando o perigo, senão a impossibilidade da reunião das duas monarquias, a qual no dizer de Vila Real o governo britânico julgava fatível "mediante a alternativa da residência dos soberanos entre os dois Estados".

---

[14] Narrativa de serviços no libertar-se o Brasil da dominação portuguesa. Londres, 1859.

Em 9, 11 e 12 de agosto tiveram lugar no Foreign Office novas conferências plenárias,[15] em que voltou longamente à discussão a questão do reconhecimento preliminar reclamado pelo Brasil e das condições preliminares exigidas por Portugal, sem outro efeito mais do que evidenciar a crescente má vontade da Áustria em ajudar as pretensões do Império sul-americano. Nem Metternich, que subordinava todas as considerações públicas e de família à da preservação da Aliança tendente ao "repouso político" sobre que devia, no seu juízo, assentar o desenvolvimento industrial e comercial do século, acreditava ainda muito na sinceridade liberal de Canning, ou na sua solicitude pelos povos emancipados de tutelas anacrônicas pelas circunstâncias que as rodeavam. Numa comunicação ao príncipe Esterhazy, a qual traz antes o cunho literário de Gentz, o chanceler externava nos seguintes termos a sua impressão do caráter político do estadista inglês: "Se me não engano, Mr. Canning pertence a essa classe de homens que por vezes entram em certas associações, sem por isso ligarem ao êxito delas os seus sinceros votos; tais homens especulam sobre as vantagens do momento e não se esforçam menos por assegurar o seu capital fora da empresa."[16]

As conferências de agosto teriam porém continuado a dar o mesmo resultado negativo das de julho, se na primeira delas o homem de dois pesos e de duas medidas, conforme o qualificava Metternich, não tivesse cumprido sua promessa de apresentação de um projeto de tratado, virtualmente análogo ao que fora previamente oferecido pelos plenipotenciários brasileiros,[17] mas com um artigo secreto relativo à sucessão, estipulando que as Cortes de Lisboa, ao determinarem a forma da herança da Coroa portuguesa, poderiam chamar a cingi-la o primogênito, ou, na falta de sucessão masculina, a primogênita do imperador. Após conversações particulares com Canning, Esterhazy e Neumann, e discussão com o mesmo Canning de algumas objeções ao referido artigo secreto, resolveram os plenipotenciários brasileiros aceitar o aludido tratado *sub spe rati*. Este procedimento, que lhes aconselhou o

---

[15] Vide no Apêndice os respectivos Protocolos (Docs. nos 6 e 7).

[16] *Mémoires, Documents et Écrits divers laissés par le Prince de Metternich*. Paris, 1881, vol. IV, p. 225.

[17] Vide no Apêndice o texto dos dois projetos — o dos plenipotenciários brasileiros e o de Canning — que se acham publicados, com bastantes incorreções, na citada biografia do marquês de Barbacena (Docs. nos 8 e 9).

secretário de Estado britânico, mereceu a aprovação do governo imperial. As coisas estavam todavia longe ainda do seu termo.

<small>Insistências de Vila Real e evasivas de Brant e Gameiro.</small>

Na conferência seguinte com efeito voltou Vila Real à carga com as suas três proposições, insistindo na pouca vontade em anuir a essas condições que denunciava a resposta do ministro Carvalho e Melo ao cônsul Chamberlain, e ameaçando interromper a negociação encetada até receber novas ordens do seu governo. Só não levou a cabo a ameaça pela oposição dos três medianeiros, que não quiseram, por motivo de um emperro considerado pueril, ficar gorados os seus desejos e esforços para uma pacificação inevitável e inadiável. No tocante às queixas do ministro português, só era dado aos nossos enviados replicar com evasivas, e isto executaram-no com jeito. Lembraram que a reclamação transmitida por Chamberlain e compendiando o preliminar *desideratum* português, fora anterior à abertura das negociações de Londres, e que a réplica do ministro de Estrangeiros correspondia à fase que precedera o exercício dos bons ofícios das duas potências amigas. Naquele instante, porém, as intenções do governo brasileiro dirigiam-se no sentido de concorrer para a cessação das hostilidades, suspensão dos sequestros e facilidades das relações comerciais entre o Império e o Reino. Carecia contudo o imperador de proceder com toda a deferência para com a opinião pública, a qual se manifestava adversa a qualquer composição com a ex-metrópole antes de reconhecida a Independência da ex-colônia, e no Novo Mundo se sentia capaz de impor ao trono, ainda mal firmado, as suas preferências.

<small>Espírito de rebelião no Brasil.</small>

Invocando o espectro da anarquia, que as dificuldades domésticas poderiam gerar, o governo brasileiro era mais sincero do que pareceria à primeira vista, para quem apenas se lembrasse da opressão exercida sobre a América pelas duas metrópoles da Península Ibérica. O povo já não era o mesmo dos bons tempos coloniais, quando o trono de Portugal exercia de longe para o brasileiro nato a atração do fetiche para o africano boçal. A Corte permanecera treze anos no Rio de Janeiro, não mais a Corte dos vice-reis, com suas pequenas tiranias e suas ridículas vaidades, mas a verdadeira Corte dos Braganças, não menos ignara e moralmente corrupta, no seu conjunto, do que aquela. O contato de todos os dias com a fidalguia do Reino, junto com a franca leitura de livros estrangeiros e a convivência com os estrangeiros — e nestes pontos o governo de D. João VI foi perfeitamente liberal — tinham destruído até o respeito pela realeza. A simpatia pelas instituições e costumes de outros povos surgiu simultaneamente com o desaparecimento da confiança nas instituições e costumes de casa, ou por outra vingava a ambição de transformar umas e outros.

Um viajante inglês que esteve no Rio de Janeiro em 1821 conta quão efervescente estava o sentimento constitucional e nacionalista, isto é, o sentimento adverso ao absolutismo e à metrópole. Um dos dramas populares do dia no teatro da cidade intitulava-se a *Escola dos príncipes,* e como o título indica, punha em cena com intuitos moralizadores os erros a que pode ser conduzido um jovem príncipe mal-aconselhado. A primeira representação teve lugar no aniversário natalício de D. Pedro, já príncipe regente e presente ao espetáculo, e os assistentes sublinharam, com olhares intencionais e aplausos, as frequentíssimas alusões e advertências, de que se achava recheada essa peça *sui generis* e de alcance patriótico. A opinião esclarecera-se e adquirira consistência com a vista do espetáculo político que lhe fora proporcionado pelo monarca e seu séquito.

O quadro traçado por Mathison[18] da sede da monarquia portuguesa é em muitos sentidos degradante, mas exato. A emigração do Reino transportara, com seus tesouros, os seus favoritismos e as suas intrigas, e a administração pública, salvo esforços individuais dignos dos maiores encômios, desgraçadamente moldara-se pela da metrópole. O erário não podia fazer honra aos gastos da coroa, que raramente se traduziam por benefícios públicos, lucrando antes a camarilha com a prodigalidade régia e continuando o país sem esquadra que defendesse os seus disseminados e ameaçados domínios, a cidade sem edifícios que lhe dessem foros de capital, o povo sem instrução nem bem-estar que lhe granjeassem devoção cívica e lealdade dinástica. O peculato assentara por toda a parte os seus arraiais; o suborno era um sistema consagrado; a venda de honrarias, dignidades e posições uma coisa admitida; o contrabando uma função criada senão reconhecida, posto que perturbadora do orga-

Aspecto moral da capital brasileira.

---

[18] *Narrative of a visit to Brazil, Chile, Peru, and the Sandwich Islands during the years 1821, and 1822.* Londres, 1825.

nismo econômico. A moeda andava legalmente falsificada, sendo os pesos de prata espanhóis, avaliados ao par em 800 réis, refundidos em peças de três patacas ou 960 réis, e passando o cobre por idêntica adaptação. Sobre esta circulação metálica avariada repousava o crédito da circulação fiduciária, e Estado e banco auxiliaram-se com uma permuta de favores equívocos até que, retirando-se de novo para Portugal, a Corte arrecadou o dinheiro e fundos nacionais e deixou o banco limpo de numerário e sobrecarregado de notas desvalorizadas. Esta situação era patente e criticada desde que a crítica conquistara sua franquia, e tão impressiva tornara-se a influência da opinião que o imperador, particularmente quando era ainda príncipe real, cortejava o mais afanosamente a popularidade das ruas e mormente a do exército, aparecendo repetidamente em público, passando contínuas revistas às tropas, correspondendo pressurosamente às saudações, protestando em proclamações o seu devotamento à terra em que crescera e que chamava de sua.

<small>Recusa para a transmissão do projeto Canning.</small>

Essa terra ele só poderia porém chamar verdadeiramente de sua, depois que lho permitissem as potências do Velho Mundo, e o meado do ano de 1824 já decorrera sem que as respectivas negociações se aproximassem do seu desfecho. Pelo contrário, ao procurar discutir-se no Foreign Office o projeto de tratado oferecido por Canning, deu-se uma nova série de recusas. Alegou imediatamente o ministro português seu papel único de transmissor de propostas brasileiras, que não envolvessem o desconhecimento dos legítimos e sagrados direitos de S.M. Fidelíssima. Propuseram então os enviados brasileiros que o secretário de Estado britânico e os representantes da Áustria endereçassem o projeto ao gabinete da Bemposta, para que este autorizasse Vila Real a discuti-lo. Furtaram-se porém os austríacos à missão, por julgarem-na fora do papel todo consultivo adotado pela corte de Viena, que não queria propriamente intrometer-se num negócio por ela considerado de família, e muito preferia que a solução viesse do acordo direto entre as duas partes, sem recurso a terceiros. A verdade era, além dos ciúmes de Metternich pela posição preponderante que estava cabendo a Canning na Independência do Novo Mundo, que a Áustria chegava-se para Portugal e desamparava o Brasil à medida que se dissipava a impressão das Cortes demagógicas de 1820 e que a política de reação vingava em Lisboa sobre as aspirações liberais.

Canning, que não tinha razão para professar as mesmas hesitações que Esterhazy e Neumann, prestou-se a ser o transmissor único do seu próprio projeto, protestando acompanhá-lo das maiores instâncias pela sua aceitação por parte do governo português. Como homem superior que era, declarou mais e sem rebuço que não fazia questão, nem do fundo nem da forma, do escorço apresentado e que do melhor grado aceitaria quaisquer modificações razoáveis, que lhe fossem sugeridas. Ora, na opinião de Caldeira Brant e Gameiro, não podiam deixar de ser introduzidas alterações pelo gabinete de Lisboa, ao qual — devia considerar-se certo — o projeto não agradaria, se bem que parecesse andar em tão benévolas disposições que, segundo declaração do conde de Vila Real numa das conferências de agosto, as autoridades do Reino haviam mandado desembarcar e restituir a sumaca brasileira *Jervis*, do Maranhão, arribada à ilha Terceira.

<small>Canning transmite seu próprio projeto de tratado para Lisboa.</small>

Não é exagerado dizer que, sem a intervenção de Canning, as negociações de Londres teriam sido um fiasco. Ele com efeito acompanhou-as de começo a fim com a maior solicitude, *looking on for England to see fair play* (vendo pela Inglaterra que tudo se passasse direito), para usar das suas palavras. Não era sem razão que ele escrevia em 17 de agosto ao seu íntimo amigo Granville, a quem escolhera para ir substituir em Paris sir Charles Stuart: "Portugal sozinho deu-me mais trabalho durante os últimos dois meses, do que se deveria razoavelmente contar em meio ano da parte de todas as Cortes da Europa."[19] Agora, porém, dava-se forçosamente uma pequena suspensão de atividade no negócio do Brasil, que lhe permitiria voltar com mais vagar sua atenção para as outras nações latino-americanas.

<small>Solicitude de Canning pelas negociações.</small>

Após as três sucessivas entrevistas do Foreign Office e enquanto aguardavam a sequência dos acontecimentos, tampouco ficavam inativos os representantes do Império em Londres. A legação acumulava naquele tempo as funções de consulado, de repartição fiscal e de casa de comissões. Comprava encomendas para o Arsenal de Marinha do Rio de Janeiro, e até adquiria, tanto quanto nos Estados Unidos, navios de combate, pois a neutralidade afetada pelo governo britânico não era tamanha que impedisse geralmente essas manifestas

<small>Afazeres da legação.</small>

---

[19] *Some official Correspondence of George Canning*, editado por Ed. J. Stapleton. Londres, 1887.

violações. Nem deve admirar a liberdade com que na Inglaterra se permitiam o apresto e partida de expedições armadas, com homens, embarcações e petrechos bélicos, para servirem no Brasil contra Portugal, quando a França, malgrado a sua política ultraconservadora, não relutara a admitir os cônsules brasileiros nos seus portos sob o título de agentes comerciais. Era necessário engajar muitos marinheiros para a armada nacional porque o nosso espírito, capitalmente refratário à disciplina militar, já nesse momento obrigava a utilizarem-se no serviço naval os mercenários estrangeiros que tão daninhos viriam a tornar-se no exército. A legação fazia igualmente operações financeiras, negociando empréstimos e emitindo apólices.

<small>Empréstimo brasileiro prejudicado pela revolução pernambucana de 1824. Esperanças portuguesas. Fuga de Manoel de Carvalho.</small>

Reza um dos ofícios de Caldeira Brant e Gameiro que a emissão parcial de apólices realizada a 75 no dia 11 de agosto de 1824, foi prejudicada pelas notícias da rebelião pernambucana de Manoel de Carvalho e sua tentativa de fundação da Confederação do Equador. Esta sanguinolenta revolução, cuja terminação Carvalho e Melo só em 4 de outubro poderia anunciar para Londres, também foi, combinada com a experiência de uma negociação à parte, um poderosíssimo incentivo para a encomendada hesitação de Vila Real em admitir a realidade da Independência: o gabinete de Lisboa espreitava ansioso o sucesso da revolução. É conhecido que, vencido pelas tropas imperiais, Manoel de Carvalho Paes de Andrade seguiu para a Inglaterra a bordo da corveta inglesa *Brazen,* para onde passara da fragata *Tweed,* na qual se refugiara diziam os legalistas, ou, como argumentavam os ingleses, fora negociar a sua capitulação com o almirante da esquadra de bloqueio, que para aquele fim erguera bandeira de trégua. Em Londres perseguiu-o sem resultado o ódio da legação, reflexo do rancor imperial. De fato a fuga do presidente rebelde desapontou vivamente o governo brasileiro, que descarregou desapiedadamente a sua contrariedade sobre as figuras secundárias do movimento. O brigadeiro Lima e Silva, chefe das forças legais, inutilmente reclamara a entrega de Manoel de Carvalho ao comandante britânico, e o ministro dos Negócios Estrangeiros, depois de ter ensaiado sem êxito recorrer a Chamberlain, tentou a reclamação direta em Londres por intermédio dos nossos dois enviados.

O governo imperial não só exigia a entrega do *facinoroso,* como uma satisfação pelo ocorrido sob a forma de punição do comandante da *Tweed* por causa da infração de neutralidade cometida num porto nacional e bloqueado pela marinha nacional, na forma da participação previamente expedida aos cônsules estrangeiros. O oficial inglês recusara-se mais tarde a anuir às justas representações da primeira autoridade de Pernambuco, encaminhadas pelo cônsul britânico, assim procedendo em desacordo com o precedente estabelecido por sir Thomas Hardy, o qual fizera desembarcar de um paquete inglês, aportado à Bahia, e entregara ao governo local, que o reclamava, o pernambucano Gervasio Pires Ferreira, e em desacordo não menos flagrante com a declaração britânica de absoluta neutralidade em todas as lutas intestinas da América. Carvalho e Melo invocou todas as regras de direito público marítimo para provar que um navio, sobretudo de guerra, "não deve servir em porto estrangeiro de valhacouto a criminosos", constituindo o contrário uma violação de soberania, e procurou rebater as desculpas do cônsul e almirante britânicos quanto à partida de Manoel de Carvalho antes de recebido o pedido de entrega; ao asilo concedido no mar alto e não dentro do porto, e outras circunstâncias aduzidas para justificação do seu ato de humanidade, cuja discussão prosseguiu, mas não embaraçou no mínimo a do reconhecimento político do Império.

Não sofreram sequer demora as novas instruções pedidas por Caldeira Brant e Gameiro, e que em 20 de setembro chegaram do Brasil, autorizando-os a celebrarem, uma vez que as negociações prosseguissem com segura expectativa de obter-se o almejado reconhecimento, o armistício preliminar de fato existente desde o início daquelas negociações, mas em cuja formal declaração insistia sem recuar o ministério português. Esse armistício seria de um ano para menos, "com a cláusula de se estipular expressamente um prazo, que poderia ser de três meses pouco mais ou menos, para fazer constar no Brasil a época do rompimento por parte de Portugal", não devendo o governo português recomeçar as hostilidades antes de expirar o prazo estipulado. As ordens do Rio recomendavam além disso que os nossos enviados evadissem quanto possível a questão dos direitos hereditários do imperador à coroa portuguesa.

D. Pedro persistia em entreter a doce ilusão de que lhe seria fácil governar um dia Portugal do Brasil, ser imperador e rei como o são hoje os soberanos da Áustria-Hungria, mas como se estes fossem imperadores da Hungria e reis da Áustria; ou como o é o rei

Brant e Gameiro recebem novas instruções. O armistício e a sucessão ao trono português.

Eduardo VII, sem que porém se lembre de transferir para Calcutá a capital dos seus domínios. D. Pedro aceitara ou antes cingira a coroa imperial para não ver o Brasil tornar-se independente debaixo do sistema democrático, mas tanto não perdia de vista o trono dos seus maiores, que eliminou na Constituição por ele outorgada a disposição contida no projeto da Assembleia Constituinte dissolvida pela força em 1823, proibindo expressamente a reunião das duas coroas sobre a cabeça do imperador do Brasil. Agora, nas instruções mandadas aos seus plenipotenciários em Londres, limitava-se a mencionar muito confusamente que a renúncia à coroa portuguesa era tácita e subentendia-se desde que ficara dividida a monarquia com a fundação de uma nova dinastia americana; para mais, até lhe estava constitucionalmente vedado sair do território brasileiro sem consentimento da Assembleia Geral. Se a consignação desta separação definitiva de dinastias fosse a condição *sine qua non* do reconhecimento, D. Pedro concordaria em assinar a renúncia para não ficar sem o trono imperial. Suspirava porém por que deste assunto "se não faça menção até que para o futuro, no silêncio das paixões, e do furor dos partidos que tolhem o livre curso à razão, e à boa política, possam as partes interessadas tomarem com madureza e liberdade o acordo que melhor convier à sua comum prosperidade". No caso de forçada opção entre o Reino e o Império, é que o soberano confessava com uma adorável franqueza que escolheria ficar no Brasil desde logo, "pela sua superioridade em todo o gênero ao pequeno e envelhecido Reino de Portugal", e também porque era isto conforme aos desejos da população brasileira, assim como aos interesses das duas partes da monarquia, de que uma teria de ver-se abandonada em proveito da outra, não gozando infelizmente o monarca do dom divino da ubiquidade.

  Considerações sociológicas, aspirações populares e conveniências públicas desapareceriam porém de mistura, se porventura a renúncia não fosse indeclinavelmente exigida. A porção confidencial das instruções enviadas em 16 de julho de 1824, descobrindo um pouco o pensamento imperial, dizia que a reciprocidade das renúncias, ao Brasil por parte do rei de Portugal e a Portugal por parte do imperador do Brasil, não podia em rigor ser invocada, visto não existir paridade nas duas situações, contando a do imperador a seu favor, ou para torná-la muito mais difícil, com os direitos de nascimento e primogenitura; que o artigo constitucional proibindo a ausência temporária do imperador continha em si mesmo a alternativa ou remédio, e não tornava portanto de modo algum obrigatória a renúncia pelo fato de não poder ir D. Pedro eventualmente recolher a sucessão portuguesa; finalmente que era mister conservar um régio asilo para D. Pedro no caso, *não provável mas possível*, de ter ele que desertar o Império "por efeito de sucessivas e horríveis reações".

Cedendo ou parecendo ceder no ponto do armistício preliminar e explicando-se, posto que imperfeitamente, no da sucessão, o imperador do Brasil não convencia no entanto Portugal a desistir da sua pretensão à suzerania. Para melhor seduzir o Reino, chegou o governo brasileiro a pensar — do que dá testemunho o despacho de Carvalho e Melo de 16 de julho de 1824 — em conceder logo a Portugal umas primícias das vantagens comerciais que ele cobiçava, e que Canning achava naturalíssimo fossem arbitradas às mães pátrias pelas antigas colônias americanas. O reconhecimento da Independência implicaria dessa forma para Portugal o tratamento da nação mais favorecida, passando suas mercadorias a pagar, como as inglesas por virtude do tratado de 1810, 15% *ad valorem* de direitos, em vez dos 24% que eram a pauta geral para as importações estrangeiras: isto enquanto se não ajustasse com maior vagar um convênio comercial definitivo. Na correspondência oficial de Caldeira Brant e Gameiro não se encontra contudo vestígio algum de que eles houvessem proposto a referida vantagem mercantil, conforme achavam-se autorizados e conforme achavam oportuno, com uma redução ainda maior, no momento de redigirem o seu projeto de tratado no início das negociações. Certamente mudaram de opinião porque, tendo recebido aquelas instruções em outubro, já as circunstâncias eram outras e, mercê do jogo obstinado da Corte portuguesa, a discussão ia entrando numa fase diversa, que pouco depois se acentuaria pela chegada da resposta do Reino ao projeto de Canning. Acresce que os nossos enviados tinham tomado inteiramente pé no mundo político de Londres e tinham razões para nutrir uma quase certeza de que a teimosia do gabinete de Lisboa só lhes acarretaria benefícios, e que mais fácil era Canning romper com os ministros de D. João VI do que deixar por longo tempo sem solução a questão brasileira.

Pretensões portuguesas à suserania. Vantagens comerciais oferecidas pelo Brasil.

Oposição portuguesa. Ideias de Palmela. Simpatia de Canning.

Durante esse tempo, fortes com o estalar da rebelião pernambucana e com as informações do pânico que se apossara da cidade do Rio ao serem ali conhecidos os preparativos da expedição portuguesa, as gazetas de Lisboa puseram-se a insultar desaforadamente o Brasil. Por meio dessa expedição, ou do anúncio dela, imaginara Palmela, de ordinário tão sensato, mas talvez um instante desorientado com a volta ao poder depois da ópera bufa da Abrilada, cujo último ato se representara a bordo da *Windsor Castle,* apoiar o seu plano político de fracionar o Brasil em estados separadamente dependentes da metrópole, assim lisonjeando o sentimento particularista que ele se habituara a ver tão cioso na Alemanha — a *Alemanha* de Madame de Staël. O Império somente lucrou com tais ataques, de imprensa e de imaginação. A simpatia de Canning pela causa brasileira cresceu em vista dessa atitude antipática tomada pelos periódicos do governo português e por este mesmo, que patenteava nessa inequívoca maneira sua relutância a tratar seriamente da paz. Por seu lado, o príncipe Esterhazy, o qual nas duas últimas conferências denotara ter *pessoalmente* sua queda pelo sucesso diplomático da ex-colônia, não entendeu que quebrava o seu orgulho magiar indo à casa de Caldeira Brant e Gameiro aconselhá-los a manterem-se na sua postura moderada e conciliadora. Ela acabaria por conduzi-los ao melhor êxito da sua missão, contribuindo a Áustria para tal resultado. Ao mesmo tempo prometia Canning aos delegados imperiais que o Brasil seria a primeira das nações americanas que o governo britânico reconheceria e que até, estando a expirar os tratados de 1810, era de toda conveniência para a Inglaterra regular suas relações comerciais com o Império. Segundo a declaração contida na nota de Carneiro de Campos a Chamberlain de 6 de agosto de 1823, os tratados de 1810 subsistiam de fato por assim o preferir imperador, mas não subsistiam de direito visto terem sido celebrados com a coroa portuguesa, e haverem caducado com a separação, não sendo compulsória a sua observância por parte do Brasil.

Contraprojeto português.

Em presença da cordialidade do embaixador austríaco e do Foreign Office, revelada por aquela visita e por esta promessa, propuseram-se Caldeira Brant e Gameiro outra vez precipitar os acontecimentos e fazer reconhecer logo o Império pela Grã-Bretanha, caso o não reconhecesse Portugal. Pensaram nisso mais ainda quando, em começos de novembro, simultaneamente com a comunicação do governo brasileiro[20] de que em troca do reconhecimento faria a restituição das presas e concederia as vantagens comerciais já propostas, "e que poderão ser aumentadas em tratado específico", chegava o contraprojeto português que para todos foi uma decepção. Bastará dizer que principiava pelo rebaixamento do imperador a regente e restabelecimento da perpétua soberania portuguesa sobre a colônia já completamente emancipada.[21] Canning prontamente julgou o contraprojeto "desarrazoado e inadmissível", mas pediu aos plenipotenciários brasileiros que o não rejeitassem *in limine,* antes o aceitassem *ad referendum* para ganharem tempo.

Caldeira Brant e Gameiro acederam ao alvitre por motivo de uma justa deferência pessoal para com o secretário de Estado, não escondendo porém que o projeto português seria formalmente repelido no Rio de Janeiro. Para evidenciarem quanto estavam disso convencidos, falaram até em estipular-se, na próxima futura conferência, em que o tratado devia ser oficialmente apresentado por Vila Real, um prazo para a renovação das hostilidades no caso de rompimento das negociações. Canning ofereceu-se para formular em pessoa a proposição e afirmou aos delegados imperiais que, uma vez rotas as negociações com Portugal, ele por sua conta iniciaria outras para o reconhecimento pelo governo britânico da nova nação americana, que os Estados Unidos acabavam justamente de reconhecer. Entretanto assegurava-lhes que a Inglaterra permaneceria neutral, dada a guerra, consentindo em que continuassem a servir na armada brasileira os oficiais e marinheiros britânicos, exceção feita dos desertores.

Apesar da manifesta simpatia de Canning ser suficiente garantia de destruição dos obstáculos, a legação brasileira não descuidara outros meios de atingir o objeto da missão que lhe fora confiada. Em julho, autorizado pelas relações afetuosas que entre ambos se tinham estabelecido nos últimos tempos da residência da Corte no Rio de Janeiro, escrevera Caldeira Brant ao marquês de Palmela pedindo-lhe que apressasse o inevitável reconhecimento; ao que o marquês respondeu colocando toda a questão no terreno da sucessão do trono, a qual considerava bem mais importante do que a

Esforços dos enviados brasileiros em favor da paz. Correspondência entre Brant e Palmela.

---

[20] Despacho de 18 de setembro de 1824.
[21] Vide no Apêndice o Doc. nº 10.

da Independência, de fato gozada pelo Brasil desde que tinha sido elevado a reino e cumulado de favores por El-rei D. João VI. Atacar a aclamação do imperador em si mesma, recusar ao povo brasileiro o direito de confiar seus destinos a um príncipe da sua livre escolha, seria na verdade, conforme Caldeira Brant tornava saliente,[22] dar um solene desmentido a toda a história portuguesa, negar a legitimidade de D. Afonso Henriques, do Mestre de Aviz D. João I e do Duque de Bragança D.João IV. O essencial parecia a Palmela saber-se como ficaria estabelecido para o futuro o consórcio ou divórcio das duas coroas.[23] Para acudir a essa preocupação magna em Portugal, onde por tal porta travessa pensava-se volver à reconquista do Brasil, é que Canning inserira no seu projeto o mencionado artigo secreto, que não foi todavia do agrado do imperador.

Observações da Chancelaria brasileira ao projeto de Canning.

Acusando o recebimento deste documento, respondia o ministro Carvalho e Melo[24] recomendando aos enviados em Londres que aceitassem a convenção, "fazendo disso quanto ser possa um merecimento para com o governo inglês", mas não sem nela incluir várias modificações, aliás mais de forma que de substância. No artigo 1º, por exemplo, desejava o governo brasileiro que fosse eliminada a expressão pouco constitucional de "domínios da Casa de Bragança" (a qual de resto não figura no esboço que tive presente), e que se tornasse mais claro o reconhecimento da Independência, o qual nunca ficaria demasiado explícito para o reino ultramarino. A redação de alguns artigos mais seria ligeiramente alterada em pequenos pontos, a fim de tornar suas disposições mais precisas e diretas, também retirando-se a expressão *outras colônias*, empregada com relação às possessões portuguesas da Ásia e África, pelo fato de recordar e por assim dizer comemorar o antigo *status* colonial do Brasil, melindrando portanto o sentimento público. Sobre o assunto da sucessão o governo do Rio de Janeiro apresentava-se mais arisco, nada querendo adiantar ao consignado nas anteriores instruções, apelando para o disposto na Constituição concernente à sucessão do Império — que o Brasil pretendia conservar em ordem regular na dinastia, herdando o trono o primogênito ou primogênita do monarca — e passando sob

---

[22] Carta particular de 4 de novembro ao ministro de Estrangeiros do Brasil, na *Vida do Marquês de Barbacena*.

[23] Carta de 7 de agosto, pp. 55 a 57 da ob. cit.

[24] Despacho de 30 de outubro de 1824.

silêncio a eventualidade da sucessão à coroa portuguesa, a qual nem renunciava nem reivindicava, deixando a sua regulação ao futuro, ao destino, ou à lógica dos acontecimentos. D. João VI mostrara ser praticável reinar em Portugal e Brasil, residindo na América: por que não continuariam as coisas assim com D. Pedro, com a simples mudança do título de rei para o de imperador? O soberano brasileiro não queria admitir que, tendo-se ele rebelado contra a autoridade paterna e proclamado independente o país que governava como regente, mandava a boa razão que o trono de Portugal fosse para o filho segundo. A transferência de direitos não envolvia quebra de legitimidade e não passava afinal do arranjo dinástico que veio a consumar-se com a progênie de D. Pedro, e que teria sido mais justo estabelecer logo com a de D. João VI, rei indisputado de Portugal e seus domínios.

V

O contraprojeto português foi formalmente comunicado por Vila Real na conferência realizada no Foreign Office em 11 de novembro[25], ouvindo os plenipotenciários brasileiros sua leitura no mais profundo silêncio e abstendo-se de apreciá-lo ao findar a comunicação. Apenas, a pedido de Caldeira Brant e Gameiro, consentiu Canning em demorar a reunião da nova e ameaçadora conferência, quando o esboço do tratado devia forçosamente ser submetido à discussão. A Legação queria aproveitar o intervalo para embarcar o máximo de munições de guerra e fornecer ao governo do Rio mais dilatado ensejo para armar-se para a luta iminente, constando mesmo que Portugal tencionava atacar o Pará como o ponto mais vulnerável do Império e aquele por onde mais facilmente se conseguiria quebrar a união. A tentativa não passaria certamente do que depois veio a chamar-se um *bluff,* pois baixara a tanto a penúria do tesouro de Lisboa que o governo de D. João VI teve por esse tempo que mandar desmanchar a esquadra, a qual não tinha recursos para manter.

<small>Comunicação oficial do contraprojeto. Preparativos de guerra.</small>

Em troca do favor do adiamento da conferência, evidenciou Canning o desejo de que, não permitindo as circunstâncias o ajuste imediato de novo tratado, fosse prorrogado por um ano mais o tratado de comércio em vigor entre a Inglaterra e o Brasil. Era este de resto o argumento capital com que o secretário de Estado dos Negócios Estrangeiros intentaria arrastar na senda que deliberara trilhar em oposição à dos gabinetes continentais, o gabinete de que fazia parte e onde sua vontade estava longe de ser onipotente. Prevaleciam pelo contrário no seio dele as vistas do duque de Wellington e do lord High Chancellor Eldon, contrárias ao reconhecimento dos países americanos, inclusive do Brasil, apesar de ter-se este organizado debaixo de uma forma monárquica de governo, e dos enviados do imperador, com um leve e hábil esnobismo, trabalharem para obter

<small>Relações comerciais do Brasil com a Inglaterra. Oposição de Wellington e Eldon ao reconhecimento.</small>

---

[25] Vide no Apêndice o respectivo Protocolo (Doc. nº 11).

o cumprimento dos desejos de seu amo fora de toda associação com o enxame de hispano-americanos, pretendentes ao reconhecimento político dos seus governos pela Grã-Bretanha, que então pejavam a antecâmara do Foreign Office. Da sua banda, Caldeira Brant e Gameiro, no mesmíssimo intuito de atuarem sobre os políticos, sempre práticos, que dirigiam a marcha dos negócios públicos na Inglaterra, aconselharam o gabinete de São Cristóvão a dar por caduco, ao fim dos quinze anos legais, o tratado de 1810, mandando desde logo organizar uma pauta geral e comum de direitos aduaneiros para ser igualmente aplicada às importações inglesas no Brasil.

Ninguém ignora quanto a questão comercial devia valer para Canning, como para qualquer outro estadista britânico. "Os negociantes brasileiros ou que têm relações mercantis com o Império vão representar perguntando em quanto tempo podem calcular a duração do tratado vigente, escrevia Canning a lord Liverpool, e a pergunta, longe de ser impertinente, é legítima e mais que razoável." Não se sabia ao certo o que estava para acontecer, e os negócios nunca prosperaram em temporadas dúbias. A situação de incerteza mais se complicou com uma inesperada ocorrência.

A questão do pau-brasil.

O presidente revoltoso de Pernambuco, Manoel de Carvalho, para fazer dinheiro, embarcara para a Europa cargas de pau-brasil, de que os nossos agentes em Londres reclamavam a restituição em proveito da Junta de Fazenda legal e local. Por seu lado, porém, o agente português em Hamburgo, para onde fora remetida a consignação e para onde haviam sido despachadas outras cargas inglesas do mesmo artigo, pretendia ser todo esse pau-brasil legitimamente pertencente a Portugal, visto constituir a sua posse um monopólio da coroa. Acontecia que a Inglaterra se negava a reconhecer análoga pretensão da Espanha aos produtos das minas americanas, e em semelhante caso como proceder diferentemente com Portugal? Admitir a pretensão portuguesa o seria mesmo que classificar como contrabando o tráfico já estabelecido com os portos hispano-americanos, e provocar o Brasil a privar a Grã-Bretanha dos benefícios do tratado que estava desfrutando.

Oposição da maioria do gabinete e do rei às ideias de Canning.

Nesta complexa questão do reconhecimento das nações latino-americanas é que se revelou particularmente a imensa tenacidade de que Canning era felizmente dotado. Lutando contra todo o gabinete, exceção feita de Liverpool, e lutando contra o rei, ani-

100

mado em sua resistência por Wellington, Esterhazy e o embaixador russo Lieven, os quais faziam o monarca acreditar que a política do seu secretário de Estrangeiros produziria uma conflagração europeia, Canning logrou finalmente cantar vitória. Peel, de começo adverso, mais tarde converteu-se ao ponto de vista liberal, e o gabinete teve todo que fazer coro com ele quando Liverpool e Canning muito resolutamente ameaçaram dar suas demissões, caso se não chegasse a acordo ministerial. O próprio Wellington viu-se na contingência de aconselhar o rei a que declarasse ceder, porquanto o gabinete não poderia viver sem Canning, que era a sua alma. Jorge IV resignou-se e aquiesceu, ainda que de péssima vontade, fazendo claramente sentir toda a sua relutância, ao ponto de Canning novamente falar em demitir-se. Nem ficou terminada a tarefa de Canning com o triunfo alcançado em conselho sobre a repugnância ao reconhecimento, da maioria hostil do gabinete Liverpool.

Wellington, Eldon e Westmorland possuíam a intimidade do rei e à socapa moveram tão viva campanha contra a ideia a um tempo generosa e utilitária de Canning, que, em janeiro de 1825, depois mesmo dos conselhos de gabinete e da extensa correspondência de dezembro, quando o assunto devia julgar-se decidido, Jorge IV lembrou-se ainda de formular por escrito aos seus conselheiros e *servidores confidenciais* a seguinte insidiosa pergunta: se havia sido revogada a política a que a Grã-Bretanha aderira no Congresso de Viena, a saber, a política conservadora de Castlereagh? A essa pergunta o gabinete, com a maioria do qual o rei concordara anteriormente, anuindo a que fossem oficialmente comunicadas às potências continentais as resoluções adotadas pelo governo britânico, respondeu coletivamente que, no seu entender, "as medidas em andamento com relação à América Espanhola não eram por forma alguma inconsistentes com os compromissos tomados por Sua Majestade com os seus aliados, já sendo irrevogáveis tais medidas, e achando-se empenhadas em todas suas necessárias consequências a fé e honra da nação".

O reconhecimento da América Latina começou pois a ser uma realidade, mas o rei deixou patente na sua resposta de 30 de janeiro que lhe era infenso, fazendo todavia votos para que dele resultassem benéficas consequências. O que Jorge IV sobretudo receava, ou fora levado a recear, eram, como vimos, complicações

Reconciliação do rei com o seu secretário de Estado.

internacionais e uma coligação das potências continentais contra a Inglaterra. Quando se capacitou de quão infundados tinham sido seus receios e de que se dera até perfeitamente com não resistir mais tempo à pertinácia do seu ministro, procedeu de acordo com o seu cognome de primeiro *gentleman* da Europa: confessou a Canning o seu engano e dispensou-lhe por completo, até a morte prematura do estadista, a sua confiança política e a sua amizade privada. Canning por seu lado explicou-lhe com sincera eloquência que apenas pretendia, como súdito fiel e dedicado, ver o seu soberano à testa da Europa, em vez de vê-lo ocupar o quinto lugar numa confederação odiosa, onde Alexandre da Rússia, Metternich, a Prússia e os ultras franceses desempenhavam seus papéis com coerência e agiam de conformidade com seus respectivos destinos históricos, mas onde o rei da Grã-Bretanha acumularia sobre a sua própria cabeça todos os ódios, em virtude da conhecida dissociação que existia entre a idiossincrasia britânica e a fisiologia da Santa Aliança. Assim lisonjeado pela franqueza convincente do ministro, o monarca, que era imaginoso, chegou, conta Greville, a persuadir-se que lhe pertencia a iniciativa da medida, a qual alcançou a meta que o seu autor se propunha e tão ilustre veio a tornar o nome de Canning. É quase dispensável repetir que a este cabe principal, senão exclusivamente, a glória da política previdente e de largos horizontes esboçada logo em 1822, por ocasião da sua entrada no gabinete Liverpool, quando, em oposição a Villèle, que pretendia ajudar com as armas francesas a preservar, em proveito da metrópole ou pelo menos de príncipes da Casa de Bourbon, o império colonial espanhol, Canning deu mostras evidentes de impugnar o restabelecimento do sistema de exclusivismo peninsular, do qual havia em contraposição de emergir o deboche de liberdade da América Latina.

Influência da Santa Aliança em Lisboa. Mudança benévola para com o Brasil na atitude da Áustria. Intriga de Metternich.

Recordando-nos que a Santa Aliança tomara por fito e tinha como razão de ser o sufocar todos os ensaios de liberdade política, imaginaremos facilmente que não eram só as preferências genuinamente *tories* do vencedor de Waterloo o que animava na sua resistência o governo de Portugal. As Cortes continentais — a Rússia mais que todas — favoneavam particularmente essa atitude intransigente; exceção talvez feita, por mais extraordinária que pareça a reviravolta, do primitivo foco europeu da reação, da Áustria soberba e aristocrática onde, a voz do parentesco falando por um lado mais alto do que os ditames da política preconizada, e por outro sendo mais fortes os seus ciúmes da Rússia que da Grã-Bretanha, o imperador, Metternich e seu porta-voz Gentz de súbito puseram-se a dar razão ao Brasil em querer resistir pelas armas à reconquista. Em Londres, Esterhazy, simultaneamente e decerto sem muito custo, convertia o barão de Neumann às vistas da Chancelaria e do Palácio imperial. Sem falar na voz do parentesco e nos zelos internacionais, a verdade também estava em que Metternich se convencera da inutilidade da sua intriga palaciana, da qual a princesa de Lieven fora o órgão junto de Jorge IV, para expelir do ministério o incômodo Canning. Esterhazy capacitara-se primeiro de que os esforços da intriga ficariam frustrados, mas não lograra persuadir disto Metternich, que, em todo o caso, para não descobrir o seu jogo, empurrara para a frente a buliçosa embaixatriz russa. É o próprio Canning quem, informado de tudo, fornece estes pormenores a lord Granville em março de 1825.

O príncipe Esterhazy, que parece ter sido um húngaro de excelente senso, adiantou-se mesmo a Jorge IV na sua reforma de opinião sobre Canning, e não só se apressou em querer desmanchar as prevenções de Metternich, como em confessar ao rei da Inglaterra a sua mudança de conceito relativa ao secretário dos Negócios Estrangeiros. Em 20 de dezembro de 1825, ao ter a sua audiência de despedida antes de partir para tomar conta da embaixada de Paris, que afinal não ocupou, voltando como *persona gratissima* para Londres, ele nobremente e sem reservas explicou-se com Canning na presença do monarca. Já então datava de muitos meses o estabelecimento de cordiais relações entre Jorge IV e Canning, tendo realizado em 27 de abril a sintomática visita de sir William Knighton, tesoureiro privado do rei, que, despachado como a pomba da arca com o ramo de oliveira no bico, fora aparentemente buscar notícias da saúde de Canning, o qual andava indisposto com a gota, na realidade para aproximar do soberano o ministro. Pouco antes, no mês de março, ainda Canning recebera das mãos de Lieven, Esterhazy e Maltzahn, o enviado prussiano, as respostas dos seus respectivos governos, muito dessatisfeitos com o anunciado reconhecimento do México. Replicara-lhes Canning com exemplos frescos de derrogação de legitimidade, como o de Bernadote na Suécia, de que a Santa

<small>Cordialidade de relações entre Esterhazy e Canning. A Santa Aliança e o reconhecimento das repúblicas espanholas.</small>

Aliança havia sido cúmplice, e prosseguira seu caminho, mas em abril mesmo mostrava-se receoso da repetição das intrigas de Metternich. Numa carta escrita a Granville, insurge-se ele positivamente contra o constante intercurso dos representantes dos governos da Santa Aliança com o rei, achando tal proceder contrário ao espírito e prática da Constituição inglesa, e pelo mesmo tempo escrevendo muito contrariado à mulher, dizia estar absolutamente disposto a obstar que os embaixadores da Áustria e Rússia conversassem com Jorge IV, a não ser em sua presença.

<small>A Áustria abandona Portugal. Palmela e Subserra mandam ao Rio um emissário secreto. O imperador e as negociações clandestinas.</small>

A defecção da Áustria representava para Portugal um duro golpe, mas o gabinete de Lisboa como que o prevíra. Palmela pelo menos, habituado desde a adolescência às intrigas de Corte e conhecedor perfeito das molas que faziam trabalhar as chancelarias europeias, não podia deixar de ter pressentido aquela deserção. Conhecê-la, era muito; atenuá-la, era porém tudo, e a Palmela faltavam, na frase epistolar da sua grande amiga a princesa de Lieven, *a firm will and a lucky star* (uma vontade firme e uma boa estrela). Que a Corte de Lisboa deixou de sentir-se no mesmo grau segura da sua inflexibilidade, prova-o (porque não é provável que tal ato obedecesse a um ardil diplomático, como tantos outros inábil) o fato de haver sido mandado ao Brasil um agente secreto com instruções de Subserra, com o fim de entabular negociações clandestinas para a paz, em detrimento das que se prosseguiam em Londres sob a direção de Canning. Havia reincidência no caso, porque antes de abertas as negociações regulares, tinha o governo português enviado ao Rio uma missão secreta no intuito de tentar a reconciliação. A opinião pública no Brasil opunha-se porém vigorosamente, como sabemos, a qualquer negociação que não fosse precedida pelo reconhecimento, e de harmonia com a inclinação popular, refletida na atitude da Assembleia Constituinte, mandou o imperador deter e sequestrar a corveta *Voador,* que conduzira a missão, e recambiar para Portugal os comissários, depois de igualmente detidos e até sua partida conservados incomunicáveis com o governo. D. Pedro foi não obstante acusado de ter tido entrevistas clandestinas com um dos emissários, o conde de Rio Maior, e os que o acusavam eram os chamados patriotas, os quais temiam mais que tudo a possível reunião das duas coroas e censuravam desabridamente a nascente benevolência imperial para com os ultrarrealistas ou do partido português. O ódio ia crescendo entre um e outro lado e a política conciliatória do imperador, acobertando os portugueses com a vista no futuro e afagando os brasileiros por causa do presente, estava longe de poder aterrar o fosso da desunião e apenas alheava cada dia mais o monarca do sentimento nacional, sem ao menos angariar-lhe a simpatia de Portugal, que sempre lhe havia de faltar, até que a morte em plena mocidade o cercasse de uma auréola de heroísmo e de poesia.

Nada pode contudo arguir-se contra o procedimento do imperador nas citadas emergências. Muito avisadamente declinou pela segunda vez entreter quaisquer negociações irregulares ou sequer receber o emissário, um médico por nome José Antônio Soares Leal, que foi da mesma forma preso e reexpedido para Lisboa. Caldeira Brant e Gameiro não se desleixaram porém em dar toda a publicidade a semelhante incidente, que vinha muito a propósito lançar a pecha de pérfido sobre o gabinete de Lisboa, cujas verrinas contra o Brasil figuravam de termômetro das suas esperanças, recrudescendo à medida que se ia desvanecendo em Portugal a confiança de recobrar a perdida ascendência sobre o país americano. Note-se que, como depois os fatos amplamente confirmaram, o campo não ficava absolutamente perdido para a atividade industrial do Reino, pois que dos portos portugueses saíam entretanto navios carregados para o Brasil, propondo Caldeira Brant o apelo à guerra, a qual deveria compelir Portugal à paz, muito mais como meio de arruinar o seu tráfico mercantil do que como modo de destruir seus recursos militares. Tanto entendia o futuro marquês de Barbacena que essa guerra fosse econômica que, no plano de hostilidades apresentado à aprovação do soberano, fazia-a acompanhar da proibição de introdução das mercadorias portuguesas no Brasil, embora transportadas em navios neutros.

Brant e Gameiro exploram o despacho do emissário. Brant preconiza uma guerra econômica.

Como o projeto de tratado de que Soares Leal fora infeliz portador não passava de uma cópia do contraprojeto oferecido em Londres por intermédio de Vila Real, decidiram com sobeja razão os dois plenipotenciários brasileiros não mais existir motivo para aceitar este *ad referendum,* segundo ficara acordado com Canning, e sim para rejeitá-lo *in limine,* pois sem querer tinham-se tornado previamente conhecidas as vistas do gabinete do Rio de Janeiro sobre o assunto. Em despacho recebido na legação pelo mesmo tempo, comunicava o ministro dos Negócios Estrangeiros do Brasil

O Brasil recusa declarar a cessação das hostilidades.

que, não podendo mais confiar na lisura do governo português com o triste exemplo que acabava de dar da sua tergiversação e má-fé, recusava-se o imperador a mandar publicar a declaração de cessação das hostilidades. Regressava-se assim, após meses de diligências, à fase primitiva das negociações quando, de harmonia com as instruções originariamente expedidas a Caldeira Brant e Gameiro, o armistício estava dependente do reconhecimento da Independência do Império pelo Reino.

Desavença entre Vila Real e os enviados brasileiros. Subsequente reconciliação.

Tudo de resto caminhava mal e as coisas apareciam mais atrasadas do que antes mesmo de iniciadas as trocas de impressões entre as partes contrárias e os medianeiros. Na ocasião em que se efetuara a conferência de 11 de novembro, em cujo decorrer Vila Real participou a natureza do contraprojeto, o qual motivaria tamanho e tão justificado alvoroço, as relações entre os plenipotenciários brasileiros e o plenipotenciário português achavam-se suspensas por causa de um incidente, pode dizer-se alheio às negociações pendentes. Gameiro dirigira ao conde de Vila Real, a propósito de uma letra cujo montante devia ser recebido e recolhido pelo Banco do Brasil, uma carta *oficial* a que o ministro português estranhou o caráter, retorquindo por escrito com uma vivacidade muito peninsular, mas quase indesculpável num diplomata provecto, e deixando subir sua irritação ao ponto de, no calor de uma conversação a respeito do negócio, desrespeitosamente tratar o imperador D. Pedro de *rebelde*. O marechal Caldeira Brant e o cavalheiro Gameiro Pessoa retiraram-se cheios de dignidade, tapando os ouvidos à *blasfêmia*, como apelidaram a crua designação, e protestando ser-lhes de então em diante impossível falar com o representante de D. João VI, ou com ele entreter qualquer comunicação. Vila Real logo depois caiu em si e, não se contentando com despachar Esterhazy e Neumann como padrinhos da reconciliação, foi em pessoa nobremente oferecer aos brasileiros as mais inequívocas desculpas pela sua "proposição irrefletida". Conforme acontece frequentemente nos duelos, o apaziguamento fez-se à mesa: terminou por um jantar em casa do príncipe Esterhazy e por uma segunda visita de Vila Real a Caldeira Brant e Gameiro. A injúria ficou afogada no tokay do magnata húngaro.

Desunião moral entre Portugal e

Infelizmente as boas relações preservadas entre os diplomatas não significavam boas relações entre os governos que eles representavam e cujos interesses defendiam: não passavam de anódinas trocas de cumprimentos entre pessoas bem-educadas. O Brasil e Portugal conservavam-se arredados, tornando-se mais viva cada dia a antipatia que os distanciava. Em Portugal, os ministros de D. João VI eram, da mesma forma que em sentido inverso no Brasil os de D. Pedro I, atuados na sua aversão a legitimarem os fatos consumados pelo sentimento popular profundamente hostil à desunião. Sabemos todos os que temos estudado esse período, o que era a plebe portuguesa dos primeiros decênios deste século — não só ignorante como insubordinada, com certas qualidades excelentes, mas degradada pela degradação das classes altas, cinicamente irreligiosa porque religião se não podia chamar o seu fetichismo grosseiro, e porque não encontrava tal sentimento entre aqueles que tinham por missão zelar o fogo sagrado. O clero regular, tão numeroso, só merecia o desprezo do populacho, que o sentia mais perto de si do que de Deus, e esta impiedade latente explica bem que, com o voltairianismo da época constitucional, as crenças se houvessem apagado tanto e tão depressa numa terra, onde pareciam mantê-las abrasadas as fogueiras do Santo Ofício. [Brasil. Razões deste estado de espírito.]

Numa sociedade semelhante os vícios fermentavam, mais do que floresciam as virtudes, e as ruins paixões tinham-se certamente exacerbado com a desgraça e a desordem. O ódio à ex-colônia americana começara porque para ela haviam emigrado rei e Corte, abandonando a metrópole à sua triste sorte de país invadido. Os favores dispensados no dourado exílio por D. João à terra onde se abrigara; a superioridade política assumida pelo reino ultramarino, que antes já possuía a superioridade econômica; a alheação que entre ambos os reinos mais e mais se estabelecia por efeito de uma natural diferenciação de ideias e de sentimentos, eram outros tantos estímulos para aquele ódio, cujo crescendo culminaria com a separação do Brasil, a qual todo Portugal considerou como uma ingratidão a castigar e uma ofensa a vingar. Nada concorreu mais para a impopularidade das Cortes do que a Independência, imediatamente atribuída, como era de esperar, à falta de tato manifestamente exibida pelos liberais em todos os seus atos públicos, e mais remotamente à ligação das sociedades secretas do Reino com as do ultramar. Dispersando as Cortes, D. Miguel tomava a desforra da perda do Brasil mais do que punia a rebeldia contra o poder absoluto dos reis, o qual caíra insensivelmente em desprestígio. A ausência do monarca redundaria logicamente na presunção de ser quase dispensável a instituição, e o respeito pelos símbolos e atributos externos da realeza desaparecera por forma tal que, durante a regência da junta, os coches de gala da coroa, cuja coberta de brocado resguardara a vaidosa cabeça de D. João V e sobre cujos coxins de damasco tinham-se recostado a provocante princesa de Nemours, a garbosa D. Marianna da Áustria e a soberba D. Maria Victoria de Bourbon, alugavam-se para batizados a troco de alguns cruzados, com que os empregados subalternos do Paço se subtraíam ao ingrato fado da bicharia exótica reunida por D. Maria I no jardim do palácio de Belém e que fora toda destruída pela fome.

<small>O papel de D. Miguel. Palmela e Subserra.</small>

A reação miguelista não teria sido possível com uma monarquia unida. D. Pedro, durante a sua contenda em prol do trono da filha, teria muito mais que lutar contra a recordação do seu feito de 7 de setembro de 1822 do que contra o apego da nação às suas fórmulas e tradições. Por seu lado D. Miguel, com o seu porte desempenado, o seu entusiasmo vibrante, a sua brutalidade atraente, como aparecia aos contemporâneos portugueses; com o seu sorriso meigo, a sua conversação acanhada, os seus acessos de furiosa gesticulação, o seu todo sedutor, como o viu e no-lo descreve Madame de Lieven, encarnou aos olhos do vulgo muito mais o velho regime colonial do que o obsoleto direito divino. Para dominar a ira nacional portuguesa, faziam-se mister um nervo que não possuía o pobre D. João, *a very cunning as well as a very weak man,* na frase do embaixador A'Court; uma têmpera de aço que não era a do inteligente e refinado Palmela, e uma superioridade de vistas que estava longe de distinguir Subserra, cuja ambição de mando era o móvel único que o fizera passar de jacobino a liberal, depois a absolutista e por fim a constitucional. Os dois ministros, um culto e o outro brusco, um frouxo e o outro virulento, um cortesão e o outro soldado, não se completavam, anulavam-se. Eram eletricidades contrárias que o para-raios real impedia de encontrarem-se produzindo destruição e levava a descarregarem suavemente, perdendo-se na terra o seu fluido que, combinado, poderia talvez gerar na ruína uma força fecunda e regenerante. A situação continuava assim neutra, grávida de perigos, angustiosa.

<small>Resolução de Canning.</small>

Canning — o benemérito Canning segundo o tratavam os enviados brasileiros na sua correspondência para o Rio — quis baldadamente serenar a atmosfera: tenazmente forcejou por fazer modificar pelos proponentes o mal-acolhido e malfadado contraprojeto de paz, para isto usando de toda a sua autoridade junto ao ministério de Lisboa. Não confiando porém demasiado em que a Corte portuguesa chegasse a adquirir a percepção das condições do momento histórico que atravessava, e como sempre vendo claro no que estava para acontecer, o secretário de Estado de S.M. britânica desde logo planeou e pôs de reserva um golpe de mestre. Pelo que consta de uma carta de Caldeira Brant para D. Pedro I a 10 de dezembro de 1824, com novas e repetidas instâncias para o rompimento das hostilidades no intuito de facultar ao Império ditar a paz ao Reino, o amor-próprio de Canning estava extremamente picado com o proceder dúbio de Portugal na questão da intentada negociação clandestina. Mandando ao Brasil um emissário secreto, o gabinete da Bemposta acedera conscientemente às insinuações da Santa Aliança, da Rússia e França nomeadamente, potências que tanto queriam frustrar a obra da Independência, reflexo da política de nacionalidades contra a qual se organizara o concerto dos reis, como despojar a Grã-Bretanha, e Canning designadamente, da glória e das vantagens de ter conduzido a bom termo a árdua negociação. Numa carta, já citada, a lord Liverpool em 25 de outubro de 1824, escrevia Canning que vira o bastante da correspondência entre Palmela e Vila Real para compreender que o projeto de ambos era em última instância romper as negociações de Londres e fazer sair do Tejo a quixotesca expedição. No caso de realizar-se este desígnio, a esquadra britânica surta diante de Lisboa não poderia, segundo Canning, ali permanecer, de fato protegendo uma tal política, incompatível com a orientação do governo inglês, que, se respeitava a coroa portuguesa, não desejava fazer soçobrar a monarquia brasileira. Justamente, como a divisão naval britânica seria infalivelmente substituída no Tejo por uma esquadra francesa, a Inglaterra, a fim de determinar a compensação, daria em direção ao Brasil os passos que dava afastando-se de Portugal.

    Canning tinha o direito de mostrar-se impaciente. Os conselhos por ele dados ao governo português quando lhe oferecera o seu projeto de tratado, haviam sido os mais aceitáveis e sensatos. Não cabendo nas forças de Portugal sujeitar o Brasil pelas armas, o mais prudente era intuitivamente não manifestar azedume nem

<small>Bons conselhos de Canning.</small>

ressentimento, e não alimentar ódios que, facilmente extinguíveis de começo, se tornariam depois de acesos em extremo difíceis de apagar. Como vingança, o adiar *sine die* o reconhecimento e fomentar a desagregação do Império (segundo ensaiaria a República Argentina no momento do conflito pela Cisplatina) não passava de uma estupidez perversa, porque em nada aproveitaria ao Reino, seria indigno de um monarca e pai, e perderia para a dinastia metade do patrimônio da Casa de Bragança, o qual, após uma curta separação, podia tornar a congregar-se nas mãos da sua descendência, se as Cortes de Lisboa não arredassem os títulos hereditários do imperador do Brasil, e o rei de Portugal atraísse a boa vontade dos brasileiros concedendo por livre vontade aquilo que não mais podia recuperar pela força. A sinceridade de Canning nesta última parte do seu arrazoado é um tanto discutível, porque nem ele podia acreditar nem desejar a reunião das duas partes da monarquia portuguesa, mas não se lhe pode levar a mal o emprego de uma pequena dose da duplicidade diplomática de que o faziam diariamente vítima, com o fim de obter a "paz com honra" que marcaria depois o triunfo de um outro prestigioso: chefe *tory*.

Canning não escondia aliás que o indefinido retardamento de uma decisão por parte de Portugal equivaleria à liberdade de ação por parte da Inglaterra. Dispondo da amizade britânica, nada tinha Portugal a recear por deixar de seguir os conselhos de intransigência da Rússia, como tampouco ganharia alguma coisa seguindo-os. O que lucrara a Espanha com obedecer às sugestões de Alexandre I? O seu império colonial escapara-lhe todo sem remissão. Ainda Alexandre I era um soberano de puras intenções; o proceder da França poderia porém encobrir um duplo sentido. Traduziria porventura um leal desígnio de adaptar a sua política portuguesa à política geral das Cortes continentais; poderia no entanto significar também um estratagema para exigir e obter um preço mais elevado pelo seu reconhecimento isolado, precedendo o da Inglaterra e não levando em conta as delongas de Portugal.

O reconhecimento em França.

A correspondência de Domingos Borges de Barros, nosso encarregado de negócios em Paris depois da transferência de Gameiro para Londres, dá com efeito a impressão de que a França não opunha absolutamente uma denegação formal à ideia do reconhecimento do Império, antes usava com o agente brasileiro de uma linguagem promissória. Começa pelas seguintes palavras a carta de Borges de Barros a Caldeira Brant e Gameiro em 22 de abril de 1824: "A França devendo obrar de acordo com as potências com que forma a grande aliança continental não pode sem quebrar aquele laço reconhecer de *per si*, e abertamente, o Império do Brasil, contudo conhecendo talvez melhor que as outras, ou a justiça da nossa causa, ou seus particulares interesses que com efeito são tais que mais que dos outros aliados convidam a relações com o Império do Brasil, além das outras se tem prestado às nossas coisas já convindo em umas com o primeiro de VV. SS., e já em outras comigo." O Império, quando andava tratando de arranjar padrinhos europeus para a sua crisma política, também insinuara à França que aceitaria para o reconhecimento por Portugal a sua mediação disfarçada em bons ofícios. Prevaleceram porém os bons ofícios da Inglaterra, e a França ficou esperando, para resolver sua ação, que as negociações de Londres chegassem a um resultado, embora, longe de facilitá-las, pela força mesmo das circunstâncias viesse a combatê-las.

Pessoalmente Luís XVIII não estimaria menos, na sua qualidade de chefe da Casa de Bourbon, ser parte nos ajustes de paz, e se houvesse sido convidado pela Inglaterra e Áustria a associar-se a elas, e tivessem reservado à França o seu quinhão de vantagens, é muito provável que o rei deixasse a Rússia urdir sozinha a sua teia reacionária. Nesta previsão é que o futuro visconde da Pedra Branca na mesma carta aos seus colegas de Londres recomendava de princípio que se procurasse "conservar a boa disposição em que estão os dois governos, e não dar azo a que com as franquezas que tem Portugal, seja tratado por mais amigo, e o Brasil tachado de reserva granjeie o ar equívoco que se tem com aqueles de quem a lhaneza entra em dúvida". Chateaubriand levara sua benevolência ao ponto de mandar refutar, em artigo da folha oficiosa do Ministério, as notícias alarmantes do Rio espalhadas e exploradas por pessoas que eram adversas ao Brasil, e ao empréstimo que os nossos enviados em Londres estavam naquele instante diligenciando obter. O conflito de interesses franceses e ingleses travado na Corte de Portugal não permitiu contudo a harmonia das duas nações nesse assunto do reconhecimento em que ambas eram simpáticas ao Brasil, e fez com que a França frequentemente nos hostilizasse, querendo hostilizar a Grã-Bretanha, com a qual estávamos identificados. As expressões de cordialidade que acudiam aos lábios de Chateaubriand nas suas entrevistas com Borges de Barros, brigavam com a atividade de Hyde de Neuville em Lisboa, o qual, no intuito exclusivo de abolir a conexão entre Portugal e a Inglaterra, açulou a resistência do Reino que, não tendo mais o que invocar para explicar sua oposição, se apegara por último à frase pomposa de que abandonar um tal Império sem defender-se seria desonroso para a nação, e proclamara fazer questão pelo menos da soberania nominal do rei de Portugal.

Interesses britânicos na América Latina.

Ao ressentir-se da interferência agressiva neste negócio das potências que formavam a Santa Aliança, Canning partia do princípio de que qualquer intervenção política devia ser regrada, não pela teórica pretensão de adaptar modos de administração a fórmulas abstratas, mas pela defesa de interesses que corressem o risco de sofrer. Ora, como escrevia o secretário de Estado dos Negócios Estrangeiros, nem a Rússia, nem a Áustria, nem a Prússia possuíam uma única colônia transoceânica (com exceção do Alasca), ou uma única vela nos mares que banham as costas da América do Sul, ou um único fardo de mercadorias nos portos, quer de Portugal, quer do Brasil. O que queria pois dizer que representantes daquelas nações e da França se reunissem em Paris para discutir e emitir opinião sobre a questão de Portugal e Brasil, sem que tivessem sido solicitados por nenhum dos dois países, mas estendendo sua petulância até desaprovarem a falada convocação em Lisboa das *antigas* Cortes e recomendarem a manutenção do estado de guerra entre metrópole e colônia? A usurpação de soberania era aí tão flagrante que o próprio Palmela se indignara com o ocorrido e o criticara num memorando dirigido aos representantes acreditados na Corte portuguesa das potências que haviam participado nas aludidas conferências de Paris.

Palmela e a Santa Aliança. Réplica de Canning ao contraprojeto.

Palmela não partilhava decerto da opinião da Santa Aliança "de que era preferível destruírem-se mutuamente metrópole e colônia a atentar-se por qualquer forma contra a legitimidade, com a adesão de ambas a uma transação salvadora" — era assim que Canning compendiara os resultados das conferências de Paris. Na prática porém Palmela, em vez de persistir no seu ponto de vista liberal, condensara suas ideias num contraprojeto, fazendo condições irrecusáveis das quatro primeiras cláusulas, que eram bastantes para anular as negociações em andamento e comprazer à

112

política da Santa Aliança. Canning analisou esse documento com toda a sagacidade e brilho da sua formosa inteligência. Como, ponderava ele, fazer do rei de Portugal o imperador sênior do Brasil, quando a dignidade imperial é essencialmente eletiva e nunca pertencera a D. João VI, que dela nunca poderia revestir-se, tendo-a D. Pedro recebido por aclamação, assim como Bonaparte a recebera por votação? O partido republicano no Brasil sem dúvida por tão excelente razão preferira aquele título ao de rei. Não cabia mesmo na alçada do imperador fazer semelhante concessão, sob pena de abrir um grave conflito, sem consultar as assembleias municipais e propor-lhes aclamação igual em favor de seu augusto pai. A cláusula relativa à confecção e celebração por Portugal dos tratados de comércio referentes ao Brasil, essa era tão absurda que nem valia a pena discuti-la longamente, sendo impossível que o Império abdicasse semelhante condição indispensável de autonomia.

Se Canning recomendara aos plenipotenciários brasileiros em Londres e, por intermédio de Chamberlain, aos membros do gabinete de São Cristóvão, de não rejeitarem incontinente e sem debate o contraprojeto, não era pois porque o achasse viável na sua original redação, mas para evitar que as negociações se rompessem, fazendo assim o jogo de Palmela e Vila Real no momento em que tal solução lhes teria agradado.

Era o momento em que o papel diplomático de Hyde de Neuville atingia sua maior intensidade, tocando o auge os seus esforços para substituir o protetorado britânico pelo francês, esforços que ele sinceramente levava mais longe talvez do que convinha e sorria ao gabinete das Tulherias. Depois da Abrilada, as perseverantes intrigas francesas tinham movido D. João VI a reiterar o pedido do reforço militar britânico, com o fito oculto da parte dos que o instigavam a isto de, no caso de ser recusado o favor, demonstrar-se a Portugal o egoísmo da sua aliada e justificar-se a instalação de uma força francesa; emparelhando a Inglaterra, no caso de ser aceita a indicação, com as nações da Santa Aliança na sua política comum de intervenção. Canning acedera à ida dos soldados hanoverianos de Jorge IV, mas, antes da partida, uma declaração peremptória do embaixador de Luís XVIII em Londres sobre a abstenção que com relação à questão portuguesa qualificaria a atitude das tropas francesas, então ocupando a Espanha, determinara o gabinete de

Intrigas francesas em Lisboa. Hyde de Neuville.

St-James a abandonar o projeto, no que concorreram a contra-gosto o gabinete da Bemposta e, ainda mais contrariado, o fogoso embaixador francês.

Linguagem de Canning para o Brasil.

Na exposição das suas vistas para uso do governo do Rio de Janeiro, Canning variara de linguagem, incluindo certos argumentos em favor da consideração desapaixonada do contraprojeto, que não podem ser tachado de viciosos ou forçados. D. João VI, lembrava ele, se assumisse o título de imperador do Brasil, tacitamente renunciava o de rei do Brasil que por direito lhe pertencia, e tão-somente lucraria uma honraria vã, ficando substancialmente confirmada a autoridade adquirida por D. Pedro I, o qual conservava além disso os seus direitos hereditários à coroa portuguesa, devendo desta maneira chegar no futuro a governar o Reino como uma dependência do Império, já que lhe era garantida a opção da residência. Canning confessava que nesse ponto o seu próprio projeto aparecia menos favorável às pretensões, suas e da sua prole, de que o imperador do Brasil não podia deixar de zelar com relação ao trono dos seus antepassados.

Circular do governo português.

Enquanto Canning assim cumpria, como muito bem faz ressaltar o seu biógrafo Stapleton,[26] as suas obrigações de mediador, procurando suavizar a excitação que o contraprojeto certamente havia de despertar no Rio de Janeiro, o governo português, fiel à sua orientação, expedia, além do emissário Leal ao Brasil, uma circular aos representantes da Rússia, Espanha, França e Prússia, de fato apelando para a intervenção continental sob pretexto de explicar mais detalhadamente o contraprojeto. O enfado de Canning trasbordou num documento em que verbera o ato do gabinete da Bemposta, imolando, para pedir o auxílio da França e da Espanha, todas as diligências empregadas pela Grã-Bretanha havia dois anos em nome e em prol de Portugal, e, com invocar a Rússia e a Prússia, desgostando a Áustria que por motivo das ligações de família dos Habsburgos com os Braganças aderira e perseverara nas negociações para a paz, por mais que esse procedimento brigasse com os seus compromissos internacionais e os seus deveres morais para com a Santa Aliança. A ida de Soares Leal ao Rio de Janeiro — fato

---

[26] *The political life of the Right Honourable George Canning from his acceptance of the seals of the Foreign Department, in September 1822, to the period of his death, in August 1827.* Londres, 1831, vol. II, cap. XI.

de que o secretário de Estado britânico só teve conhecimento quando o emissário chegou de torna-viagem — confirmara ponto por ponto as apreensões de dolo e ludíbrio que em Canning despertara a circular de Palmela, e colocava a mediação anglo-austríaca numa postura quase ridícula. Canning desde esse dia assentou inabalavelmente em reconhecer o Império sem mais demora, de parceria com Portugal se possível, dispensando o Reino se este persistisse na sua obstinação. Achou no entanto equitativo e hábil começar pelo reconhecimento de outros países americanos que, emancipados da sua metrópole anos antes do Brasil, já ofereciam certas garantias de sossego e estabilidade no governo.

Vimos que no mês de dezembro de 1824 vingara esta política de Canning nos conselhos do gabinete Liverpool. Para os primeiros dias do novo ano de 1825 estava reservado a Caldeira Brant e Gameiro o trecho mais cruel da sua conjunta missão diplomática em Londres. Deu-se quando souberam do próprio Foreign Office que o governo britânico, de certo instigado também no momento pela notícia de ter o governo americano celebrado um tratado de comércio com a Colômbia e estar negociando convênios similares com o México e Buenos Aires, deliberara proceder de igual modo nas suas relações com esses Estados efetivamente independentes e regularmente constituídos, e entrar com eles em acordos mercantis. É verdade que Canning acrescentou que negociar tratados de comércio equivalia simplesmente a reconhecer a existência política dos referidos Estados, e não a sua Independência de direito; mas o sofisma era em demasia fraco e exposto, quer para enganar a Santa Aliança e adormecer o ressentimento da Corte espanhola, quer para serenar o ânimo perturbado dos dois delegados brasileiros. Sustentavam estes, e muito bem, que celebrar tratados era pelo contrário reconhecer formalmente as nações com as quais se ajustavam tais acordos, e que eles viam com profundo desgosto sacrificada a influentes interesses mercantis a primazia que, com tão razoável motivo quanto podia ser a promessa do secretário de Estado, acreditavam haver conquistado o Império nas preocupações do gabinete inglês.

Por mais que se lhes repetisse o que se mandara dizer a Chamberlain para o Rio de Janeiro: que a mediação exercida pela Grã-Bretanha na negociação da paz e os tratados de aliança subsistentes com a coroa portuguesa não permitiam antepôr-se o seu reconheci-

Deliberação de Canning com relação ao reconhecimento das Repúblicas espanholas. Despeito de Brant e Gameiro.

mento ao do governo de Lisboa; que semelhante ato com relação a países hispano-americanos instigaria sem dúvida o gabinete da Bemposta, fazendo-o medir a gravidade do perigo e claramente marcando o limite da paciência britânica; finalmente que a celebração de tratados de comércio com a Colômbia, México e Buenos Aires redundava tão somente em colocar essas Repúblicas no mesmo pé em que estava o Brasil, com o qual existia tratado de comércio e onde residiam cônsules britânicos; — Caldeira Brant e Gameiro não se resignavam nem se acalmavam. Queixavam-se acerbamente a Mr. Planta (Canning ausentara-se para Bath), a Esterhazy, a Neumann, a todos quantos tinham que ver com o negócio, estranhando não somente tão palpável desconsideração à única monarquia americana, como a cominação que Canning julgara dever anexar às suas explicações, a saber, que qualquer rompimento entre Brasil e Portugal apenas serviria para prejudicar o reconhecimento do Império por todas as potências europeias. O reconhecimento tinha indeclinavelmente que ser iniciado por S.M. Fidelíssima, e uma guerra não podia ser assunto indiferente à Grã-Bretanha, que por tratado estava obrigada a garantir as possessões de Portugal. Os plenipotenciários do imperador perguntavam-se desesperados: Metternich teria por fim de contas razão? O defensor da Grécia e das nações do Novo Mundo revelar-se-ia um homem de dois pesos e de duas medidas? Para ser maior seu desapontamento, linguagem parecida com a do secretário de Estado ouviram os enviados brasileiros do príncipe Esterhazy e do barão de Neumann pelo que tocava à Corte da Áustria, a qual continuava a urgir a nossa legação a aceitar *ad referendum* o contraprojeto português.

<small>Júbilo dos nossos enviados. Missão de sir Charles Stuart.</small>

Nem por tudo isso modificaram Caldeira Brant e Gameiro a sua intransigência a respeito daquela tentativa deprimente de semir-reconhecimento, e sua firmeza viu-se dentro em pouco bem recompensada, cessando todo motivo para despeitos. Uma bela manhã souberam com júbilo estar iminente a nomeação de sir Charles Stuart, que acabava de ser durante dez anos nada menos do que embaixador na França, para ir ao Rio de Janeiro em missão especial do governo de S.M. britânica, fato que importava no reconhecimento do Império. Sir Charles Stuart por ocasião do falecimento de Luís XVIII fora retirado de Paris e substituído pelo conde de Granville, não tanto por motivo da sugestão do príncipe de Polignac, embaixador francês em

Londres, que o declarara persona *non grata* — o que é facílimo suceder quando não se combinam as vistas dos dois governos — como por efeito da pouca estima em que o tinha Jorge IV. O rei não só considerava sir Charles Stuart um jacobino, o que não oferecia excepcional gravidade num meio em que tal designação, sendo até aplicada a Mme de Staël, parecia ter perdido muito da sua verdadeira significação, mas, o que era pior, um diplomata *good for nothing*.[27] Por outro lado, Canning desejava muito inocular sangue novo na representação britânica no continente, a qual ainda obedecia à velocidade adquirida sob a impulsão retrógrada de Castlereagh. Contudo Canning sempre dispensou a sir Charles Stuart — no tempo mesmo em que o rei se obstinava em recusar-lhe um pariato,[28] do que se arrependeu depois, influenciado pelos amigos de sir Charles, querendo então lançar sobre Canning o odioso da retirada — senão viva simpatia, pelo menos grande consideração, que posteriores diferenças não desmancharam e que nada demonstrou melhor do que a sua nomeação para o Rio de Janeiro numa importante missão, a qual as condições da política europeia tornavam naquele momento de interesse universal.

Essa honrosa escolha fora simultânea com a dos negociadores para a Colômbia, México e Buenos Aires, mas Canning conservara-a oculta, arrostando a justificada irritação dos enviados brasileiros, para não quebrar a rigidez das funções de medianeira que estavam cabendo à Grã-Bretanha, e para não despertar no ânimo dos plenipotenciários do Império uma confiança tão extremada que os impelisse a maltratar Portugal, cujo reconhecimento era muito conveniente que precedesse o de qualquer outra potência, porque simplificava muito a tarefa das demais Cortes e realçava a Augusta Casa de Bragança, que a Inglaterra desejava proteger nos dois hemisférios. Canning contava por seguro, já se sabe, com o efeito dessa sua resolução para decidir de uma vez o governo português a ceder. A esgrima diplomática, mesmo praticada por um profissional como Palmela, não conhecia parada para semelhante bote, que consistia em nada menos do que levar o adversário à parede.

Fatigado da procrastinação portuguesa e descoroçoado com a apatia das negociações de Londres, Canning com lançar mão de

---

[27] Carta de Canning a lord Liverpool de 10 de outubro de 1824.
[28] Sir Charles Stuart foi, em 1828, lord Stuart de Rothesay.

um conspícuo diplomata em férias, o qual preferia uma colocação da carreira a qualquer outra, para ir tratar da reconciliação *sur place,* tocando na passagem em Lisboa e em seguida discutindo com o governo imperial os termos da proposta de que se tornasse portador, desenvencilhava-se a um tempo da trama dos enredos de Vila Real e das contemporizações enervantes dos austríacos. A fortuna parecia tamanha após os meses de vexames, que Caldeira Brant conservava ainda restos de receio e não podia, por mais que as circunstâncias o certificassem do nenhum fundamento dos seus temores, impedir-se de pensar num ultimato português confiado a sir Charles Stuart, ou pelo menos em que a missão deste agente ficasse reduzida a negociar um tratado de comércio. Sabia-se, e o fato não era para animar as esperanças de um próximo ajuste, que a teimosia de D. João VI estimulava a de seus ministros, concentrando-se com a energia dos fracos na questão do título de imperador que também queria para si. Canning não deixou porém reduto que não atacasse e provou a boa-fé e o empenho com que agia, provocando, mercê da queixa dada contra a missão Leal ao Rio de Janeiro, uma mudança de ministério português. Qualquer mudança nestas condições seria sem a mínima dúvida favorável ao intento que dominava o estadista britânico.

<small>Canning concilia a Áustria. Brant e Gameiro rejeitam o contraprojeto.</small>

Antes de dar os dois passos que apressaram o desenlace do negócio — a missão de sir Charles Stuart e o afastamento de Subserra — Canning medira com acerto que a Áustria, despeitada com a aplicação da ideia do reconhecimento das Repúblicas hispano-americanas, se arredaria da mediação referente ao Brasil e que isto, se duma banda deixava a Inglaterra só em campo para arrecadar os despojos da campanha, da outra fornecia ao gabinete português oportunidade para persistir nos subterfúgios adotados, os quais tinham até então constituído os melhores dentre os seus argumentos. Idêntico raciocínio respeito à deserção da Áustria fizeram Caldeira Brant e Gameiro ao robustecerem-se na sua deliberação de rejeitar absolutamente o contraprojeto pendente, e sustar toda negociação com Vila Real antes de serem abandonados pela Corte de Viena. A missão confiada a sir Charles Stuart vinha aliás *ipso facto* dispensá-los do incômodo de considerar o contraprojeto, o qual renunciaram por meio de uma dupla comunicação, ao Foreign Office e aos representantes austríacos, vista e plenamente aprovada pelo secretário de Estado antes de expedida.[29] Tomando exclusivo encargo da questão, Canning não queria todavia dispensar a benevolência da Áustria e insinuou-lhe quanto facilitaria a transação e resguardaria os interesses da metrópole e da Casa de Bragança a continuação dos bons conselhos do imperador Francisco a seu genro e ao gabinete de São Cristóvão.

Na conversação em que ficou combinada esta inesperada solução das negociações encetadas em Londres sob os auspícios da Inglaterra e da Áustria — negociações que os plenipotenciários brasileiros conservavam a liberdade de reatar diretamente se para tanto oferecesse ainda ensejo uma súbita determinação do governo português — declarou Canning a Caldeira Brant e Gameiro que o Reino sabia desde longa data que a Inglaterra não esperaria para tratar com o Brasil senão até a expiração do prazo do tratado de 1810, e que o objeto primordial da missão de sir Charles Stuart consistia justamente na celebração de um novo tratado de comércio com o Império. Ao dar o plenipotenciário britânico em Lisboa, na sua escala, conhecimento ao gabinete do fim da sua viagem, era contudo bem possível que algumas aberturas lhe fossem feitas para a reconciliação, que ele se encarregasse de transmitir à outra parte uma vez no Brasil. E Canning ajuntou, para completa tranquilidade das tribulações ainda não adormecidas, "que não devendo considerar-se como feito pela Inglaterra o reconhecimento das Repúblicas hispano-americanas senão depois de publicada a ratificação dos Tratados por S.M. britânica, esperava que antes de chegada essa época se houvesse verificado o reconhecimento do Império". A data desta conversação é 7 de fevereiro de 1825. Cerca de um mês depois, Caldeira Brant soube positivamente da boca de Canning que o imperador ia ser indubitavelmente reconhecido pelo rei da Grã-Bretanha, resolução aliás lógica com todo o ocorrido até então e ditada por um sereno exame dos melhores interesses britânicos naquela crise.

<small>Natureza da missão de sir Charles Stuart.</small>

A missão Stuart por si só equivalia com efeito ao reconhecimento da nova categoria política do Brasil, mas Portugal não soube ou não quis aproveitar a melhor oportunidade — aliás sugerida por Brant e Gameiro que, como é natural, prefeririam assinar em Lon-

<small>Portugal perde a oportunidade de fazer o reconheci-</small>

---

[29] Vide no Apêndice o Doc. nº 12, e sob o nº 12, a resposta de Esterhazy e Neumann.

mento. Carta de Brant a D. Miguel de Melo. dres o honroso tratado de reconciliação — de agir de *motu* próprio nesta questão, em vez de vir a fazê-lo sob a influência estrangeira, apesar de ser esta a que, desde dois séculos, mais ou menos guiava a sua ação diplomática. A culpa não pode ser atribuída no mínimo aos nossos representantes, pois que, ao saber da entrada para a pasta de Estrangeiros do Reino do seu amigo e protetor D. Miguel Antônio de Melo, não se descuidou Caldeira Brant em escrever-lhe, como anteriormente fizera a Palmela. Na carta de 16 de fevereiro de 1825 insinua ele que, conquanto rotas as negociações, estava pronto a renová-las e até concluí-las em poucas horas sobre a base do pleno reconhecimento do Império. A ausência de intervenção de estranhos derivaria para Portugal as vantagens de todo gênero que a Inglaterra se aprontava para monopolizar, pelo fato de preceder qualquer nação no simples e pouco arriscado ato de admitir uma Independência consumada e inabalável como era a do Brasil.

Política prática da Inglaterra. Dissimulações de Metternich. Graças à previdência do oportunista de gênio que foi Canning, a Grã-Bretanha ia de fato aí concretizar uma parte do seu plano geral de política externa naquele período, plano que inscrevera como seu fito capital a conquista econômica e moral do continente emancipado da tutela hispano-portuguesa. Tanto o compreendeu o espírito atilado e matreiro de Metternich, o extraordinário acrobata político que ora atiçava uma contra outra nos Bálcãs a Rússia e a Inglaterra, ora se servia da França para embaraçar o jogo de Canning, ora da Prússia para sopitar os ardores de Alexandre I, que aparentou desmascarar suas baterias e, a fim de satisfazer dois compromissos de uma assentada, opor o poder da reação à política inovadora de Canning. As instruções mandadas para o Rio ao agente austríaco, barão de Mareschal, dão testemunho desse estratagema do chanceler. Rezavam que Mareschal devia apoiar qualquer ultimato de Portugal e não poupar diligências para persuadir o *príncipe* a ceder, não hostilizando criminosamente seu pai e aderindo aos princípios da legitimidade.

Caldeira Brant e Gameiro, logo acertando com a verdade, comunicaram para o Brasil que semelhantes instruções da última hora eram de encomenda, tanto para satisfazer o imperador da Rússia, cujas veleidades liberais se tinham curado e que acusava a Áustria de desviar-se por considerações de família das obrigações contraídas com a Santa Aliança; como para não desamparar às escâncaras a Corte portuguesa, a qual com tamanho gosto estava ajudando a causa comum das realezas. Metternich no seu foro íntimo reconhecia porém a justeza dos motivos que assistiam os plenipotenciários brasileiros em julgarem desmanchado o nó gordio: a breve trecho ele o faria perceber.

Nada mais decerto, depois da atitude francamente assumida pelo governo britânico, lograria empatar o reconhecimento do Império. Estavam-no urgindo em Lisboa o próprio Vila Real e outros personagens para que, irremediável como se tornara, tomasse o aspecto de uma doação generosa e não parecesse arrancado pela diplomacia de sir Charles Stuart. O empenho tinha sido antes obstar ao reconhecimento, mas agora passava a ser roubar à Inglaterra a glória e proventos de um ato tão importante e de tanto alcance quanto era a perfilhação de uma nova e imensa nação, cuja mãe se convertera em madrasta e de que Canning se metera a padrinho. Por isso não parecerá inverossímil que, desde a ruptura das negociações diretas, os representantes de Portugal e da Áustria em Londres alterassem não só a sua norma de proceder como até o estilo, passando a tratar D. Pedro I de imperador e soberano, sem falar em quererem à viva força reatar aquelas negociações que ainda na véspera pareciam uma audácia da parte do Brasil. [Urgência do reconhecimento.]

A resposta de D. Miguel Antônio de Melo à carta de Caldeira Brant, documento que faz parte do arquivo Barbacena,[30] já aponta para a *necessidade recíproca* que os dois povos experimentavam um do outro, e falava, posto que bastante vagamente, em reconhecimento da Independência feito *de uma maneira decorosa e útil*. Oferecia transferir para Lisboa a sede das negociações diretas e convidava Caldeira Brant a ir ali prossegui-las, certo de que "seria recebido e acolhido com a maior benignidade, e bom agasalho que pudesse desejar". A indisposição contra a Grã-Bretanha crescera em Lisboa correlativamente com os passos dados por Canning no caminho do reconhecimento, e deste estado de espírito tiravam indiretamente lucro os brasileiros, que assim deixando de desmerecer no conceito dos portugueses, conservavam-se entretanto nas boas graças dos ingleses. [Resposta de D. Miguel de Melo.]

O próprio Metternich, o pontífice máximo dos expedientes e paliativos, calculando exatamente as consequências da dianteira tomada pela Grã-Bretanha, mudou ostensivamente de linguagem [Mudança radical em Metternich.]

---

[30] Este arquivo hoje se encontra depositado no Arquivo Público.

nas conferências de Viena com Teles da Silva, o futuro marquês de Resende e fiel amigo de D. Pedro, cujo elogio histórico pronunciaria na Academia de Lisboa. Passou a afetar o maior interesse pelo Brasil e despachou ordens positivas ao encarregado de negócios em Lisboa para cooperar francamente com sir Charles Stuart, cujas instruções estavam sendo redigidas de punho mesmo de Canning, que depois as mostrou ao representante da Áustria, desarmando pelo seu rasgo de franqueza qualquer suscetibilidade acordada no espírito do chanceler pelo fato de a Inglaterra ir concluir sozinha uma mediação começada pelas duas potências. Instruções para igual colaboração, ainda que passiva, recebeu o agente austríaco no Rio de Janeiro, pois que Metternich, homem de um só peso e de uma só medida, entrara a achar mais do que justa a separação do Brasil, e a considerar como um dever *religioso, moral e paternal* de D. João VI o reconhecê-la sem ambages. Agora era o seu delegado em Lisboa quem instava diariamente com o governo português pelo desfecho do conflito, desmanchando sem sombra de piedade as ilusões de superioridade militar e de interferência continental ainda acariciadas por alguns dos estadistas do Reino, e exclamando como uma sibila que "reconhecendo o Brasil, S.M. Fidelíssima perdia, sim, os seus direitos pessoais, mas para segurar os da sua descendência".

Os adversários de Canning na sua política latino-americana. A Áustria, a França e a Rússia.

De todos os adversários da Inglaterra não era porém Metternich aquele que Canning então mais temia. O papel preponderante da Áustria estava findo e, sob a sua hegemonia, o Império germânico não passava de um simulacro de confederação, sustentado pela habilidade de alguns homens de Estado e pelo cultivo da tradição, mas condenado à dissolução. Viena aparentava ainda constituir o foco capital da reação, como nos primeiros tempos da política pregada, sustentada e imposta por Metternich. Dir-se-ia que ali repousavam sempre os verdadeiros alicerces do sistema da Santa Aliança. Quem contudo, como o secretário de Estado britânico, possuía a visão desanuviada e penetrante dos acontecimentos, já caracterizaria de acadêmica a reação austríaca fora da Alemanha e da Itália, e qualificaria de falsos aqueles alicerces pelo que dizia respeito à política geral do mundo. Mais perigosa mostrava-se a França, cuja guerra aos interesses ingleses se estendia a todos os terrenos. Na questão mesmo do reconhecimento, Hyde de Neuville, o trêfego representante francês em Lisboa, envidara os maiores esforços para transladar para Paris a sede das negociações, servindo a França de medianeira, e segundo dizia o francês com melhores garantias para o desempenho do papel, visto não ser inclinada a extremos de liberalismo. O Foreign Office foi suportando a contenda com longanimidade até o fim de 1824, quando Hyde de Neuville formulou o oferecimento de proteção ao governo português, contra os inimigos domésticos, por parte de um corpo do exército francês de ocupação da Espanha. Canning aproveitou então o ensejo para engrossar a voz, ameaçando a França de opor-se pelas armas ao projetado eclipse do tradicional prestígio inglês na Corte de Lisboa, e o rei de Portugal de retirar-lhe a proteção muito mais valiosa da esquadra britânica estacionada no porto. O pobre D. João VI, em quem o ceder já era uma segunda natureza, aquiesceu à intimação, imolando Subserra. Para não ficar atrás, Villèle, que alguns escritores franceses acusam de ter tido no íntimo um fraco pela Inglaterra, sacrificou no mesmo altar Hyde de Neuville.

A Áustria e a França não o amedrontavam portanto muito, e o que sobretudo detivera Canning de dar mais cedo o testemunho da simpatia britânica pela causa da emancipação do Novo Mundo fora — além da deferência devida ao velho aliado português no caso do Brasil — o receio de que a Rússia se servisse do exemplo para libertar a Grécia, como um meio de desconjuntar o Império otomano e resolver em seu exclusivo proveito a questão do Oriente. Tal receio perdurou até que, em 1825, graças mesmo às vacilações e contradições do autocrata russo, alcançou o habilíssimo político inglês converter-se igualmente no Oriente no árbitro da situação, adotar a política que lhe ditavam a consciência e a conveniência, e tirar a sua desforra de Alexandre I, nesse mesmo ano falecido. O czar havia sido na questão latino-americana o constante e veemente adversário da Inglaterra, querendo até fazer em 1818 com que a Santa Aliança por ele criada auxiliasse materialmente a Espanha nas suas reivindicações coloniais. Ninguém tampouco trabalhou com mais afinco em Verona para a intervenção francesa na Espanha. A imaginação desenfreada e desordenada atividade do soberano, que um escritor de história diplomática alcunhou de czar ideólogo, careciam de pasto para se exercerem, e tendo a Inglaterra e a Áustria embaraçado em 1821 os planos de expansão russa no Oriente, ação que determinou a substituição de Richelieu por Villèle na presidência do conselho francês, o imperador lançou-se como uma águia sobre o tropel perigoso de jacobinos que aos olhos da Santa Aliança se formava na Espanha, paralelamente achando nessa diversão, ele, em quem se casavam o misticismo e o espírito prático, um novo campo onde contrariar a Inglaterra.

A demora de Canning, de 1822 a 1825, em reconhecer as nações do Novo Mundo era pois particularmente devida à sua resolução de não autorizar com o seu exemplo a Rússia a intervir nos domínios do sultão em favor da Grécia, nação cujas ambições de liberdade Alexandre I sucessivamente afagara e maltratara. O desejo mais ardente do czar era exercer uma influência preponderante na dissolução da Turquia; Canning porém era um político tão cauteloso quanto avisado, que punha o maior cuidado em não dar por meio dos seus atos pretextos a represálias. Constitucional até o âmago, nunca quis ajudar em Portugal, no tempo das Cortes, a estabilidade do regime constitucional, e até impediu os liberais portugueses de aliarem-se aos espanhóis, quando estes dominavam em Madri, para não estabelecer com isso um precedente desvantajoso que desse cor de justiça à intervenção francesa para restauração das prerrogativas monárquicas. No mês de dezembro de 1824, ele fizera decidir e a 1º de janeiro de 1825, anunciou o reconhecimento de alguns dos Estados da América Latina, depois que a França ajustara, pelo tratado de 10 de dezembro, prolongar por um período indeterminado a sua ocupação militar da Espanha.

VI

Sir Charles Stuart partiu em 15 de março de 1825 para Lisboa, onde sir Edward Thornton fora no decorrer do ano anterior e por motivo do papel preponderante que, devido a natural pusilanimidade, permitiu ao seu colega de França representar na Abrilada, substituído por sir William A'Court, ao mesmo tempo que, para satisfazer uma pequena vaidade de D. João VI, era a missão elevada a embaixada, quando igual favor negava o Foreign Office à Espanha. Eis as palavras com que o próprio Canning, em 17 de agosto de 1824, referia o incidente a Granville.[31] "Fui obrigado a demitir Thornton. Acobardou-se e deixou-se mistificar ao ponto de esquecer que era ministro da Inglaterra. O rei de Portugal solicitara a criação de uma embaixada, com intenção que fosse Thornton o embaixador. Satisfiz-lhe a vontade em metade, estabelecendo a embaixada, mas confiei-a a A'Court, que, espero, conterá Hyde de Neuville." Sir William A'Court (depois lord Heytesbury) andava afeito a negociações difíceis, sendo o mesmo diplomata que junto ao governo constitucional de Fernando VII representara o governo de Jorge IV no tempo em que, em Verona, combatia o duque de Wellington por instruções de Canning a política de intervenção da Santa Aliança na Espanha, e que, em Madri, reclamava o plenipotenciário inglês contra os abusos das últimas autoridades da metrópole nas colônias americanas em relação ao comércio britânico, e contra outros embaraços postos ao desenvolvimento do intercurso mercantil da Grã-Bretanha com o Novo Mundo espanhol. Sir William A'Court acompanhara depois Fernando VII, sequestrado pelos constitucionais, de Madri para Sevilha e, tendo-se mais tarde mudado para Gibraltar, quando rei e cortes se retiraram para Cadiz, fora até certo ponto o intermediário entre o monarca, o seu odiado governo legal, e o exército invasor co-

Sir William A'Court, embaixador em Lisboa.

---

[31] *Some official Correspondence of George Canning.* Organizado, com notas, por Edward J. Stapleton. Londres, 1887, vol. 1, p. 154.

mandado pelo duque de Angoulème e que substituiu a Constituição radical pelo regime suposto liberal do soberano mais pérfido que o trono espanhol tem visto sentar-se sob o seu dossel. Para Lisboa levara sir William A'Court como primordial objeto da sua missão obter a mencionada demissão de Subserra, o qual voltara com Palmela ao ministério após o restabelecimento da autoridade real efetuado a bordo da nau de guerra inglesa, mas a contragosto do monarca teve de seguir para o dourado exílio da embaixada de Paris.

<small>Chegada de sir Charles Stuart a Lisboa. Início das negociações.</small>

Sir Charles Stuart chegou à capital portuguesa no dia 25 de maio, encontrando o terreno excelentemente preparado para receber a semente da reconciliação, graças à persistência de Canning; à falada carta de Caldeira Brant a D. Miguel Antônio de Melo e igual missiva de Gameiro ao conde de Porto Santo, novo ministro dos Negócios Estrangeiros; sobretudo à justa convicção de que a Inglaterra, depois de dez meses de discussões infrutíferas, não esperaria mais pelo reconhecimento português para conceder o seu, sendo mister portanto chegar-se a um acordo qualquer que mantivesse o Brasil no gozo da sua completa independência. As instruções de sir Charles Stuart ordenavam-lhe que primeiramente tratasse de obter de D. João VI uma Carta Régia pela qual, no pleno exercício dos seus direitos majestáticos e reservando-se seus títulos, dignidades e bens privados situados no Império, o monarca outorgasse ao Brasil completa independência legislativa e a D. Pedro inteiro caráter soberano além-mar, com a conservação do seu título de herdeiro da coroa portuguesa. Não era isto mais do que confirmar e tornar real uma frase memorável escrita por D. João VI, no momento de desembarcar no Rio de Janeiro a Corte fugida de Lisboa: de que vinha, fiado no amor dos seus súditos brasileiros, criar no seio da América um novo e grande Império. As tendências reacionárias e impetuoso caráter do infante haviam-no prejudicado na estima da Inglaterra, que antes desejava ver sentado no trono de Portugal o imperador, temperamento igualmente impetuoso, mas já mais polido e com certa educação política adquirida, de natureza constitucional.

<small>Instruções de Canning.</small>

Canning acompanhou as instruções do plenipotenciário britânico das seguintes persuasivas palavras: "As negociações em Londres foram encerradas, e num certo sentido constitui uma felicidade para o rei de Portugal que tal sucedesse, pois que lhe oferece o ensejo de passar em revista suas prévias concessões e considerar quanto as completaria uma pequena adicional aplicação das mesmas generosidade e benevolência, e bem assim sã política, que ditaram aquelas concessões. A Real Graça e Autoridade de S.M. Fidelíssima lograriam assim efetuar tudo aquilo que as negociações podiam pretender e mais do que um Tratado poderia estipular. Desde o momento em que a Independência do Brasil era manifestamente inevitável, competia de seguro à verdadeira dignidade do rei de Portugal, o qual de fato havia por atos de espontânea mercê cavado os alicerces daquela Independência, dar a última demão à sua obra e, associando-os voluntariamente, criar títulos à gratidão de seu filho e de seus súditos brasileiros. Se D. Pedro tinha de bom grado repelido a fidelidade devida a seu pai e soberano, existiria em justiça algum fundamento mas, mesmo assim, na prudência pouco, para insistir numa retratação dessa injúria intencional. Se tudo porém quanto o príncipe praticara, além do que lhe fora delineado por seu pai, tinha sido involuntário e forçado pelas circunstâncias, que aliás pela maior parte se originavam não no Brasil, mas em Portugal, seria duro exigir do príncipe uma estrita conta das medidas, das quais lhe cabia tão limitada responsabilidade. Exigir sua anulação, isso era perfeitamente ocioso." Se D. João VI estivesse disposto a conformar-se com este parecer, a Independência do Brasil, concluía Canning, tornar-se-ia o efeito de um ato do poder real e não o fruto de uma tediosa e humilhante negociação. Mais valia ceder com amabilidade (*with a good grace*) do que depreciar o favor dispensado "com fazer a Independência dependente", conforme pretendia o contraprojeto ainda de pé. Portugal lucraria até — já que se antevia a futura reunião das duas coroas — dando ao Brasil a oportunidade de exercer sua atividade, expandir suas energias e entrar para correr na liça do progresso com vantagens iguais às dos outros países do Novo Mundo, sendo todavia o único deles que conservava alguma ligação com a mãe pátria por meio da sucessão do trono, cuja regulação entretanto permanecia no poder do rei de Portugal e das suas Cortes.

Outra consideração não para desprezar, e que Canning lembrava, era que, uma vez independente o Brasil, poderia o Reino com sobeja razão reclamar e obter o auxílio previsto no tratado com a Grã-Bretanha. Qualquer contenda futura — e não seria possível evitar uma guerra no caso da recusa do reconhecimento — deixaria de parecer uma discórdia doméstica para converter-se num ataque de inimigo estrangeiro. O conselho posto pelo secretário de Estado britânico na boca de sir Charles Stuart resumia-se pois na doação de efetiva e absoluta Independência por meio de uma Carta Régia, da qual poderia ele ser o portador para o Rio de Janeiro e que seria logo publicada, ou somente depois de haver o plenipotenciário inglês conseguido a expressão da anuência do governo brasileiro à liquidação das presas e sequestros de que tinham sido vítimas bens portugueses, e estabelecimento do intercurso comercial sobre a base da nação mais favorecida. No intuito de facilitar este último ajuste, estava a Inglaterra pronta a abandonar quaisquer direitos que em contrário lhe fosse dado apresentar, fundados no tratado de 1810. Preferindo D. João VI à doação a negociação com o subsequente tratado, estava sir Charles Stuart autorizado para tornar-se plenipotenciário de S.M. Fidelíssima, uma vez que as concessões portuguesas fossem as que a Grã-Bretanha sugeria para figurarem na Carta Régia, ou para colaborar com qualquer plenipotenciário português mandado ao Brasil, o qual não lhe ficaria em todo o caso agregado, nem partiria conjuntamente com ele. Por último devia sir Charles tornar ciente o governo português de que, no caso de falhar ou demorar-se mais do que convinha a missão do seu plenipotenciário, a Inglaterra reconheceria e trataria com o Império.

As negociações e as potências continentais. As conferências entre o enviado especial britânico, o conde de Porto Santo, e sir William A'Court, começaram sem demora e continuaram em grande segredo, para que não fossem as negociações provocar maiores embaraços por parte da Rússia, cuja atitude intrometida se tornara um momento verdadeiramente importuna. D. João VI, cuja cordura é no entanto proverbial, chegara a perguntar impacientado ao encarregado de negócios Rosel se tinha ordem do imperador Alexandre para oferecer-lhe algumas forças de mar e terra com que reduzir o Brasil à obediência; e diante da resposta negativa do russo, ajuntara secamente: "Pois bem, eu farei o que houver por conveniente." Enquanto ao mais, sabemos que a oposição da Santa Aliança ao reconhecimento do Império diminuíra de vigor à medida que se denunciara a robustez da amizade inglesa, e Metternich, quando estivera em Paris tratando de assuntos diplomáticos, julgando sobremaneira inútil persistir, mesmo a fingir, em contrariar o inevitável, fizera apelo ao seu oportunismo e convencera a França,

Rússia e Prússia de expedirem ordens aos seus representantes em Portugal para não embaraçarem a missão de sir Charles Stuart, limitando-se a fazer o mal que pudessem à subsistência da Constituição brasileira. Por fim, nada alcançando nesta direção sequer, quiseram aquelas potências absolutistas experimentar entrarem de parceria nos lucros políticos e mercantis de antemão descontados, e moveram o imperador da Áustria a aconselhar seu genro D. Pedro a anuir às proposições, de que fosse portador o enviado britânico. D. Pedro estava por esse tempo aguardando com paciência tais proposições, de que lhe haviam mandado aviso seus plenipotenciários em Londres e de que lhe dera conhecimento o cônsul Chamberlain. Por isso até declinara discutir um oferecimento do representante francês no Rio de Janeiro de reconhecer a Independência do Império, mediante a participação da França nas vantagens comerciais usufruídas pela Grã-Bretanha. A lealdade do monarca brasileiro contrastou favoravelmente neste incidente com a duplicidade revelada pelo governo francês, ao qual Canning comunicara sem reservas o objeto da missão de sir Charles Stuart, e que se comprometera a mandar os seus agentes coadjuvarem os esforços do enviado britânico.

Todas estas intrigas de Cortes constam particularmente da correspondência de Caldeira Brant e Gameiro para o Ministério dos Negócios Estrangeiros do Brasil, da qual se depreende que o reconhecimento do Império passara na realidade a ser o que denominam os franceses *le secret de Polichinelle,* a saber, aquilo que entrou no conhecimento de todos. Comunicando em Londres o ministro da Suécia a Gameiro que a sua Corte estava pronta a receber um agente ou cônsul geral brasileiro, e indagando Gameiro se tal recebimento seria em caráter público, respondeu o representante sueco que o despacho a ele remetido não era bem explícito a semelhante respeito, mas que estava persuadido de que o reconhecimento do Brasil por parte de Portugal e das demais potências da Europa precederia sem dúvida alguma a chegada de um agente diplomático ou de um cônsul do Brasil a Estocolmo. Acrescentavam os nossos enviados, ao relatarem este fato num dos seus ofícios a Carvalho e Melo, que outras muitas aberturas lhes teriam sido feitas se as houvessem diligenciado, mas que por dignidade patriótica prefeririam esperar que ficasse regularizada a situação política do Império. Dos restantes países da América Latina, contemporaneamente emancipados, é

O reconhecimento na Europa e na América Latina.

evidente que as aberturas choveram sem serem provocadas, e logo à sua chegada a Londres e início da missão comum, tinham Caldeira Brant e Gameiro sido solicitados pelo general Michelena, ministro do México em Londres, para estabelecerem entre o Império e a República relações de amizade.

<small>A entrevista de Combe Wood.</small>

Depois da transferência das negociações para Lisboa e Rio de Janeiro, a expectativa dos nossos plenipotenciários foi de curta duração. Em 10 de maio, Caldeira Brant e Gameiro visitavam Canning, então convalescendo de um ataque de gota em Combe Wood, casa de campo do conde de Liverpool, e ouviam da sua boca a agradável notícia de que D. João VI havia afinal acedido a reconhecer como imperador do Brasil o príncipe herdeiro de Portugal, ficando sir Charles Stuart encarregado de obter do governo imperial algumas concessões e favores comerciais em gratificação por aquele ato, que entretanto nada tinha de espontâneo, e como indenização do prejuízo que a Portugal ocasionava a separação do Brasil. A ideia do governo português fora de mandar um plenipotenciário seu na companhia do plenipotenciário inglês, mas, como vimos, as instruções de sir Charles Stuart vedavam-lhe aceitar este alvitre, que roubaria à Grã-Bretanha parte da glória e do benefício de ter angariado sozinha a solução de uma questão tão irritante, tão melindrosa e tão complexa sob o seu aspecto singelo.

<small>A Carta Régia. Partida de sir Charles para o Rio de Janeiro.</small>

Canning não dissera tudo na entrevista de Combe Wood. Porventura ignorava ainda os últimos arranjos feitos por sir Charles Stuart com o conde de Porto Santo. Com efeito D. João VI anuíra à lembrança da Carta Régia ou Carta Patente, mas assumindo primeiro o título de imperador do Brasil conjuntamente com o de rei de Portugal e Algarves, associando D. Pedro na primeira dignidade e transferindo-lhe a soberania brasileira. O plenipotenciário britânico não conseguira, por mais que se empenhasse, fazer abandonar pelo rei essa pretensão estulta de denominar-se imperador de um Império sobre o qual não exercia mais jurisdição alguma, nem de fato, nem de direito. Suspeitando sir Charles com acerto que uma tal solução levantaria oposição da parte do gabinete de São Cristóvão, munira-se de uma segunda versão da Carta Régia, que no seu entender desgostaria menos o povo brasileiro e que estendia o título imperial aos três reinos de Portugal, Brasil e Algarves. A Canning sorriu pouco qualquer das duas combinações, tanto que mandou ordem a sir Charles para não insistir demasiado no Rio de Janeiro nesse ponto, que nunca seria para a Inglaterra um justo motivo para romper as negociações, e que o imperador do Brasil teria a faculdade de referir às autoridades constitucionais da nação, isto é, ao poder legislativo, o qual decidiria em última instância.

Ao receber estas novas instruções, envidou sir Charles Stuart seus melhores esforços para obter do governo português uma desistência a um tempo mais chã e mais lhana da sua perdida soberania, só logrando no entanto conseguir uma terceira versão da Carta Régia (a fim de tornar pública aquela que menos repugnasse ao governo imperial) acentuando a separação e reconhecendo D. Pedro como *rei* do Brasil. Verdade é que o monarca português atenuou a sua negativa concedendo ao plenipotenciário britânico permissão verbal para ultimar "aquilo que pudesse ser essencial ao bom êxito da negociação". Sir Charles embarcou para seu final destino em 24 de maio, com plenos poderes para concluir um tratado entre Portugal e Brasil, contendo as disposições cuja aceitação ficava sendo a condição estipulada para a entrega da Carta Régia. Essas disposições eram em número de seis: cessação das hostilidades; restituição das presas; levantamento dos sequestros; assunção por parte do Brasil da dívida comum; pagamento das somas devidas pelo Tesouro às primitivas doações do Brasil; fixação das bases do tratado de comércio. A questão da sucessão decidia-se conforme o desejava D. João VI com ardor não menor do que o do governo britânico, isto é, em favor de D. Pedro que poderia, se quisesse, usar do título de príncipe real de Portugal.

Ao ser plenamente informado destes pormenores ou julgar chegado o momento de divulgá-los, participou-os Canning aos enviados brasileiros e, conquanto o resultado das negociações de Lisboa não fosse muito do seu contento, procurou decidir Caldeira Brant e Gameiro a que influenciassem o governo imperial para aderir à versão nº 2 da Carta Régia. Os nossos plenipotenciários não julgaram contudo dever atendê-lo, aduzindo entre outras razões que a investidura em si próprio pelo rei de Portugal da dignidade imperial, posto que a não tivesse considerado o Congresso de Viena superior à real, exigiria por ser uma inovação o seu reconhecimento pelas Cortes europeias, e ofereceria destarte às potências continentais o ensejo, que até então lhes havia faltado, para intervirem na questão

A Carta Régia julgada em Londres.

entre Portugal e Brasil. Caldeira Brant e Gameiro preferiam ainda assim a versão nº 1, contanto que D. João VI, no seu caráter de rei de Portugal, Brasil e Algarves, reconhecesse primeiro o governo independente do Brasil na pessoa de seu filho, e então reservasse para si, durante sua vida, o título honorífico de imperador do Brasil. Outro período da Carta Régia ao qual os nossos enviados faziam objeção, era o que determinava que os portugueses ficariam sendo considerados no Brasil como brasileiros, e vice-versa, disposição considerada por Palmela da máxima importância, com certeza em vista do futuro restabelecimento do *status quo* antes da separação.

Expediram-se instruções a sir Charles Stuart para obter essas alterações, mas já tendo ele partido para o Rio de Janeiro, sir William A'Court tratou infrutiferamente de cumprir os desejos do seu governo. Portugal, cujos interesses já sir Charles aceitara promover, não tinha mais a temer uma recusa e escolheu manter-se na defensiva, pelo que Canning, para não perder à última hora todo o insano trabalho que custara o negócio, urgiu o Brasil para aceitar qualquer das versões da Carta Régia, recordando que este alvará continha em suma o essencial, a saber, o reconhecimento da independência. Ajuntava Canning que a rejeição desta solução do conflito por parte do governo imperial seria, na opinião da Grã-Bretanha e de todo o mundo, um ato desarrazoado, e que o rei da Inglaterra confiava que os esforços empregados pelo seu governo para tal solução satisfatória constituiriam uma recomendação para que D. Pedro fosse ao encontro das concessões de seu augusto pai num espírito correlativo de benevolência e de moderação.

<small>A Inglaterra no caso de malogro das negociações do Rio.</small>

Diplomata até a raiz dos cabelos, Canning não quis comprometer-se, nem por escrito, nem verbalmente, quer com Palmela quer com Gameiro, a declarar o que praticaria sir Charles Stuart, caso gorassem as negociações conduzidas em nome de Portugal, guardando semelhante reserva ainda que fosse patente que a Inglaterra trataria separadamente com o Brasil, quando desaparecessem as últimas esperanças de reconciliação entre Reino e Império. A Palmela respondeu vagamente o secretário de Estado que "a conduta a seguir por parte do governo britânico viria a ser um objeto de séria consideração". Para evitar contudo a realização desta hipótese, recomendou o Foreign Office a sir Charles Stuart que endereçasse um novo apelo ao rei de Portugal, se porventura as três versões da Carta

Régia se revelassem igualmente antipáticas ao gabinete de São Cristóvão, e fosse a redação desse documento o único obstáculo à conclusão das negociações. Um ponto do ajuste havia porém que era no mesmo grau desagradável aos dois povos, mas que Canning, malgrado toda a sua finura, nunca logrou capacitar-se que repugnava tanto ao sentimento público português e brasileiro, insistindo nele desde princípio e laborando no seu equívoco até morrer. Trata-se da conexão entre as duas coroas, avessa ao espírito da metrópole, que aspirava à recolonizarão do Brasil mas, sem muito errar, considerava D. Pedro, desde a sua rebelião, como um estrangeiro inibido pelas leis fundamentais do Reino de herdar o trono, e avessa ao espírito da ex--colônia fanaticamente ciosa da sua autonomia, a qual ficaria com semelhante reunião infalivelmente sacrificada.

A opinião do barão de Neumann sobre este assunto, a qual consta da correspondência oficial de Palmela,[32] não pode deixar de ser interessante e digna de registrar-se, porque reflete a da Chancelaria austríaca. De acordo com os bons princípios da legitimidade, título único de que podia derivar-se o direito de D. Pedro à posse imediata da coroa do Brasil, achava ele perfeitamente justa a retenção por D. João VI do título imperial, sendo "conforme à prática seguida em todos os tempos em caso de abdicação inteira ou parcial da autoridade soberana, cujo título sempre se julga indelével". O encarregado de negócios da Áustria considerava preferível a primeira versão da Carta Régia, receoso de que surgissem dificuldades, especialmente por parte da Espanha, ao reconhecimento do novo título de imperador de Portugal. Além disso encontrava dois defeitos na solução convinda com o plenipotenciário britânico pelo gabinete português: primeiro a carência de medidas para a eventualidade de uma regência, por motivo de ausência do soberano ou de demora em chegarem as ordens do sucessor do soberano falecido; segundo a falta de garantia positiva do ajuste por parte do governo inglês, necessária para dar solidez às concessões comerciais e pecuniárias feitas pelos brasileiros, e como sendo "a melhor fiança da futura reunião das duas coroas num só soberano, e numa só linha de sucessão, objeto principal dos desejos de todos os portugueses honrados e ilus-

Opiniões de Neumann.

---

[32] *Despachos e correspondência do duque de Palmela*, coligidos e publicados por J. J. dos Reis e Vasconcelos. Lisboa, 1851, tomo II.

A missão Stuart e a nossa Secretaria de Estrangeiros.

trados, e único preço do imenso, mas temporário sacrifício que El-rei meu Senhor resolve fazer com tão magnânima generosidade".[33]

Por tudo isto teriam no Brasil, se possível fosse, escolhido como o melhor meio de acordo o feliz êxito das negociações de Londres, confiadas a Caldeira Brant e Gameiro. Poucos dias antes da entrevista de Combe Wood, em 5 de maio, queixou-se Canning numa carta confidencial aos nossos enviados que Carvalho e Melo recebera pouco cordialmente (*ungraciously*) a participação da missão Stuart feita por Chamberlain. O ministro dos Negócios Estrangeiros do Império mostrava-se especialmente ressentido de ter sido violada a promessa da precedência do reconhecimento do Brasil ao das Repúblicas hispano-americanas. Canning respondia a esta censura recordando, com a sua habitual vivacidade, que o reconhecimento somente se não fizera um ano antes, sem o luxo de tantas negociações, por falta de plena confiança das partes interessadas na mediação que a Inglaterra estava disposta a exercer desde o rompimento entre as duas partes da monarquia portuguesa, e ajuntando que o Foreign Office não podia ser tornado responsável pelas intrigas e despropósito (*unreasonableness*) que tinham causado a demora e levado o secretário de Estado a tratar paralelamente com as Repúblicas hispano-americanas, as quais não podiam ficar eternamente dependentes do capricho ou obstinação de Portugal e Brasil.

Canning neste ponto fingia esquecer que a Grã-Bretanha não usara das mesmas contemplações para com a Espanha do que para com Portugal, assim dificultando a posição do Império nesse lance, e que idêntica atitude de altivez ou de intransigência, quando assumida por Buenos Aires ou Colômbia em face da mãe pátria, não seria estranhada como ao Brasil o estava sendo a sua pelo fato de o governo britânico, convindo-lhe muito embora e até favorecendo a separação, não querer lesar Portugal ao ponto de ser com justiça acusado de abandono e perfídia. Devido a este escrúpulo, esforçava-se Canning por equiparar a situação do Império à das Repúblicas hispano-americanas, acrescentando na mencionada confidencial que, se o Brasil houvesse entregue a negociação inteiramente aos cuidados da Inglaterra e descansado nos seus bons ofícios, o reco-

---

[33] Ofício do marquês de Palmela ao conde de Porto Santo, em 18 de maio de 1825.

nhecimento já estaria ultimado e não ficaria historicamente ulterior ao tratado com Buenos Aires, celebrado em 2 de fevereiro e que acabava de chegar, já se achando, demais, reconhecidos o Chile e a Colômbia. Resta saber que condições onerosas não permitiria a simpatia ou antes o interesse da Grã-Bretanha por Portugal inserir num convênio assim elaborado por terceiro mais afeiçoado a uma das partes litigantes, ou mais tradicionalmente ligado a ela, se mesmo a solução dada por meio da missão Stuart acarretou ao Império responsabilidades financeiras, contra as quais Brant e Gameiro de antemão se insurgiram em Londres e Brant partiu em pessoa a representar no Rio de Janeiro. A viagem de Brant foi também, ao que consta de um dos ofícios de Palmela para o conde de Porto Santo, instigada pelo próprio Canning, "por lhe parecer necessária a influência que o dito Felisberto (Caldeira Brant) julga ter sobre o espírito de S.A.R. o senhor príncipe D. Pedro, e para contrabalançar a má disposição de Luís José de Carvalho, de cujos talentos e capacidade como homem de Estado se não forma aqui o melhor conceito". Carvalho e Melo protestou aliás num despacho declamatório contra a imputação de malevolente para com os ajustes de paz esboçados na Europa, atribuindo a encrespação a *excesso e indiscrição* do cônsul Chamberlain.

Gameiro ficava só na legação, ao passo que os votos de Canning pelo pronto regresso do futuro marquês de Barbacena acompanhavam-no na sua travessia, expressos numa carta das mais calorosas e das mais honrosas. A amenidade de trato, o bom-senso e a exuberância comedida e de bom gosto do marechal Caldeira Brant eram por certo qualidades mais simpáticas ao gênio comunicativo e brilhante do secretário de estado do que o caráter friamente metódico e, ao que parece, um tanto desconfiado e arisco do cavalheiro Gameiro. Por outro lado, estas qualidades faziam dele um superior antagonista para a fleugma alemã e o traquejo diplomático do marquês de Palmela, que no caráter de embaixador veio substituir em Londres o conde de Vila Real no mês de março de 1825, ao mesmo tempo que o seu colega de Ministério, Subserra, ia para a França, tendo porém estado para vir para Inglaterra e havendo-se nesta previsão carteado com Westmoreland. D. João VI, ao sacrificar o seu último valido ao ressentimento britânico, quisera, diz o próprio Palmela nos seus apontamentos autobiográficos, inéditos até serem

Partida de Brant para o Brasil. Gameiro e Palmela em Londres.

recentemente aproveitados,³⁴ dissolver todo o gabinete "para consolar-se do sacrifício e parecendo-lhe que assim conseguia algum desforço da violência que lhe impunham". Como o então marquês de Palmela passava com justa razão por ser *persona grata* em Downing Street e St-James Palace, e também como o monarca só lhe devia bons serviços ou pelo menos boas intenções, pois que até se impopularizara como estadista para manter-lhe o prestígio real, vilipendiado pelo infante e pelas Cortes, a posição de embaixador na Corte de Inglaterra foi oportuna, ao mesmo tempo que merecida.

> Perfil de Palmela. Razões de sua popularidade em Londres.

Palmela era não só um diplomata ladino e dos mais experimentados, se bem que as suas vitórias não estivessem em proporção com os seus talentos, mal servidos pelos acontecimentos, como o homem em Portugal mais de molde a fazer a vida dura a um ministro brasileiro na Grã-Bretanha. Conservava em Londres do tempo da sua primeira estada e mercê do seu nome, das suas ligações de família e do seu cosmopolitismo de relações, uma posição social de primeira ordem, sendo tido como o peninsular mais adiantado de ideias, mais cultivado e de melhores maneiras. É verdade que nas suas conversações com Stanhope,³⁵ Wellington considerou um dia Palmela estadista de segunda plana, noutro dia antepondo-lhe muito Forjaz, um dos membros da Regência: o velho duque era porém, como todo o oráculo, bastante contraditório e por vezes errôneo. Contudo, nas mesmas conversações ele fez noutra ocasião os mais rasgados elogios àquele Forjaz, o qual talvez não tivesse passado de uma figura secundária por faltar-lhe a oportunidade de revelar-se, considerando-o como o homem em toda a península mais hábil e de inteligência mais prática. Para mostrar que as apreciações políticas e pessoais do vencedor de Waterloo devem ser tomadas *cum grano salis,* basta dizer que, segundo refere Greville, Wellington dizia depois da morte de Canning ser este um dos homens mais indolentes do mundo, quando, pelo contrário, ninguém ignora que era Canning a atividade em pessoa, vendo, lendo e fazendo tudo. Não chegava uma comunicação que ele não percorresse, nem se expedia um despacho que ele não redigisse ou, pelo menos, não corrigisse.

---

³⁴ Maria Amalia Vaz de Carvalho, *Vida do duque de Palmela*. Lisboa, 1898.

³⁵ *Notes of conversations with the Duke of Wellington, 1831-51.* Londres, 1888.

O meio londrino não podia deixar de mostrar-se amigo ao novo representante de S.M. Fidelíssima. Palmela fora quem, para simultaneamente opor-se ao exército nacional absolutista sob as ordens de D. Miguel e do marquês de Chaves, e aos liberais esturrados hostis à realeza de direito divino, planejara e pedira o auxílio das tropas inglesas, que Canning recusou para não suscitar ciúmes e complicações por parte da Santa Aliança; anuindo no entanto ao estacionamento nas águas portuguesas de uma força naval britânica, a qual, além de afirmar a solidariedade entre as duas coroas, pela sua natureza oferecia fácil guarida à pessoa do rei e salvava-se da acusação de ameaçar interferir nas discussões puramente domésticas. Palmela fora quem, no intuito de manter a disciplina no exército e incutir moderação no ânimo irrequieto de D. Miguel, protegera a candidatura do marechal Beresford para chefe do estado-maior do infante, candidatura do agrado de Canning, mas que se malogrou pela incompatibilidade que existia entre o altaneiro inglês e o rude Subserra, dedicado aos interesses franceses desde o tempo da guerra peninsular, em que pelejara com Massena contra Wellington e Portugal. As Cortes tinham despedido os militares ingleses ao serviço do Reino e o infante achava-se agora comandando em chefe o exército por um ato de fraqueza ou inconsideração de D. João VI, e uma espertez de Subserra, que queria fazer-se perdoar pelo partido da rainha a sua deserção no dia da Vilafrancada. Palmela fora quem sinceramente desejara e promovera quanto lhe fora possível o cumprimento sob qualquer forma — nova ou obsoleta — da promessa de D. João VI relativa à outorga de uma Carta Constitucional, apelando para uma garantia da Constituição adotada a ser fornecida pela Inglaterra, que aliás se esquivou a tão manifesta intervenção; sustentando a necessidade da concessão perante as desconfianças e ameaças dos gabinetes continentais; e apenas desiludindo-se e resignando-se em face da hostilidade crescente de uma fração do meio nacional e do prolongado letargo da outra. Palmela finalmente fora quem sugerira para o arranjo da questão brasileira, que ele no íntimo compreendia estar perdida para Portugal, mas cujo desfecho julgara impolítico e indecoroso abandonar ao destino sem um protesto nem uma tentativa, a dupla mediação da Inglaterra e da Áustria, a qual vimos exercer-se sem resultado nas conferências de Londres, em parte por culpa do próprio estadista que lhes dera origem.

Palmela e a Independência do Brasil.

Nos seus citados apontamentos autobiográficos, o marquês de Palmela confessa que o prévio reconhecimento da Independência, conforme reclamavam os plenipotenciários brasileiros nas reuniões do Foreign Office, teria alcançado para Portugal condições mais vantajosas, mas protesta que o governo português não se achava com força moral para conceder *in limine* aquela exigência. O espírito público estava em demasia excitado contra o Brasil, e semelhante questão era muito facilmente explorada em seu proveito pelas facções políticas em oposição. Além disso existia o perigo da sucessão, a qual D. João VI e seus ministros, no seu ódio comum a D. Miguel e à rainha Carlota Joaquina, pretendiam assegurar a D. Pedro, mas que eventualmente envolvia a dependência do Reino da sua ex-colônia, pensamento afrontoso para o amor-próprio português. Como Canning, Palmela reputava remédio bastante para a possível ofensa dos interesses e da dignidade das duas partes da sucessão, a residência alternada nelas do monarca, com o contrapeso do herdeiro, na qualidade de regente, no país em que não estivesse naquele momento residindo o soberano.

Depreende-se bem a dificuldade que oferecia o ajuste da desavença entre Portugal e Brasil do fato de que, no tocante à Independência do Império, Palmela, espírito maleável e cético, se não mostrasse menos obcecado do que os demais estadistas portugueses e, o que é mais extraordinário em quem possuía tanto tino e vivera algum tempo no Rio de Janeiro, chegasse a acreditar na eficácia da resistência armada. A ideia da expedição militar ao Brasil, posto que porventura mais simulada e para produzir efeito do que real e temerosa, pertencia-lhe senão como iniciativa, pelo menos como pressurosa adoção, concordando inteiramente neste ponto a sua disposição com o humor belicoso de Subserra. Também a nomeação de sir Charles Stuart para plenipotenciário português no Rio de Janeiro provocou nele, na ocasião, um vivo desgosto, e por todos os meios procurou Palmela em Londres embaraçar o jogo diplomático de sir Charles. É mesmo provável que em parte fossem os enredos do embaixador português o motivo por que Canning e o seu enviado no Brasil não agiram em grande harmonia (*did not pull well together*, na expressão de Stapleton) na última fase das negociações para o reconhecimento. O certo é que a missão Stuart arrancaria ainda a Palmela mais tarde, muito mais tarde, no desabafo da sua autobiografia, palavras pungentes atiradas "aos documentos mais vergonhosos da diplomacia portuguesa" que tais foram, segundo ele, os firmados pelo plenipotenciário britânico em nome de Portugal.

Palmela possuía todos os requisitos para ser, e era um homem bem-visto por todos em Londres, ao passo que Subserra só teria sido bem-visto pelos chamados *high tories*. Canning achava-o muito agradável (*very agreable*): em a 8 de fevereiro de 1825 escrevia para Paris a lord Granville — *if he repairs to Paris, you will be a gainer*. Consumara-se justamente, na ocasião de ser escrita esta carta, a mudança ministerial provocada pelo governo britânico, e Canning afirma na mesma que empregou todos os esforços para garantir a situação de Palmela (*we did all that we could to extricate him from that community of fortunes*), mas que ele próprio preferiu associar-se ao destino do seu colega, certamente por ter percebido a intenção do ânimo real. Palmela tinha por herança, índole e educação o temperamento do cortesão e a flexibilidade do diplomata, sabendo duplamente como amoldar-se às circunstâncias. Pois não viveu ele, manifestamente propenso à amizade britânica, em contato diário, oficial e particular, com um adversário das suas ideias da força de Hyde de Neuville, um homem que, se bem que com uma grande ponta de exageração, Canning descreve em uma de suas cartas como "orgulhoso, violento, julgando mal as coisas, brusco, arrogante, de capacidade limitadíssima e com uma enorme presunção do senso que ele imagina ter?" Contudo as relações do embaixador francês com o ministro de Estrangeiros de S.M. Fidelíssima foram sempre cordiais. Palmela tratou-o como se tratam os loucos — não o contrariando, e por trás da cortina pôs em movimento o gabinete de Londres.

Palmela, a demissão de Subserra e a agitação de Hyde de Neuville.

Já sabemos que as tropas inglesas estiveram no ponto de embarcar para Portugal (como haviam de ir pouco depois, durante a regência da infanta D. Izabel Maria) quando o irrequieto Hyde de Neuville se lembrara de mandar por sua conta e risco chamar a guarnição francesa de Badajós, cujo comandante evitou um conflito internacional deixando-se muito prudentemente ficar, não obstante a inveja que os franceses sentiam do protetorado exercido pelos ingleses sobre Portugal. "Portugal", escrevia Canning a lord Granville em 21 de janeiro de 1825, "tem sido e *deverá* ser sempre inglês, por tanto tempo quanto a Europa e o mundo permanecerem numa situação parecida com a atual. Uma vez francês, Portugal cedo faria parte da monarquia espanhola". E ajuntava que não eram considerações comerciais as que regulavam o interesse britânico nessa questão. De fato a Inglaterra, debaixo da influência de Canning e Robinson,[36] entrava na fase de predomínio da liberdade mercantil que devia acabar no livre câmbio de Cobden e Gladstone, e o espírito instintivamente liberal de Canning até achava odioso, vexatório e impolítico o tratado de 1810, preferindo granjear mercados por meio da excelência dos produtos e do desenvolvimento natural das relações sobre a base da igualdade do tratamento. Nem o governo inglês fez caso algum da tentativa de Hyde de Neuville para transformar Lisboa num porto franco com o fito de arruinar a supremacia comercial da Inglaterra.

Depois da sua perigosa fanfarronada militar, Hyde de Neuville permaneceu em Lisboa por cinco meses ainda, "uma verdadeira peste para a sociedade", escrevia Canning, "agitando-se e incomodando-se, a si e a todos em volta de si, nos estreitos limites de uma pequeníssima comunidade". Mesmo depois de ir uma fragata buscar o embaixador, Villèle, arrependido da complacência exibida para com o gabinete de St-James, mandara-lhe por terra ordem para demorar-se; quando o correio ministerial chegou a Lisboa, já Hyde de Neuville estava porém a caminho de Brest, com grande despeito de Polignac, que em Londres representava o partido dos *ultras,* do qual Palmela calculadamente recebia e retribuía os galanteios, mas sem comprometer a sua velha ligação com a aliada tradicional de Portugal.

A diferença na representação portuguesa em Londres fez-se logo notar. Exagerando a extensão dos sacrifícios a que o rei fora levado no negócio da separação do Brasil, Palmela não descansou enquanto não obteve de Canning, em junho de 1825, a expedição de instruções a sir Charles Stuart para que "no caso de se não verificar imediatamente o ajuste com Portugal, esperasse novas ordens antes de dar começo às negociações por conta da Inglaterra" — o que importava numa quase pressão em favor da aquiescência brasileira às condições exigidas por D. João VI para o reconhecimento da Independência.

---

[36] Depois lord Goderich e por pouco tempo primeiro-ministro.

VII

Sir Charles Stuart chegou ao Rio de Janeiro no dia 18 de julho, sendo cordialmente recebido pelo imperador, que nomeou para tratarem com ele das condições da reconciliação três plenipotenciários: Carvalho e Melo, ministro dos Negócios Estrangeiros, Villela Barbosa, depois marquês de Paranaguá e então ministro da Marinha, e o visconde de Santo Amaro, sucessor de Carvalho e Melo na pasta de Estrangeiros. A opinião pública mostrava-se muito adversa à assunção por parte do rei de Portugal do título imperial, e mais ainda, se possível, à mudança do título de imperador para o de rei do Brasil, solução contudo que logo foi arredada, tomando sir Charles, como base do tratado a negociar, a primeira versão da Carta Régia, fundamentalmente modificada num certo sentido pela sugestão de Caldeira Brant e Gameiro, isto é, o reconhecimento da Independência, e de D. Pedro como imperador, precedendo a declaração de que D. João VI igualmente assumia a dignidade imperial. Era um primeiro passo para afastar o reconhecimento da soberania do rei de Portugal e converter a Independência no que devia realmente ser, a consagração da vontade nacional.

Chegada de sir Charles Stuart ao Brasil. Acolhimento imperial. Nomeação dos plenipotenciários brasileiros.

O caminho não pôde ser trilhado até ao fim, mas semelhante admissão prévia, oposta ao espírito de qualquer das versões da Carta Régia, não deve ser considerada na ocasião (porque mais tarde seria renegada), diminuta satisfação dada a um governo nas condições do brasileiro. Com efeito, este se por um lado julgava bem parada a libertação efetiva das colônias americanas, desde que a França estava disposta a reconhecer em julho de 1825 a Independência de São Domingos, por outro lado sentia pressa em ver garantido o princípio monárquico nacional, sempre ameaçado pela fermentação republicana no Norte do Império e pela insurreição aberta de Montevidéu, combinada com a atitude agressiva de Buenos Aires. O rompimento entre esta República e o Império tornava-se fatal, ainda que sir Charles Stuart, a pedido do governo imperial,

A situação do Império com relação a Buenos Aires.

141

desejoso de manter a paz, houvesse interposto os seus bons ofícios e que o Brasil solicitasse a intervenção oficiosa da Grã-Bretanha. Dizia-se até que Bolívar, ou algum dos seus imediatos, convidado pelo governo de Buenos Aires, viria, coroado dos louros do Peru, prestar o seu valioso concurso à causa da liberdade contra a tirania monárquica personificada em D. Pedro. Era certo pelo menos que o governo de Buenos Aires afixava em mensagens públicas sua inimizade ao Brasil; que apoiava os atos hostis cometidos pelos seus cidadãos contra o Império, exportando armamento para Montevidéu, apoderando-se de embarcações brasileiras e abrindo subscrições para as expedições; que convidava as outras províncias do Rio da Prata a socorrerem os insurgentes; que fazia levas de tropas; que insultava nas suas gazetas o soberano brasileiro, e que por todas as provocações negava satisfação "qual a que se lhe exigiu pelo almirante Lobo de desaprovar formalmente o procedimento dos seus súditos, ou de mandá-los retirar da Banda Oriental".[37]

A Inglaterra e a política platina do Brasil.

O Império era sincero na sua aspiração de paz. A sua situação na Europa não estava ainda legitimada e a sua posição no Novo Mundo republicano era tão singular, que carecia de dar penhor da sua moderação e tolerância. Carvalho e Melo reclamava, instigado mesmo pelo agente austríaco, a intervenção de Canning para garantia da preservação das relações pacíficas na região meridional do continente, como o meio mais eficaz de conseguir o seu objetivo; mas tampouco era fácil neste ponto a tarefa de Gameiro, porquanto a Grã-Bretanha não aderia absolutamente à política platina do Império, fundada no engrandecimento territorial. A Inglaterra revelara-se sempre infensa à incorporação da Província Cisplatina, e tão conhecida era semelhante disposição, que nas instruções a Caldeira Brant e Gameiro se lhes recomendara muito que obtivessem, a par do reconhecimento, a garantia da integridade do Império, a qual deveriam particularmente especificar, *muito às claras,* se se tornasse preciso conceder a abolição do tráfico. Estabelecia-se deste modo uma compensação desse prejuízo econômico por aquela vantagem política. Os termos do despacho de 18 de agosto, pelo qual Carvalho e Melo mandava Gameiro solicitar os bons ofícios da Inglaterra, e Telles da Silva solicitar os da Áustria, a qual se supunha predisposta pelo barão de Mareschal, indicam claramente as

---

[37] Despacho de 18 de agosto de 1825.

apreensões e vistas que com relação a este assunto povoavam o espírito do Governo imperial. Eis o extrato mais sintomático do referido despacho: "É porém preciso advertir a V.Sª. que, desde o princípio da proposta do barão de Mareschal, houve a cautela por ele recomendada de não se falar sobre o nosso direito e posse da Província Cisplatina, sobre a qual o mesmo barão observou que se devia guardar silêncio, pois cria que mr. Canning não era nesta questão muito a nosso favor; e assim prevenindo a V.Sª. devo dizer-lhe que procure usar da mesma cautela para ir de conformidade com o que de cá propuser sir Charles Stuart pelo referido motivo das suspeitas de não estar mr. Canning convencido da nossa justiça, bem que nós a temos, além de ser de grande interesse conservar aquela possessão, por ganharmos uma raia tão natural, como a do rio da Prata, grande porto, e desvio de vizinhos perigosos. Oferecendo-se porém ocasião oportuna, este ponto é assaz importante para ficar em silêncio, e V.Sª. proporá que a intervenção se estenda igualmente até este fim, da conservação de Montevidéu, usando de todas as razões e argumentos a nosso favor, que tão conhecidos serão de V.Sª. sendo entre todos os principais — a unânime vontade e deliberação dos povos, quando em 1821 formaram o primeiro Ato de União, e a adesão também legalmente declarada à União do Império, aclamando a S.M. O imperador, e jurando a Constituição, passando até a nomear deputados à Assembleia Legislativa."

Em suas respostas, Gameiro não escondia que assistia perfeita razão ao Governo imperial nas suspeitas que externava, sendo evidente a má vontade do Foreign Office. Entendia Gameiro[38] que em lugar de procurar a intervenção britânica, devia o Brasil antes evitá-la, abrindo uma negociação clandestina com a Espanha para a cessão formal daquele território mediante uma indenização pecuniária, ou então para a cessão definitiva de Olivença à Espanha pelo governo português, recebendo este a indenização. O alvitre parecerá extraordinário que fosse formulado pelo representante de uma colônia emancipada, que assim propunha comprar os direitos da metrópole sobre outra colônia ou parte de colônia, tão completamente emancipada e com tão justos motivos quanto os invocados pelo seu país, de cujo reconhecimento ele estivera tratando, com os argumentos que lhe não acudiam por certo ao admitir os direitos

Ideias de Gameiro sobre a questão de Montevidéu.

---

[38] Ofício secreto de 14 de setembro de 1825.

espanhóis sobre Montevidéu, em nada inferiores aos portugueses sobre o Brasil. Essa lembrança indica porém que o perigo era tão grave que desnorteara o ânimo pausado e refletido de Gameiro. Canning, entrevistado pelo representante brasileiro, prometeu prestar os bons ofícios solicitados, mas denotando tamanha parcialidade para com o governo de Buenos Aires, que fazia duvidar da sua sinceridade ao formular a promessa. Na mesma entrevista, propôs o secretário de Estado a Gameiro que o Brasil cedesse a Buenos Aires a Banda Oriental, mediante uma indenização pecuniária, proposta que Gameiro combateu fortemente.

Gameiro não atribuía a parcialidade do governo britânico a uma questão de mais ou menos simpatia: filiava-a de preferência em puras considerações mercantis, ligando a Inglaterra grande importância ao seu tráfico com o referido porto de Buenos Aires, o qual pensava dever continuar a ser o entreposto das ricas províncias do Alto Peru. Gameiro opinava diversamente, julgando que, quer o Alto Peru se constituísse em estado independente, quer se incorporasse no Baixo Peru, o comércio tomaria a direção dos portos do Peru e do Panamá. Não deixa de ser curioso que o nosso enviado não tivesse entrevisto que o tráfico da Bolívia se faria muito pelo Amazonas, por aquele porto do Pará que ele próprio indicava como o mais central da América e o mais próximo da Europa, para sede de futuros congressos americanos, subsequentes ao de Panamá, cuja presidência devia no seu entender ser assumida pelo representante do imperador do Brasil, "pela mesma razão que na Dieta germânica cabe a presidência ao plenipotenciário do imperador da Áustria". Verdade é que para Gameiro antever o futuro do Pará em relação ao comércio do Alto Peru, precisaria contar com a liberdade de navegação do Amazonas, o que ainda seria tomado como um absurdo.

Buenos Aires igualmente solicita a intervenção inglesa.

O governo de Buenos Aires igualmente "solicitara em certo modo a intervenção do governo britânico para induzir o do Brasil a evacuar a margem oriental do rio da Prata", escrevia Palmela a Porto Santo em 26 de julho de 1825. Canning, que alimentava suspeitas que D. Pedro andava fomentando em algumas províncias do Império movimentos em favor do restabelecimento do governo absoluto, e que não queria por forma alguma fornecer um pretexto de intervenção, a favor do partido democrático brasileiro, às tropas desempregadas das Repúblicas espanholas — pretexto que lhes ofereceria sem dúvida a agudeza da crise cisplatina — tampouco quis aceder ao pedido do governo de Buenos Aires. Respondeu "que se a República viesse a ser reconhecida pela Espanha, poderia talvez nesse caso herdar os direitos da mãe pátria sobre o indicado território; porém que nesse mesmo caso o Brasil também tinha reclamações e direitos a fazer valer, como se reconhecera na negociação que tivera lugar em Paris a este respeito".

A mala de 18 de agosto foi importante para a correspondência entre a nossa Secretaria de Estrangeiros e a legação de Londres. Idêntica data traz o despacho que dava conta a Gameiro do estado das negociações em andamento no Rio de Janeiro entre sir Charles Stuart e os três plenipotenciários imperiais, os quais, no dizer do biógrafo de Canning, eram menos moderados e conciliadores do que D. Pedro. Assevera Stapleton que o imperador se mostrava nesse momento pronto a renunciar seus direitos à coroa portuguesa a fim de angariar o apoio, que sentia ir-lhe faltando cada dia mais, da opinião brasileira. No tocante propriamente às negociações para o reconhecimento, D. Pedro esquivava-se a firmar um armistício imediato, como Portugal pretendia, ainda que de fato Gameiro desse instruções à fragata brasileira *Piranga,* chegada a Portsmouth com o almirante Cochrane a bordo, para no seu regresso não atacar as embarcações portuguesas que pudesse encontrar. D. Pedro também dava mostras de querer tirar da Grã-Bretanha todo o partido possível, originado na mencionada abertura francesa para um ajuste imediato.

<small>As negociações no Rio de Janeiro.</small>

Na primeira conferência que celebraram com sir Charles Stuart, revoltaram-se deliberadamente os plenipotenciários brasileiros contra a ideia da Carta Patente de 13 de maio, cuja publicação devia ser simultânea com a do tratado que regularia os vários pontos controversos, oriundos da separação. Declararam eles, com veemência que impressionou o plenipotenciário britânico, que qualquer tentativa de cessão de soberania por parte do rei de Portugal equivaleria a ir de encontro à forma e própria essência da Independência brasileira, a qual recebera do povo a sua sanção. Não querendo insistir demasiado no primeiro momento, nem perder tempo com uma irritante discussão, propôs então sir Charles Stuart que se tomassem em consideração os outros artigos até poderem todos concordar naquele primeiro, que ficava adiado. Referiam-se esses outros artigos à cessação de hostilidades, declaração de paz e aliança, segurança de bens de raiz, restituição de presas e sequestros, esquecimento do passado, indenizações a particulares e por virtude de perda de ofícios, ajuste de contas públicas, liberdade de comércio com direitos provisórios de 15% *ad valorem,* enfim as condições práticas da reconciliação, sobre as quais era menos difícil o acordo do que sobre a base teórica.

O direito de cessão de soberania era contudo a pedra angular do arranjo proposto e encaminhado pelo mediador britânico, que o achava tão razoável quanto desarrazoada lhe parecia a associação de D. Pedro na dignidade imperial primeiramente assumida pelo rei de Portugal. Apontando para a má-fé que um procedimento contrário traduziria, logrou sir Charles Stuart com grande dificuldade fazer admitir aquele direito numa segunda conferência. Pelos plenipotenciários brasileiros foram oferecidos três artigos, contendo a cessão por S.M. Fidelíssima dos seus direitos ao Brasil na pessoa de D. Pedro I; o reconhecimento do Império, sua plena soberania e sua dinastia; e o assentimento do imperador a que o rei de Portugal tomasse durante a sua vida o título de imperador do Brasil. Esta foi pelo menos a forma dos artigos propostos, depois das alterações por sir Charles, o qual todavia não conseguiu na segunda, como não conseguira na primeira conferência, inserir no projeto a desejada menção da Carta Patente em qualquer das suas primitivas versões.

Esgotou-se a terceira conferência numa discussão sobre um armistício, a qual não deu resultado porquanto os negociadores brasileiros insistiram em que "no preâmbulo do ato da suspensão de hostilidades se declarasse que se estava tratando na negociação da base da Independência do Império do Brasil, assim como que se não devia entender por ela abertura de portos e franqueza de comércio".[39] Somente na quarta conferência é que o plenipotenciário britânico atingiu pela sua tenacidade o seu principal fim, aquiescendo os brasileiros em que a cessão fosse expressa num decreto firmado por mão de S.M. Fidelíssima, mas não sendo este documento a Carta Patente em questão, visto que na sua terceira versão omitia o título imperial, e nas outras duas começava o rei de Portugal por assumi-lo para então transferi-lo, ou antes nele associar seu filho. Isto quando de fato o imperador do Brasil fora exclusivamente revestido de semelhante dignidade por aclamação popular, e o espírito

---

[39] Despacho de 18 de agosto de 1825.

público melindrar-se-ia amargamente com qualquer interpretação diversa do seu ato, ou qualquer sobreposição de autoridade à da soberania do povo. A denominação de rei do Brasil, se não fora uma sugestão da Santa Aliança, era aventada como uma cortesia à mesma Aliança, para a qual o título de imperador não possuía cunho igual de legitimidade, tanto que vimos que pelas decisões do Congresso de Viena, esse título não estabelecia precedência sobre o de rei. A denominação de rei do Brasil denotava mais, muito claramente, a natureza do pensamento oculto de, por morte de D. João VI e consequente reunião das duas coroas sobre a cabeça de D. Pedro, voltar sorrateiramente às condições políticas de 1815, quando o Brasil havia sido elevado à categoria de Reino.

Esta solução tinha pois todas as probabilidades de provocar uma revolta, e também a aceitação e publicação da Carta Patente seria, no dizer dos plenipotenciários brasileiros, tão impopular que faria perigar a existência mesmo do trono. Em vão apelou com vigor, verbalmente e em nota, sir Charles Stuart para o texto das suas instruções, que o confinavam às três versões da Carta Régia, à qual o seu governo e os plenipotenciários brasileiros em Londres tinham aderido, e que ele não podia absolutamente pôr de lado, sob pena de falsear a sua missão. Era-lhe somente facultado alterar a disposição e redação daquele documento em três versões, não se afastando todavia, ou antes, acompanhando restritamente o espírito comum do seu conteúdo. Respondeu o Brasil por nota que, para mostrar seu espírito de conciliação e sua contemplação para com a pessoa e leais esforços de S.M. britânica, convinha nos princípios expostos. Discutiu-se então numa quinta conferência quanto da Carta Régia poderia ser aceito pelo Império, observando os plenipotenciários brasileiros a conveniência de serem alteradas as expressões em que estava concebido esse documento, "as quais não afetando materialmente a substância da negociação com Portugal, trariam todavia ao Brasil novos objetos de discórdia, no momento mesmo em que S.M. Fidelíssima procurava fazê-la cessar".[40]

À vista disso propôs sir Charles que das duas primeiras versões da Carta Régia se fizesse uma, com que se conciliassem ambas as partes. Representaram porém os plenipotenciários brasileiros que as Cartas haviam todas sido concebidas sem se atender às circuns-

---

[40] Despacho cit. de 18 de agosto.

tâncias que forçaram os brasileiros a chegarem à posição em que se achavam. Sir Charles conformou-se com a lembrança *pari passu* sugerida, "que se poderiam admitir mútuas declarações sobre o modo de invalidar aquelas partes da Carta Patente que seria perigoso publicarem-se". Depois, cansado de tanto batalhar contra a pertinaz oposição oferecida pelos plenipotenciários brasileiros, e não lhe sendo dado aceitar um projeto de tratado por estes apresentado, anuiu o plenipotenciário britânico na sexta conferência a, em desacordo com suas instruções portuguesas,[41] pôr de lado a Carta Régia e redigir no seu lugar um preâmbulo ao tratado. Neste preâmbulo, que veio a ser o do documento definitivo, procedia-se de harmonia com a última recomendação de Canning ao governo português, muito embora a tivesse rejeitado a Corte de Lisboa. Assim, o reconhecimento da Independência e de D. Pedro como imperador precedia a determinação do rei de Portugal de assumir igual título, mas a par disso estipulava-se a transferência, *por livre vontade,* da soberania brasileira, que tão vivamente e tão justamente indispunha o sentimento público. Ao mesmo tempo a questão da sucessão era cuidadosamente evitada, para que o imperador não tivesse que renunciar positivamente o seu direito à coroa portuguesa. Ao rei de Portugal ficava livre, no intuito de dar satisfação ao sentimento português, e no caso de não ser aceita (ainda que não fosse publicada) a primeira versão da Carta Régia, o tornar público e antedatar um Diploma Régio, pelo qual concedesse a Independência, a qual lhe era afinal arrancada, "nos termos precisos do preâmbulo". No seu despacho de 3 de setembro, assim se explica Carvalho e Melo sobre este ponto: "No mesmo dia da assinatura da Convenção e Tratado se trocaram entre os Plenipotenciários as notas reversas em que se havia convindo, para declarar-se que S.M.F. se dignaria alterar ou não fazer aparecer a Carta Patente de 13 de maio, fazendo-a substituir por outra mais conforme ao Preâmbulo e artigos do tratado."

O tratado e convenção de 29 de agosto de 1825.

Esta promessa não seria porém cumprida pelo governo português, que ao Alvará de 15 de novembro, mandando publicar e cumprir a ratificação do Tratado, agregaria a própria Carta Régia de 13

---

[41] É mister não esquecer que, conquanto seja sempre denominado no livro plenipotenciário britânico para maior clareza da exposição, sir Charles Stuart agia contudo neste assunto no caráter de plenipotenciário português.

de maio, motivando pelo seu ato um protesto dirigido pelo ministro de Estrangeiros, visconde de Inhambupe, a sir Charles Stuart, numa nota de fevereiro de 1826, em que afirma que o mencionado documento vinha a lume em violação dos ajustes feitos.

Uma vez combinado o preâmbulo, duas conferências mais foram consumidas em dar a última demão aos artigos que compunham propriamente o tratado, e dos quais os dois primeiros condensavam as asseverações do preâmbulo.[42]

O terceiro artigo continha a promessa do imperador do Brasil de não aceitar proposições de quaisquer colônias portuguesas para se reunirem ao Brasil — promessa a que a Inglaterra ligava especial importância, mais ainda do que Portugal, porquanto eram as colônias africanas do Reino que supriam o mercado de escravos do Brasil, e uma reunião de Angola ou Benguela ao Império significava uma ameaça de indefinida manutenção do tráfico. Permanecendo pelo contrário portuguesas as possessões africanas, Portugal ficava com os meios de dar um golpe decisivo no odioso comércio humano, o qual não era mais destinado a ativar a florescência de uma colônia sua, mas a fomentar a prosperidade de uma terra estrangeira, filha ingrata, cuja decadência, por falta de braços robustos para o trabalho, serviria até de consolo para o despeito da separação.

O quarto artigo referia-se à paz e aliança entre as duas partes contratantes, e o quinto não só colocava os súditos das duas nações reciprocamente no pé dos da nação mais favorecida, como garantia os possuidores de bens de raiz.

Diziam respeito o sexto e o sétimo à mútua entrega, ou correspondente indenização, de propriedades confiscadas e sequestradas, e embarcações e cargas apresadas, na forma constante do artigo oitavo, que estabelecia uma comissão mista, cujas deliberações teriam como desempatador o representante do soberano mediador.

O artigo nono dispunha que as reclamações públicas, de governo a governo, as quais formariam o objeto de uma convenção direta e especial, seriam decididas ou com a restituição dos objetos reclamados, ou com uma indenização do seu justo valor.

---

[42] Vide no Apêndice o Tratado e Convenção de 29 de agosto, Alvará de 15 de novembro e Carta Régia de 13 de maio, reproduzidos da *Coleção* de Pereira Pinto (Docs. nos 13, 14, 15 e 16).

Pelo artigo décimo ficavam restabelecidas as relações de comércio, pagando reciprocamente todas as mercadorias 15% de direitos de consumo, a título provisório. O artigo undécimo e último fixava o prazo máximo de cinco meses para a troca das ratificações.

Duas outras conferências foram dedicadas por sir Charles Stuart e pelos plenipotenciários brasileiros ao ajuste da convenção adicional prevista no artigo nono, a qual foi assinada, assim como o tratado, no dia 29 de agosto, data da última conferência. Por essa convenção adicional fixou-se, para extinguir "todo o direito para as recíprocas, e ulteriores reclamações de ambos os governos", a soma de dois milhões esterlinos para o Brasil pagar a Portugal; tomando o imperador sobre o Tesouro do Brasil o empréstimo contraído pelo Reino em Londres em outubro de 1823, por intermédio da casa de B.A. Goldschmidt e C^a, para o fim precisamente de debelar a revolução brasileira, e pagando o restante para perfazer os sobreditos dois milhões esterlinos, a quartéis, no prazo de um ano depois da ratificação e publicação da convenção.

Não ficara expressamente determinada na chamada Convenção Pecuniária, que foi conservada secreta até à reunião da Assembleia Geral Legislativa, a quantia que o imperador daria a seu pai pelas suas propriedades (dos donatários das capitanias do Brasil, de fato pertencentes à nação) e das pessoas a quem D. João VI fizera mercê de ofícios vitalícios no Brasil, e que o acompanharam para Lisboa por obrigação dos seus empregos. Nas notas reversais declarou-se porém que 250.000 libras seriam postas em Londres à disposição de S.M. Fidelíssima para aquele fim, e o mais que fosse justo no caso de não ficar satisfeito o rei; deduzidas essas somas do total dos dois milhões esterlinos. Neste total entrava o empréstimo de 1823, assumido pelo Brasil, por 1.400.000 libras, pois havia sido de 1.500.000 libras, e 100.000 estavam amortizadas, fazendo-se a amortização à razão de 25.000 libras por trimestre. Gameiro informava mais:[43] "Que a importância dos seus juros (que se pagam no 1º de junho e no 1º de dezembro de cada ano) será de £70.000 no ano de 1825, e de menos de £2.500, em cada um dos 27 anos seguintes: porque neste empréstimo não se acumulam os juros das apólices amortizadas. São conseguintemente £600.000 que o Brasil tem que pagar a Portugal no de-

---

[43] Ofício secreto de 30 de novembro de 1825.

curso do ano vindouro, e em cumprimento do art. 2º da mencionada convenção. É possível será efetuar-se este pagamento; porque o nosso governo tem aqui fundos suficientes para este efeito."[44]

D. Pedro ratificou tratado e convenção no dia imediato ao da assinatura (30 de agosto), remetendo sir Charles Stuart imediatamente os documentos para Londres a bordo do navio inglês *The Spartiate*. À última hora surgira uma pequena dificuldade originada na maneira adotada por D. Pedro de intitular-se: imperador pela Graça de Deus e Unânime Aclamação dos Povos. Sir Charles não quis aderir ao formulário, e chegou a mandar sair o *Spartiate* sem as ratificações. O imperador entretanto, ouvido o Conselho de Estado, preferiu ceder, mudando a segunda parte — que era a discutida, mas cuja retirada se dissera ser contrária à letra da Constituição — pela fórmula seguinte: segundo a Constituição do Estado.

<small>Ratificação do Tratado e convenção.</small>

Enquanto sir Charles Stuart negociava a reconciliação no Rio de Janeiro, Palmela, para salvar os bons princípios e com vistas na emergência de um malogro das negociações, ainda agitava em Londres a velha questão dos tratados em vigor entre as coroas de Portugal e da Grã-Bretanha, e que inibiam qualquer das duas partes contratantes de celebrar tratados em prejuízo da outra parte. Em 4 de outubro de 1825 entregava o embaixador português a Canning uma nota verbal, acompanhada de uma interessante e bem lançada sinopse ou dedução cronológica, pedindo uma explicação categórica da parte do governo inglês "a fim de colocar as duas Cortes em situação de saberem precisamente quais são as obrigações mútuas que as ligam, estando S.M.F. convencido de que tais obrigações são de uma natureza permanente e clara (...)". Os dois governos podiam de comum acordo não se prevalecerem *temporariamente* de algumas das estipulações dos mesmos tratados, mas nem por isso cessava o direito de reclamá-las em ocasião oportuna. O tratado de Viena, de 22 de janeiro de 1815 (art. 3.º), reafirmara a validade e renovara todos os tratados em questão, mesmo para o caso em que fosse abolido o tratado de 1810. Os tratados que Palmela enumerava, extratava e comentava, com sua usual habilidade, eram, além dos de 29 de janeiro de 1642, celebrado entre D. João IV e Carlos I, 10 de setembro

<small>Palmela e os tratados entre Portugal e Inglaterra.</small>

---

[44] As £250.000 foram pagas em Londres em 15 de fevereiro de 1826, tendo D. João VI mandado para este fim ao seu embaixador um Alvará de Procuração.

de 1654, celebrado com Cromwell, e 1661, celebrado com Carlos II — todos garantindo numa forma geral a integridade dos domínios portugueses — os de 1703, da sucessão da Espanha, e os de Utrecht (1713 e 1715), especificando os territórios brasileiros do rio da Prata, e entre o Amazonas e o rio de Vicente Pinzon ou Oiapoque.

> Sir Charles Stuart e o tratado de comércio com a Grã-Bretanha.

Na verdade, Palmela não empregava o seu tempo unicamente na discussão destas convenções, valiosíssimas sem dúvida para Portugal, mas irremissivelmente inaplicáveis ao caso do Brasil: ele também preparava a negociação do tratado de comércio entre Portugal e Inglaterra, que tornava necessária a cessação de direito do de 1810. Também no Rio de Janeiro, sem perder um minuto depois de ajustada a paz com Portugal, passou a discutir sir Charles Stuart o imediato tratado de comércio com a Grã-Bretanha e abolição do tráfico, celebrando-se a primeira conferência a respeito no dia 20 de setembro. O projeto do plenipotenciário britânico era quase idêntico ao tratado de 1810. O Brasil apresentou um contraprojeto que não foi aceito, porque aumentava de 15 para 18% os direitos de entrada sobre as importações inglesas. Trocaram-se várias notas e efetuaram-se outras conferências, até que em 18 de outubro pôde sir Charles firmar os convênios para que recebera plenos poderes de S.M. britânica, e que no dia 20 do mesmo mês foram ratificados pelo imperador do Brasil. O oficial da Secretaria de Estado dos Negócios Estrangeiros, Bento da Silva Lisboa (mais tarde barão de Cairu e, em 1832 e 1846, ministro de Estrangeiros), embarcou sem demora, encarregado pelo governo imperial de trazer para Londres aquelas ratificações,[45] as quais estavam todavia destinadas a nunca serem trocadas, aconselhando Canning, o rei da Grã-Bretanha, a não ratificar os convênios celebrados, sem instruções positivas, pelo seu plenipotenciário.

---

[45] Despachos do visconde de Paranaguá de 23 e 25 de outubro de 1825.

VIII

Canning recebeu as primeiras notícias da conclusão do tratado luso-brasileiro por um navio mercante que precedeu o *Spartiate* na sua chegada e foi portador de uma cópia impressa do documento, mandado publicar pelo ministério brasileiro com o intuito de acalmar a agitação popular, apreensiva a opinião sobre a natureza e extensão das concessões a que D. Pedro podia ter sido levado. Stapleton diz na sua *Vida* de Canning que a publicação do tratado foi feita sem conhecimento ou pelo menos sem anuência de sir Charles Stuart. Carvalho e Melo assegura porém na sua correspondência oficial para Gameiro[46] que o plenipotenciário de S.M. Fidelíssima anuíra a que o tratado viesse a lume, mesmo antes de ratificado em Lisboa. O certo é que o secretário de estado britânico escreveu logo para Portugal, felicitando o rei pela assinatura da paz, urgindo a ratificação do tratado e, de acordo com sua primitiva opinião, aconselhando D. João VI a renunciar o título imperial, desde que estava ganho o ponto de honra. Para este fim invocou as prováveis dificuldades do reconhecimento, nomeadamente por parte do autocrata da Rússia, que desaprovara toda a negociação com o Brasil, e do rei da Espanha, pela mortificação que necessariamente lhe impunha uma solução entre metrópole e colônia, tão diferente da que ocorrera entre ele e suas possessões americanas.

O interesse propriamente da Grã-Bretanha era nulo neste assunto, e apenas movia o seu governo — que por seu lado estava pronto a reconhecer o título imperial, sem com isso querer compelir os outros governos mais do que com a persuasão do exemplo — "uma ansiosa solicitude pela felicidade, tranquilidade e bem entendida honra de S.M. Fidelíssima". Canning recomendava que, pelo menos, o título de imperador do Brasil não precedesse qualquer outro na longa enumeração dos títulos pertencentes aos reis de Por-

O tratado luso-brasileiro julgado em Londres.

---

[46] Despacho de 3 de setembro de 1825.

tugal, sob pena de o monarca expor-se a "incidentes e observações pouco compatíveis com a real dignidade da sua Coroa".

<small>O tratado em Portugal.</small>

Estes razoáveis conselhos de Canning chegaram, ao que parece, um pouco tarde, e não é provável que mais cedo tivessem sido melhor seguidos, já que encontraram uma Corte e um público, apesar de preparada a primeira para o resultado final pelos sucessivos informes de sir Charles Stuart, muito dessatisfeitos com a redação definitiva do tratado. A cópia deste chegara a Lisboa no dia 9 de novembro, poucos dias depois da chegada da cópia destinada a Londres. O preâmbulo ainda mereceu aprovação, mas a falta de qualquer referência à questão da sucessão portuguesa e sobretudo a ausência de vantagens comerciais especiais, concedidas a Portugal, foram severamente criticadas no Paço. Contudo, ninguém pensou em rejeitar dois convênios tão vantajosos no seu conjunto; antes decidiu-se em conselho, presidido por D. João VI, torná-los públicos com demonstrações de alegria, no dia do santo do nome da imperatriz Leopoldina. Contra a opinião de sir William A'Court ficou, porém, assente que o título imperial tomaria precedência sobre o real, como logo apareceu na circular do conde de Porto Santo ao corpo diplomático acreditado em Lisboa, anunciando a conclusão e resultado das negociações.

<small>O título imperial.</small>

Este ponto representava apenas a satisfação de uma vaidade senil, e, em suma, tão respeitável quanto a do imperador da Áustria que, conforme Canning escrevia a lord Granville em 1º de abril de 1825, deixara de ser verdadeiramente imperador quando Napoleão dissolveu o Império germânico, conservando o título com relação ao seu domínio patrimonial por mera condescendência do conquistador, sancionada pela cortesia ou compaixão da Europa. Noutro ponto, todavia, o governo português tornou-se culpado do que Stapleton, o confidente de Canning, não trepida em denominar uma quebra de palavra (*a breach of faith*). E o caso já mencionado da Carta Régia, cujo texto foi anexo à Carta de Lei que acompanhou a ratificação, não como *Diploma Régio*, mas como Carta Patente, quebrando-se-lhe o sigilo em contrário da combinação feita com o governo imperial, e com a asseveração inexata e injuriosa de que esse a havia aceito. Stapleton observa muito bem que a ocasião mesmo era pessimamente escolhida se, por meio de tal publicação, pensava a Corte portuguesa forçar D. Pedro a resolver a questão em aberto da sucessão, a bem dos seus interesses pessoais e de harmonia com os desejos predominantes no palácio da Bemposta. É sabido que em período algum da sua vida anterior ao falecimento de D. João VI — exceção porventura feita dos meses que precederam e dos que se seguiram imediatamente à proclamação da Independência — esteve o imperador tão perto de renunciar seus direitos à coroa portuguesa.

A publicação do tratado com o Brasil deu lugar a luminárias, foguetes, te-déuns, e a todas as demais manifestações do regozijo oficial, mas não provocou a simpatia do público pela obra de sir Charles Stuart. Pelo contrário, a grita foi geral. Os absolutistas queriam ver para todo sempre cancelados os títulos de sucessão de D. Pedro ao reino de Portugal. O comércio e a viticultura queixavam-se da ruína que se derivaria infalivelmente de uma pauta que taxava igualmente os vinhos portugueses e os vinhos franceses. Os adversários da Inglaterra verberavam-lhe a perfídia e a traição, aconselhando o rei a demitir o ministério e suspender as ratificações. Os que sonhavam com a recolonização (e neste número incluem o governo) viam o perigo no fato de não estar definida a qualidade que a D. Pedro cabia como herdeiro da coroa portuguesa. Os cortesãos finalmente julgavam supérfluo, contraditório com o preâmbulo e atentatório da dignidade real o artigo segundo do tratado, pelo qual D. Pedro *anuía* a que D. João VI tomasse para a sua pessoa o título de imperador. O clamor foi tão forte, que sir William A'Court, de posse das instruções de Canning concernentes ao abandono pelo rei da tão discutida dignidade imperial, não ousou cumpri-las senão depois da ratificação concedida.

<small>Crítica do tratado.</small>

No Brasil tampouco agradara o tratado quando o tornara público o governo. A compra da Independência por 2 milhões esterlinos, depois de ela ser um fato consumado e irrevogável, foi um estigma de que a monarquia, justa ou injustamente, nunca pôde livrar-se no Brasil e cuja recordação pairou sobre o trono até os seus últimos dias. Esta indignação aparece diminuta comparada com a que irrompeu quando se divulgou a notícia acerca da Carta Régia, na qual o rei de Portugal fazia preceder o seu título histórico e tradicional do título popular e exclusivamente nacional de imperador. Essa publicação não só violava um pacto, como colocava monarca e gabinete numa posição precária em face das justas exigências do sentimento público, cada dia mais desconfiado das tendências antiliberais do governo. Tão bem compreendia Canning a situação que

<small>O tratado no Brasil.</small>

se estava criando, que numa carta a Granville, de 31 de outubro de 1825, deixa correr da pena a seguinte frase sintomática: "Lisonjeio-me de que o Brasil acha-se quase arranjado, com relação a Portugal quero dizer. O futuro que o imperador se está preparando (*is cutting out for himself*) é outra história."

Tal frase referia-se muito mais à política doméstica do que à política externa do Império. Na verdade D. Pedro, uma vez outorgada a Carta Constitucional, *produto da sua generosidade e mercê* e não expressão da soberania nacional, parecia ir gradualmente esquecendo todas as circunstâncias da sua aclamação popular para somente recordar-se da sua legitimidade, a qual, baseada quanto ao Brasil na conhecida recomendação da despedida de D. João VI, se fundava com relação a Portugal em razões mais ponderosas e sagradas. Cientes de semelhante estado da opinião, desgostosa da falta de garantias democráticas, e receosos da extensão do vigoroso espírito republicano do país, que tanto lhes custava conter, o imperador e o ministério não vacilaram em fazer sua a indignação popular e ameaçaram Portugal "com publicar algum decreto que teria o efeito de anular todo o tratado".[47]

<small>Defesa do tratado por sir Charles Stuart.</small>

Sir Charles Stuart defendeu com boas razões o seu trabalho perante as críticas portuguesas. Lembrou que, em vista das disposições de ânimo do imperador, ditadas pela situação política do Brasil naquele período, muito melhor havia sido não tocar no ponto perigosíssimo da sucessão, deixando-a tacitamente regulada pela lei natural, e pelas leis fundamentais do Reino. Fez ver que as estipulações comerciais eram expressamente provisórias e sujeitas a revisão e aperfeiçoamento, tendo entretanto a adoção temporária aberto logo a porta ao intercurso mercantil entre os dois países, em vez de retardá-lo com uma negociação espinhosa, durante uma fase em que as paixões políticas estavam ainda exuberantes e vivíssima a suspeição mútua, e em que o Brasil timbrava em não fazer concessões à sua ex-metrópole. Finalmente recordou, quanto à acusação de que D. Pedro, em vez de respeitar, anuía assunção por seu pai do título imperial, que o artigo tinha sido redigido nos termos mais cautelosos, além de seguir, e não preceder, o Decreto ou Carta Régia que estabelecia aquela assunção. O tratado apenas a aprovava, e a aprovação exarada neste documento tornava-se outrossim

---

[47] Armitage, *History of Brazil*. Londres, 1836, vol. I, p.198.

indispensável, porquanto a Carta Régia não era conhecida (veio a sê-lo por uma insidiosa indiscrição), e qualquer disposição só entra realmente em vigor quando for adotada, de comum acordo, pelas duas partes às quais ela interessa ou diz respeito. O imperador tinha pois perfeito direito a anuir e, para ser inteiramente válida a assunção efetuada pelo rei, tornava-se necessário que ele anuísse a reconhecer seu augusto pai como depositário de dignidade igual à sua, o que só podia derivar-se do convênio assinado por ambas as partes, e não de uma proclamação unilateral, cuja imposição teria feito malograr-se todo o ajuste diplomático.

A conclusão da paz entre Portugal e Brasil foi, não obstante o descontentamento provocado nos dois países pelas suas condições, uma fonte para Canning de intensa satisfação. Chamou a negociação um sucesso, e ansioso recomendava a Granville que lhe desse pormenores mais explícitos de como a notícia havia sido recebida em França, pois o rei estimaria muito saber que o sentimento geral era favorável ao tratado, sem que, no caso contrário, se importasse com o desespero dos ultras, porque andava irritado com a duplicidade exibida pela França no Rio de Janeiro, e estimaria até por este motivo vê-la desapontada e vexada com o êxito da Grã-Bretanha na sua mediação luso-brasileira. Num memorando entregue ao rei,[48] concede Canning a sir Charles Stuart todo o mérito que lhe pertence na obtenção desse êxito, mas ao mesmo tempo queixava-se da tendência manifestada pelo plenipotenciário britânico para desrespeitar as instruções recebidas; do tom de lástima da sua correspondência oficial, como que antevendo o fracasso da missão — péssima disposição diplomática, observava Canning —, e da pretensão de querer recomendar ao rei para o lugar de ministro no Rio de Janeiro o cônsul Chamberlain, assim pondo à margem o secretário de Estado e privando-o do benefício das suas nomeações.

O candidato de Canning para o cargo de ministro no Brasil, para onde, no dizer dele, as potências continentais iam mandar esplêndidas missões, preenchidas por pessoas de alta posição, era Mr. Robert Gordon, irmão de lord Aberdeen, por muitos anos secretário da embaixada em Viena, e diplomata conceituado no Foreign Office. Mr. Gordon foi efetivamente nomeado e foi quem veio a

<aside>Satisfação de Canning com o tratado.</aside>

---

[48] 9 de dezembro de 1825.

Os tratados com a Grã-Bretanha. Sua não ratificação.

negociar os primeiros convênios definitivos da Grã-Bretanha com o Brasil. No mesmo memorando ao monarca pedia Canning para Chamberlain a dignidade de *baronet,* que lhe seria concedida por lord Dudley, em 1828, depois do falecimento de Canning.

Satisfação igual à produzida pelo tratado luso-brasileiro esteve longe, muito longe, de causar ao secretário de Estado a ulterior notícia do tratado entre o Brasil e a Grã-Bretanha — *a most foolish and mischievous treaty,* escrevia Canning ao *premier* Liverpool em 27 de novembro de 1825. Stapleton[49] explica os motivos que levaram Canning a não mandar instruções positivas a sir Charles Stuart para a negociação dos convênios com a Grã-Bretanha, e a dissuadir em seguida o monarca de ratificar esses documentos.[50] Tais motivos constam dos próprios despachos de Canning. O tratado de 1810 fora um tratado semipolítico, semicomercial. As vantagens comerciais oferecidas por Portugal no Brasil eram compensadas pelos benefícios políticos dispensados pela Grã-Bretanha ao Reino. Uma vez, contudo, separado o Brasil de Portugal, não era justo que continuasse aquele a pagar por uma proteção que no seu caso queria apenas dizer amizade, e Canning foi o primeiro a reconhecer a justiça da observação e a formulá-la ele próprio.

Palmela chegara a Londres munido de poderes para renovar, ou antes reformar, por conta de Portugal, o tratado de 1810; Canning entendia mais conveniente liquidar primeiro essa parte para não lhe poderem ser lançadas em rosto, e citadas como precedentes, as concessões que estava disposto a fazer ao Império, nação completamente nova, nada tendo a ver com as obrigações internacionais e as dívidas de gratidão da sua ex-metrópole, e não devendo submeter-se a um exclusivismo de favores mercantis que lhe embaraçariam toda a expansão econômica. Portugal, esse sim, teria que pagar pelo protetorado de que gozava e pela proteção aduaneira facultada aos seus vinhos. A prolongação por dois anos, no Brasil, do tratado de 1810, eis o que serviria todos os interesses, permitindo a Canning

---

[49] *The Political Life of Canning,* vol. III, cap. xv.

[50] Os dois convênios não ratificados não figuram naturalmente na coleção dos *British and Foreign State Papers,* nem aparecem na *Coleção dos Tratados de Pereira Pinto,* que aliás os menciona na sua notícia histórica relativa ao tratado de 1827.

concluir sem precipitação o acordo que Palmela mostrava tamanha pressa de ultimar, que até marcara um prazo de três meses para o encerramento das negociações em Londres; e permitindo aos negociantes ingleses em relações comerciais com o Brasil prepararem-se para uma redução das vantagens especiais que então usufruíam, e que eram aliás iguais às que, pelo recente tratado, iam caber aos negociantes portugueses.

Sir Charles Stuart não viu porém as coisas do mesmo modo, e pressurosamente fechou um negócio que lhe pareceu muito feliz, mas que Canning achou em alguns pontos sumamente desfavorável. Começou o secretário de Estado por não encontrar verdadeira reciprocidade no tratamento da nação mais favorecida, mutuamente concedido pelo Brasil à Grã-Bretanha e pela Grã-Bretanha ao Brasil, porquanto semelhante tratamento sabia-se perfeitamente ao que equivalia na Inglaterra, onde era aplicado a vários países, mas não se sabia o que viria a constituir no Império, o qual celebrara com Portugal uma convenção comercial provisória e celebrava com a Grã-Bretanha o seu primeiro tratado com uma potência estrangeira. O Brasil entraria destarte no gozo de certos e positivos favores, ao passo que a Grã-Bretanha teria que esperar que favores equivalentes fossem concedidos a várias nações, podendo não vir a ser tão completos e vantajosos como os que ela própria dispensaria, no seu tratamento ao Império. Com efeito a estipulação de que as mercadorias britânicas pagariam 15% *ad valorem* nas alfândegas brasileiras (art. XXII) era temporária, da mesma forma que com relação às mercadorias portuguesas, e podia ser aplicada a outras nações ou subsequentemente alterada.

<small>Motivos da não ratificação. Os favores comerciais.</small>

Outro ponto ainda do tratado assinado por sir Charles caiu debaixo da implacável análise de Canning. Pelo artigo XVII comprometia-se o rei da Grã-Bretanha com o governo imperial a proceder a uma revisão do modo de exercer em tempo de guerra o direito de busca, para manter o qual a Inglaterra havia "arrostado colisões e sustentado lutas armadas". Tocar no direito de busca, restringir-lhe a plenitude, correspondia, na concepção da época, a tocar nos próprios alicerces da política marítima britânica. Era, na frase do secretário de Estado, "conceder gratuitamente ao recém-nascido Império do Brasil, aquilo que a Inglaterra pertinazmente recusara tanto às sugestões da amizade como às ameaças da hostilidade por parte de metade das potências do Velho Mundo e do mais antigo dos Estados fundados no

<small>O direito de busca.</small>

Novo". A adesão do Brasil ao princípio da regra defendida pela Grã-Bretanha neste assunto, não valia absolutamente o preço por que vinha a ser adquirida. "A Inglaterra recusava-se a considerar tal adesão como uma concessão pela qual devesse pagar, sobretudo um preço que envolvia a reaparição de questões felizmente adormecidas."

Aconteceu que, no México também, os plenipotenciários britânicos, Morier e Ward, fizeram sem instruções concessão análoga, admitindo, debaixo de certas condições, o princípio de *navios neutros, mercadorias livres (free ships, free goods)*, que apenas em 1855 seria proclamado no Congresso de Paris. A este respeito escrevia Canning do campo ao seu amigo Granville[51] que a Inglaterra, por causa do referido artigo, ia negar a ratificação ao tratado celebrado com o México, não querendo ele a ratificação com a exceção do aludido artigo para não estabelecer um mau exemplo, e imitar um proceder frequentemente censurado pela Grã-Bretanha aos Estados Unidos. Com o seu costumado *humour*, acrescentava Canning que a recusa de ratificação faria bem aos novos Estados, "que parecem inclinados a considerar-se personagens mais importantes (*finer fellows*) do que eu estou absolutamente disposto a consentir que eles sejam, necessitando serem abaixados de um furo para trazê-los ao nível do Velho Mundo".

A concessão ao México equivalia pois à promessa de revisão incluída por sir Charles Stuart no tratado com o Brasil, e que tinha igualmente por objeto esse princípio da liberdade das mercadorias inimigas transportadas em navios neutros, cuja revogação dentre os preceitos do direito marítimo a Inglaterra por muito tempo combateu, defendendo estrenuamente a faculdade de busca. As circunstâncias e o espírito do mundo civilizado mudaram desde então, mas é preciso não esquecer como, aos decretos napoleônicos de Milão e Berlim estabelecendo o bloqueio continental, a Inglaterra tivera de responder com as famosas *Orders in Council* que, com a sanção fornecida pela superioridade da marinha britânica, proibiam o tráfico das outras nações com o continente. Tão absurdo vemos hoje um como outro sistema, e a guerra de 1812, entre a Inglaterra e os Estados Unidos, não foi mais do que um deplorável resultado dessa política feroz, contra a qual os Estados Unidos se rebelaram, assumindo o nobre papel de defensores dos direitos dos neutros.

---

[51] 13 de agosto de 1825.

Canning achou mais que a abolição do artigo 10º do tratado de 1810, estabelecendo no Brasil um juiz conservador britânico, com o fim de subtrair à alçada dos tribunais nacionais os pleitos dos negociantes ingleses, representava uma ofensa aos interesses mercantis da Grã-Bretanha. Essa jurisdição privilegiada, dizia ele, existia em Portugal e exercia-se da maneira mais vantajosa para as regalias, bens e pessoas dos súditos de S.M. britânica, que assim se viam livres de perseguições e arbitrariedades odiosas: por que razão extingui-la no Brasil, cujos tribunais não inspiravam mais confiança do que os da mãe pátria? O exemplo do Brasil seria de resto um estímulo para Portugal, que prontamente reclamaria com justiça a abolição de uma instituição repelida pela ex-colônia como atentatória da sua dignidade soberana e da imparcial administração da sua justiça.

A conservatória inglesa.

Por último, o artigo X do tratado negociado por sir Charles Stuart recusava proteção aos indivíduos acusados de alta traição, que procurassem asilo nos domínios da Grã-Bretanha e do Brasil, respectivamente, e tornava obrigatória sua expulsão, mediante pedido de uma das partes contratantes. Uma semelhante disposição feria de frente a tradicional liberdade civil da Inglaterra, que ainda hoje é acusada de albergar os anarquistas e outros rebelados políticos e sociais, e abriria com certeza a porta a solicitações idênticas de países europeus.

Os réus de alta traição.

Não se enganara Canning nas suas apreensões. Conhecido o tratado, Portugal pediu logo a abolição do juiz conservador e o embaixador russo Lieven reclamou a entrega de um conspirador seu compatriota, a quem tinha recebido à sua mesa uma semana antes; sem falar em que a França obtinha no Rio os mesmos 15% da nação mais favorecida, e em que os Estados Unidos se dispunham com mais desembaraço a reabrir a questão do direito de busca, a qual a República não cessava de querer impor à reconsideração da Inglaterra.[52] Além disso, encontravam-se no México os plenipotenciários britânicos em plena negociação de um novo ajuste, ou melhor, da cláusula questionada, de cuja alteração ficara afinal dependente a ratificação, e o efeito das concessões consentidas por sir Charles Stuart seria deplorável, porque justificariam quaisquer exigências parecidas, formuladas por aquela República.

---

[52] Carta de Canning a lord Granville, de 6 de março de 1826.

<small>A publicação dos tratados.</small>

Outras objeções existiam, com relação ao convênio anglo-brasileiro sobre o tráfico de escravos, e desde o momento em que os dois tratados tinham sido ratificados pelo imperador do Brasil, fizera-se quase mister adotá-los ou rejeitá-los *in totum,* não sendo correto para os princípios diplomáticos ingleses procurar alterar certos artigos por meio de novas instâncias confiadas ao plenipotenciário que os negociara, desviando-se das suas instruções. Canning preferiu portanto negar a ratificação britânica e expedir outras instruções para o arranjo pelo mesmo plenipotenciário ou, no caso da sua partida, pelo cônsul-geral Chamberlain, de outros convênios, sem as cláusulas a que o Foreign Office fazia oposição. Na véspera porém da expedição da mala contendo aquelas instruções, apareceu nos jornais de Londres, transcrito de uma folha brasileira,[53] o texto dos dois tratados firmados por sir Charles Stuart. Caso idêntico sabemos que se tinha dado com os tratados negociados em nome de S.M. Fidelíssima, que também foram publicados, no dizer de sir Charles sem a sua anuência, e até a despeito das suas reclamações. Caso idêntico igualmente dera-se com os tratados firmados com Colômbia, Buenos Aires e México, mas, pelo menos, havia a desculpa, com relação aos dois primeiros, de que não passavam da reprodução literal do projeto de tratado esboçado pelo governo britânico, não podendo portanto moralmente deixarem de ser ratificados; e com relação ao último, de que a divulgação tinha tido lugar nas violentas discussões parlamentares originadas pelo tratado.

Canning ficou irritadíssimo com uma tentativa que ele julgava feita para forçar-lhe a mão e obrigá-lo a aderir aos termos exatos dos documentos. Por isso resolveu — conforme suas próprias expressões, "para castigar um uso previamente desconhecido em diplomacia, e que era tão impróprio quanto singular; para poupar à coroa britânica a repetição de uma análoga afronta, e para obviar às induções que as potências estrangeiras poderiam tirar de dadas estipulações do tratado comercial" — renegar por meio de uma circular os aludidos convênios e transferir para Londres a sede das negociações dos que os deveriam substituir. O secretário de estado estava contudo em dúvida se sir Charles tinha sido ou não conivente na publicação no Rio de Janeiro dos tratados, quer os concluídos em nome do rei de Portu-

---

[53] *Diário Fluminense.*

gal, quer os concluídos em nome do rei da Grã-Bretanha. Do que ele o acusava era de haver agido no segundo caso contra o espírito da administração, e explicava o estranho procedimento do seu subordinado pela presunção que o distinguia, e pela convicção em que ainda jazia de que Jorge IV detestava Canning e de que o conflito entre monarca e ministro não poderia findar senão pela queda do ministro.

Na sua costumada maneira epistolar, animada e direta, Canning assim desfazia as ilusões de sir Charles: "Toda a sua correspondência de Lisboa trai tal persuasão. É escrita com as tintas mais pronunciadas do *ultraísmo,* e a alteração que ele admitiu nas suas instruções e que pôs em risco o sucesso das negociações do Rio de Janeiro (a assunção do título imperial pelo pateta do velho rei de Portugal) acha-se ali justificada com os princípios mais altos da legitimidade; princípios que casam tão bem com a sua boca ou despachos, como a piedade com Wilkes ou a castidade com W. Sua inimizade para comigo não carece de ser relatada a quem, como V., é uma das causas dela.⁵⁴ À ofensa mortal de haver colocado V. em Paris junta-se porém outra razão de queixa talvez maior, pelo menos mais fresca, que foi a minha firme repetida recusa de dar-lhe uma comissão errante para todos os novos Estados da América do Sul."⁵⁵

Canning e sir Charles Stuart.

Não obstante a sua falta de simpatia com as ideias ostentadas por sir Charles Stuart e a falta de cordialidade, de indivíduo a indivíduo, que existia entre os dois, Canning seria perfeitamente incapaz de, por um capricho ou prevenção pessoal, sacrificar um resultado diplomático que lhe parecesse um ganho. Era em demasia homem de Estado para assim proceder. A não ratificação do tratado de 1825 pode ser discutida, sobretudo à luz dos princípios que vieram mais tarde a prevalecer no direito internacional e na orientação da política britânica. Segundo as ideias correntes na Inglaterra de Jorge IV, tal ato foi no entanto apropriado e acha-se amplamente justificado nos despachos de Canning, se bem que Pereira Pinto não saiba ao que atribuí-lo, se à abolição da conservatória, que foi de fato um dos motivos, mas o menos importante; se à reserva nacional da cabota-

---

⁵⁴ Canning refere-se à substituição de sir Charles Stuart por lord Granville na embaixada de Paris, a qual o primeiro continuava a ambicionar.

⁵⁵ Carta cit. de 6 de março de 1826.

gem, a qual todavia reaparece no tratado de 1827; se ao regime de exceção para o comércio português, concessão aliás que estava no espírito de Canning desde o começo das negociações, e à repetida apresentação da qual o secretário de estado nunca opôs uma negativa ou mesmo uma dúvida nas suas entrevistas com Palmela.

<small>O texto dos tratados.</small>

A última parte da decisão de Canning, concernente ao local das futuras negociações, teve contudo que ser abandonada na execução, e foi no Rio de Janeiro que se negociaram e assinaram os novos tratados, sendo em ambos plenipotenciário britânico Mr. Robert Gordon. A convenção relativa ao tráfico, para a qual serviram de plenipotenciários brasileiros o ministro de Estrangeiros marquês de Inhambupe[56] e o senador marquês de Santo Amaro,[57] traz a data de 23 de novembro de 1826:[58] por ela ficava o tráfico de escravos sendo considerado e tratado de pirataria, três anos depois da troca das ratificações, a qual se efetuou em Londres em 13 de março de 1827. Ficariam entretanto em vigor os tratados de 1815 e 1817, com os artigos explicativos e adicionais.

O tratado de amizade e comércio traz a data de 17 de agosto de 1827 e foi ratificado em 10 de novembro do mesmo ano.[59] Serviram de plenipotenciários brasileiros o ministro de Estrangeiros marquês de Queluz,[60] o ministro do Império visconde de São Leopoldo[61] e o ministro da Marinha marquês de Maceió.[62] Continha vinte e nove artigos. Referiam-se os artigos I a III à jurisdição consular; o IV à liberdade religiosa; o V à liberdade civil, isenção do serviço militar etc., para os súditos de uma nação nos territórios da outra; o VI à manutenção *temporária* do juiz conservador da nação inglesa, "até que se estabeleça algum substituto satisfatório em lugar daquela jurisdição", e à igualdade jurídica de ingleses e

---

[56] A. L. Pereira da Cunha.

[57] José Egídio Álvares de Almeida, antigo secretário de D. João VI.

[58] Encontra-se o texto nas duas línguas nos *British and Foreign State Papers*, 1825-27, p. 609 a 612.

[59] Encontra-se o texto nas duas línguas nos *British and Foreign State Papers*, 1826-27, p. 1008 a 1025.

[60] João Severiano Maciel da Costa.

[61] Fernandes Pinheiro.

[62] Souza Coutinho.

brasileiros. O artigo VII previa os casos de rompimento de relações; o VIII o serviço militar em uma dos desertores da outra nação, e os casos de deserção; o IX os cumprimentos de salvas. O artigo X dizia respeito às relações comerciais, estabelecendo a sua liberdade e a da navegação mercante, perfeitamente franca, com exceção da de cabotagem. Os direitos de farol, tonelagem etc. seriam os mesmos para os navios nacionais e para os da outra nação, segundo o artigo XI. Definia o artigo XII a nacionalidade das embarcações; estipulava o artigo XIII a máxima extensão do comércio, exceção feita dos gêneros de monopólio da coroa (artigo XIV); dicriminava o artigo XV o que se reputava contrabando de guerra, e mencionava o artigo XVI o serviço de paquetes. O artigo XVII ocupava-se de piratas e roubadores do mar e sua punição; o artigo XVIII das ocorrências de naufrágios; o artigo XIX dos direitos aduaneiros a pagar, que seriam no máximo de 15% *ad valorem*, baseados no preço corrente dos gêneros no mercado, para as mercadorias britânicas. Qualquer diminuição maior, facultada a mercadorias estrangeiras, outras que não portuguesas e transportadas em navios portugueses ou brasileiros, sê-lo-ia igualmente às mercadorias britânicas (artigo XX). O tratamento da nação mais favorecida era concedido às importações do Brasil na Grã-Bretanha e Colônias (artigo XXI), isto é, os direitos seriam os mesmos para as importações do Império que para as de qualquer outro *país estrangeiro*. O artigo XXII referia-se à armazenagem e reexportação dos chamados gêneros coloniais, iguais na Inglaterra no caso do Brasil e no caso das colônias britânicas, e à reciprocidade deste tratamento no Império. Versava o artigo XXIII sobre os selos da alfândega (*cockets*) originais das exportações britânicas, os quais deviam ser anexos ao manifesto apresentado à alfândega do porto de entrada. Estatuía o artigo XXIV acerca da liberdade de comércio, concedida pela Grã-Bretanha nos seus portos e mares da Ásia aos súditos brasileiros, sobre a base da nação mais favorecida. Ocupava-se o artigo XXV das concessões de gratificações (*bounties*) e restituição de direitos (*draw-backs*), para os casos de as exportações serem feitas em embarcações brasileiras ou inglesas. Pelo artigo XXVI obrigava-se o Império a não restringir o comércio britânico por qualquer monopólio ou privilégio de compra e venda, antes a manter a maior franquia do intercurso doméstico, com exclusão dos artigos reservados à Coroa. No artigo XXVII incluía-se a igualdade do tratamento propriamente aduaneiro. Finalmente os dois últimos artigos marcavam o prazo mínimo de quinze anos para a vigência do tratado, e o máximo de quatro meses para a troca das ratificações.

<small>Desvantagens dos tratados.</small>

Os efeitos do tratado de 1827, bem como as controvérsias originadas em várias das suas cláusulas, serão oportunamente estudados. Por enquanto bastará lembrar que algumas disposições encerravam germens de futuras divergências. Pereira Pinto condena particularmente a manutenção da conservatória inglesa, apenas abolida em 1844, quando o tratado deixou de estar em vigor; a amplíssima liberdade de negociar, prejudicial, diz ele, à nacionalização do comércio, mas que entretanto foi, sob outros aspectos, um enorme benefício; a desigualdade, com o fito de proteger os estaleiros domésticos e animar a marinha mercante nacional, no modo de regular a nacionalidade dos navios, pois ao passo que se consideravam ingleses os que fossem possuídos, registrados, e navegados segundo as leis da Grã-Bretanha, eram reputados brasileiros somente os construídos no território do Brasil, possuídos por brasileiros, e cujo mestre, e três quartas partes da tripulação fossem também súditos do Império; finalmente o estabelecimento de direitos fixos de 15% para as importações da Inglaterra, quando os direitos aduaneiros cobrados nessa nação, ainda então protecionista, não se achavam claramente definidos, entrando apenas o Brasil na categoria da nação mais favorecida.

Quaisquer favores especiais concedidos pelo Brasil — os próprios favores gerais eram nocivos por comprometerem a nossa liberdade de tráfico e a nossa legislação aduaneira — no momento em que precisava concentrar toda a sua reserva de atividade no desenvolvimento das suas relações mercantis com todo o mundo civilizado, representavam de fato empecilhos àquele desenvolvimento, restringindo a área das relações. As disposições comerciais do tratado luso-brasileiro de 1825 foram bastantes, por exemplo, para logo estimular no Reino a construção de embarcações mercantes e insuflar a navegação para o Brasil, sem o correspondente incremento ultramarino. Verdade é que o anúncio de prosperidade fez desaparecer o desgosto previamente causado pela obra diplomática em que sir Charles Stuart serviu de instrumento pouco dócil da direção de Canning. Para juntar à satisfação mercantil em Portugal a política no Brasil, mandou o secretário de estado, uma vez ratificado o tratado com o Reino,⁶³ dirigir-se sir William A'Court ao conde de Porto Santo a fim de dissuadir D. João VI de assumir o título de imperador, que lhe fora oficialmente reconhecido pelo filho.

O conde de Porto Santo, conquanto inclinado a admitir em tese o acerto do conselho de Canning, não achou porém que fosse mais tempo de pô-lo em prática, porque o abandono do título imperial seria infalivelmente atribuído pelo sentimento português à pressão estrangeira. O ministro todavia prometeu que semelhante título seria de ora em diante discretamente usado. A condescendência de Porto Santo chegou a suscitar dúvidas no espírito de Canning sobre a veracidade da oposição levantada a sir Charles Stuart, quando este plenipotenciário tratara em Lisboa de cumprir a letra das suas instruções, que excluíam por completo a hipótese dessa honraria inane, a que se apegara o débil espírito de autoridade do rei de Portugal. A adoção do título de imperador do Brasil não veio no entanto, como Canning mostrava recear, a sofrer dificuldades por parte das Cortes europeias, tendo aliás falecido em 1825 aquele de quem mais se poderia temer a relutância, o imperador Alexandre. O próprio D. João VI faleceu em 10 de março de 1826, apenas um mês depois que, no Parlamento britânico, fizera o discurso do trono menção da reconciliação entre Portugal e Brasil e do reconhecimento do Império.

D. João VI, imperador do Brasil.

A não ratificação do tratado assinado por sir Charles Stuart em nome da Inglaterra não retardou entretanto o recebimento oficial de um representante brasileiro na Corte de Londres. No dia 30 de janeiro de 1826, na mesma ocasião em que o embaixador russo Lieven entregou a sua nova credencial, firmada por Nicolau I, e que o marquês de Palmela depôs nas mãos do rei da Grã-Bretanha uma Carta de Gabinete do seu soberano, o imperador sênior do Brasil, era Gameiro Pessoa, barão de Itabaiana e ministro plenipotenciário

Recebimento de Itabaiana.

---

⁶³ No dia 7 de setembro de 1825 foi Caldeira Brant (Barbacena) nomeado pelo imperador seu embaixador em Lisboa, para cumprimentar D. João VI depois da troca das ratificações. Declinou contudo a honra, temendo que o acolhimento, que viesse a ser-lhe dispensado, não fosse muito cordial em vista do papel que desempenhara nas negociações de Londres.

do imperador júnior D. Pedro I, desde 21 de outubro,[64] recebido por Jorge IV no castelo de Windsor. Itabaiana não chegava à meta com grande atraso. Tinham decorrido apenas pouco mais de dois meses do recebimento do seu colega da Colômbia. Com efeito o recebimento dos ministros latino-americanos, ajustado em dezembro de 1824, começou a ter lugar em 21 de novembro do ano imediato, com a audiência dada ao representante da Colômbia. O ministro Hurtado, conta Canning numa das suas epístolas, portou-se com gravidade proporcionada ao momento, apenas desgraçando a língua francesa em que discursou. Canning chama a linguagem do diplomata *the most unlicensed and arbitrary French, which it is possible to imagine*. No mesmo francês, pois que o inglês, somente o compreendia, assegurou Hurtado ao monarca britânico que o seu governo estava firmemente disposto a cultivar relações pacíficas com todo o mundo, especialmente com os novos Estados da América, e nomeadamente com o Brasil, como aquele que estava mais imediatamente debaixo da proteção de Sua Majestade.[65]

---

[64] Despacho do visconde de Paranaguá, encarregado interinamente da pasta de Estrangeiros, desde 4 de outubro, data da saída de Carvalho e Melo, até 22 de novembro, data em que entrou para ela o visconde de Santo Amaro.

[65] Alusão era aqui feita a um pequeno e serenado conflito entre o Império e a república, no qual diz Canning que Bolívar tinha perfeita razão. Versara o conflito sobre uma expedição de Mato Grosso ao território de Chiquitos, no Alto Peru.

IX

A não ser na Rússia — para onde foi nomeado encarregado de negócios, em começos de 1825, Luiz de Souza Dias, não seguindo entretanto de Londres para o seu posto por entenderem Brant e Gameiro que era preferível aguardar o reconhecimento iminente por Portugal e pela Inglaterra, a expor-se a uma recusa humilhante e quase justificada na luz do proceder de Alexandre I — o Império entreteve agentes diplomáticos nas principais Cortes europeias — Áustria, França, Grã-Bretanha e Roma — desde pouco tempo depois da Independência.

<small>O reconhecimento nas outras Cortes da Europa.</small>

Na Corte de Viena verificamos serem contínuas as relações de Telles da Silva com o chanceler Metternich, e a embaixada austríaca em Londres dispensou sempre aos nossos enviados a máxima gentileza. O intercurso entre Esterhazy e Neumann e Brant e Gameiro foi invariavelmente, não só amável conforme cumpria entre gente de boa sociedade, como até afetuoso.[66] Depois do tratado de 29 de agosto, então, a efusão do barão de Neumann não conheceu limites e tornou-se quase ditirâmbica. Em 28 de novembro recebia o barão de Itabaiana a seguinte carta: "*Chandos House, ce 28 Nov. — Mon cher Chevalier, J'ai la satisfaction de pouvoir vous annoncer que S.M.T.F. a ratifié le traité et la convention conclus au Rio de Janeiro — et veuillez croire que personne ne se réjouit plus que moi de pouvoir vous en féliciter et appeler enfin Don Pedro — Empereur légitime du Brésil. — Tout à vous,* NEUMANN.*"*

<small>A Áustria.</small>

Os serviços prestados em Viena por Telles da Silva foram devotados e proveitosos. Bastava-lhe ser representante do genro do imperador da Áustria para se lhe deparar fácil entrada na mais alta

---

[66] O seguinte P.S. de uma cartinha de 25 de junho de 1825, de Neumann a Gameiro, dará uma ideia dessas relações: "*Je vous offre une messe demain à défaut de mieux, car le Prince a pris avec lui l'homme le plus essentiel de l'Ambassade, je veux dire le cuisinier.*"

sociedade e fácil acesso junto ao onipotente Chanceler: ele contava porém, além do seu caráter diplomático, com parentes em elevadas posições na Corte austríaca, e com o seu próprio tato, que não lhe faltava, malgrado um temperamento que ele mesmo acusava de colérico. Não era contudo homem que se esquecesse de cortejar Metternich ou de presentear Gentz. As suas cartas a Gameiro — pois que Londres era o centro dirigente de todas as nossas operações diplomáticas e financeiras — refletem naturalmente os diferentes estádios por que passou a opinião do governo austríaco com relação ao reconhecimento do Império. Metternich, não há dúvida, teria chamado a si a mediação e tentado fazer a paz, se a Inglaterra por acaso falhasse ou fraquejasse na sua tarefa. Chegou a desejar a presença de Caldeira Brant em Viena, mas dizendo pouco depois, quando, por hostilidade a Canning mais que tudo, andou favorecendo Portugal contra o Brasil, que era para persuadir Brant a ir ao Rio de Janeiro convencer o governo imperial de aceitar o contraprojeto português. A isto respondeu-lhe Telles da Silva com desembaraço, que o marechal antes quereria levar um projeto dos turcos aos gregos do que o projeto de Portugal ao Brasil. Na correspondência para Londres lamentava entretanto a suspensão dos convites para jantares que estava acostumado a receber do chanceler, registrava as incivilidades a que andava exposto por parte de membros da legação portuguesa, e no seu desconsolo chegava a falar em regressar ao Brasil, por lhe parecer inútil sua permanência.

Tudo isto vimos que veio a modificar-se, volvendo Metternich aos seus sorrisos e Telles da Silva aos seus jantares.[67] O papel ulterior da Áustria nas negociações do Rio de Janeiro foi destituído, não de atividade, mas de combatividade. Há um destino para as nações, como para

---

[67] Em 22 de janeiro de 1826, depois de efetuado o reconhecimento pela Áustria, deu Telles da Silva, já então visconde de Resende, um esplêndido banquete em Viena, ao qual assistiram o infante D. Miguel, Metternich, os embaixadores das grandes potências, quase todos os ministros estrangeiros e os mais altos dignitários da Corte. D. Miguel que, escrevia Rezende a Itabaiana, conversou com ele perto de duas horas ("enchendo-me de satisfação o ver as maneiras urbanas e até a instrução que S.A.R. tem adquirido") bebeu à saúde do imperador do Brasil "e de todos os bons, fiéis e zelosos servidores de seu augusto irmão e verdadeiro amigo".

os indivíduos, e o destino da Áustria na história da civilização europeia entrara a ser tão destituído da prístina importância, que a consciência desta decadência irremediável lhe tolhia os movimentos enérgicos e reduzia a sua ação à esterilidade sob o ponto de vista do desenvolvimento humano. Os seus movimentos nervosos, quase puramente instintivos, nada criavam mais, nem mesmo no sentido da reação.

A Independência foi reconhecida pelo chanceler em 27 de dezembro de 1825, sendo o ministro do Brasil logo recebido oficialmente pelo imperador. O próprio Telles da Silva assinaria com o príncipe de Metternich o tratado de comércio de 16 de junho de 1827, vigente por seis anos, nas bases da convenção prévia firmada no Rio de Janeiro em 30 de junho de 1826. A Áustria obteve por aquele tratado o mesmo tratamento que a Grã-Bretanha, a saber, liberdade de comércio e navegação, direitos de importação de 15%, favores relativamente aos direitos de ancoragem e tonelagem, tolerância religiosa, isenção do serviço militar etc. Apenas no tocante à determinação da nacionalidade das embarcações era o tratado mais vantajoso para o Brasil, suspendendo além disso provisoriamente a execução da obrigação de serem três quartas partes dos tripulantes súditos do Brasil. As bases concedidas à Áustria formaram também os fundamentos dos tratados concluídos com a Prússia em 9 de julho de 1827, com as cidades hanseáticas em 17 de novembro de 1827, com a Dinamarca em 26 de abril de 1828, com os Estados Unidos da América em 12 de dezembro de 1828, com os Países Baixos em 20 de dezembro de 1828, com a Sardenha em 7 de fevereiro de 1829. A Áustria igualmente dava ao Brasil o tratamento da nação mais favorecida, com a diferença porém de que o máximo das taxas cobradas pelo Império sul-americano ficaria estipulado e irredutível no tratado com a Inglaterra, modelo dos demais.

A França não lograra, como vimos, servir de medianeira, e, da mesma forma que as outras nações da Santa Aliança, teria tido que passar depois da Inglaterra, se não houvesse sobrevindo o incidente da não ratificação dos tratados assinados por sir Charles Stuart. A sua benevolência esteve contudo sempre segura, para o caso de que quiséssemos apelar diretamente para ela, com a equivalente compensação. Não foi insignificante em Paris o papel diplomático de Borges de Barros, já tratando de manter e radicar a França em favor do Império, para que não embaraçasse muito os bons ofícios que

<small>A França.</small>

na questão do reconhecimento a Inglaterra lhe estava prestando, já mesmo solicitando a cooperação do ministério francês para ser o Império garantido pelas grandes potências da Europa, e não ficar unicamente preso à amarra inglesa. Nem podiam, dadas as circunstâncias, ir além desse objetivo os intentos de Borges de Barros, mas era o bastante para enfadar a Grã-Bretanha, ciosa de que a França pudesse antecipar-se-lhe no reconhecimento, e por conseguinte nas boas graças do Brasil. O ciúme de Canning, a que ele deu largas na conferência de Combe Wood em 10 de maio de 1825, foi todavia um estímulo mais para a solicitude do Foreign Office, a qual se viu recompensada com o frio acolhimento imperial à precipitação do agente diplomático francês, quando ficou decidida a missão Stuart. Noutra emergência anterior já quisera a França tomar o passo à Grã-Bretanha, oferecendo a D. Pedro I, por ocasião da rebelião pernambucana de Manoel de Carvalho, os serviços da sua esquadra estacionada no Rio de Janeiro, com o fim de defender o governo imperial contra qualquer ataque popular, motivado pela excitação republicana. Sob a capa de salvaguardar os interesses monárquicos no Novo Mundo, pretendia a França assim promover seus interesses políticos e mercantis; mas no Brasil existia, na administração, plena consciência de que ao Império não convinha praticar ato algum que desagradasse a Inglaterra — "potência", escrevia Carvalho e Melo,[68] que mais propendia na Europa a seu favor, a mais interessada na independência do continente americano e a que podia prestar ao Império mais prontos e eficazes auxílios".

Pouco depois de assinados por sir Charles Stuart os tratados com Portugal e com a Inglaterra, anunciou o conde de Gestas ao nosso Ministério de Estrangeiros achar-se autorizado "para entrar em negociações relativamente ao reconhecimento do Império e para tratar com o governo brasileiro da parte do seu monarca". Indicaram-lhe os plenipotenciários imperiais o dia 24 de outubro como data da primeira conferência, sustando entretanto as negociações ao verificarem que os plenos poderes do encarregado de negócios francês não designavam a categoria do imperador, conforme acontecia à credencial de sir Charles Stuart, e só o habilitavam para tratar de objetos meramente comerciais. Propôs contudo

---

[68] Despacho de 12 de março de 1824.

o conde de Gestas que continuassem as conferências para conclusão de um tratado de comércio, que seria assinado por ele e pelos plenipotenciários brasileiros e depois remetido para Paris "a fim de ali ser ratificado por S.M. Cristianíssima, devendo depois voltar revestido daquela formalidade, e com os Plenos Poderes exarados em regra, para ser igualmente ratificado por S.M. Imperial". O governo brasileiro anuiu à proposta e as negociações prosseguiram nesta inteligência, "devendo passar-se as competentes notas reversais, para completa legalidade do que vai exposto".[69]

Em 8 do janeiro de 1826 assinava-se no Rio de Janeiro o Tratado de Amizade, Navegação e Comércio entre França e Brasil, a que se seguiram alguns artigos adicionais e explicativos, assinados em 7 de junho de 1826.[70] Por esse tratado, firmado pelo conde de Gestas em nome de Carlos X e pelos viscondes de Santo Amaro e Paranaguá em nome do imperador, a nossa Independência era reconhecida e regulavam-se a reciprocidade da representação diplomática e consular, os mútuos direitos dos súditos dos dois soberanos, a entrega dos desertores, a liberdade do comércio e da navegação (menos a de cabotagem, os monopólios da Coroa e os artigos de contrabando de guerra), as taxas de faróis e tonelagem etc. — tudo sobre a base da nação mais favorecida, equivalentes portanto os direitos de importação a 15% *ad valorem*. Deste tratamento excetuava-se sempre o que fosse de futuro acordado com Portugal, que podia vir a ser a nação de todas *a mais favorecida*. Pedra Branca apresentou em Paris ao barão de Damas, ministro de Estrangeiros, sua credencial de Encarregado de Negócios em 11 de fevereiro de 1826, e no dia 20 era Itabaiana recebido em Londres pelo embaixador francês príncipe de Polignac.

Em Roma foi monsenhor Francisco Corrêa Vidigal o encarregado de alcançar a consagração papal para a nova nação católica. O enviado imperial chegou à Cidade Eterna quase sem aviso prévio, e valeu-lhe decerto isto o não ser detido em caminho, como aconteceu com o enviado da Colômbia, que o embaixador

A Santa Sé.

---

[69] Despacho do visconde de Paranaguá ao barão de Itabaiana, em 14 de novembro de 1825.

[70] Encontra-se o texto nas duas línguas nos *British and Foreign State Papers*, 1825-26. Londres, 1827.

da Espanha conseguiu fosse parado em Florença e obrigado a sair de Roma, quando teimou em apresentar-se. O conde de Funchal, embaixador português, tratou também de embaraçar por todas as formas a missão de monsenhor Vidigal, o qual foi recebido pelo cardeal secretário de estado, mas não oficialmente, malgrado o seu caráter eclesiástico e a sujeição espiritual de que era portador, da parte do chefe do enorme Estado sul-americano. Nem mesmo lhe permitiram entabular negociações. Em 19 de março de 1825 escrevia ele a Gameiro: "Continua o meu interdito: ainda não disse ao que vim. Espero pela chegada de lord Stuart, como os judeus esperam pelo Messias, porque creio se decifrará o enigma, e terei o uso da fala... A minha situação é por extremo desagradável."

A Santa Sé, acostumada à liberalidade portuguesa em matéria de favores religiosos, via com angústia, dizia o nosso enviado, separar-se o Brasil, que era a parte rica da monarquia. Como as circunstâncias porém se fossem mostrando favoráveis ao reconhecimento do Império, a corte papal entrou, em agosto de 1825, quando já eram conhecidos o objeto e quase o sucesso da missão Stuart e considerado certo o reconhecimento em qualquer caso pela Inglaterra, a mostrar certo interesse pelas coisas espirituais do Brasil, chegando monsenhor Vidigal a ser consultado. Politicamente porém as coisas permaneciam no mesmo pé. Em 29 de setembro ainda ele escrevia a Gameiro: "As nossas missões à Europa foram intempestivas, porque só viemos ser testemunhas oculares da nossa humilhação. Digo de mim principalmente porque na corte da cristandade, tenho sido tratado pelo santíssimo padre Leão 12 com a última indiferença: ainda o não vi; e ao seu ministro uma única vez, para nela me intimar que não mais lhe aparecesse! Se aqui viera um turco mandado pelo grão-senhor, decerto seria melhor acolhido, apesar de detestar o nome cristão por dogma do seu Alcorão. No entanto eu, mandado pelo imperador do Brasil, príncipe católico, e soberano de um povo cristão, sou excluído de aparecer diante do supremo hierarca da cristandade: procedimento apoiado pela França, que acaba de reconhecer a República de Haiti. Isto são anomalias políticas: preciso tolerá-las com muita resignação."

Roma só queria tratar com o Império depois de este ter recebido todos os sacramentos. Mesmo quando monsenhor Vidigal anunciou ao cardeal secretário de Estado o reconhecimento por D. João

VI, a Santa Sé não se moveu. Esperou que o acontecimento fosse devidamente comunicado pelo conde de Funchal ou pelo núncio em Lisboa e levou o seu formalismo ao ponto de questionar a validade da credencial do nosso enviado, pelo fato de ter sido assinada por D. Pedro antes da celebração e ratificação do tratado negociado por sir Charles Stuart. Foi preciso que Vidigal se rebelasse contra esta demasiada exigência e manifestasse sua profunda contrariedade para ser admitido, no dia 23 de janeiro de 1826, a entregar suas credenciais de ministro, ficando destarte reconhecido o Império. Uma vez transposto este Rubicão, as relações diplomáticas tornaram-se fáceis e correntes. Por nota de 23 de outubro de 1826 anunciou o cardeal Della Somaglia a monsenhor Vidigal (o qual exerceu suas funções de plenipotenciário até a abdicação, em 1831) que o papa enviaria ao Brasil um núncio de 1ª classe, recaindo depois a nomeação pontifical em monsenhor, mais tarde cardeal Pietro Ostini.[71]

Antes disso, em 30 de setembro de 1826, havia Della Somaglia encaminhado o Breve que concedia ao Império do Brasil os privilégios da Bula da Santa Cruzada, nas mesmas condições concedidas em 1816 a todos os estados dependentes da coroa portuguesa. Ao reconhecer o Império, tinha igualmente a Santa Sé estendido ao Brasil as garantias de que gozava Portugal por virtude da Constituição de Clemente XII (1737) e do Breve *Inter proecipus ministerii nostri partes*. A 15 de maio de 1827 seguia-se a Bula criando no Brasil a Ordem de Cristo, desligando-a da de Portugal e concedendo-lhe o Padroado das Igrejas e Benefícios do Império, sendo os imperadores do Brasil perpétuos Grão-Mestres. A esta Bula porém negou a Câmara dos deputados brasileira o beneplácito por parecer de 17 de outubro do mesmo ano — assinado, entre outros, por Vergueiro, Feijó, José Clemente, Limpo de Abreu e Bernardo de Vasconcellos —, declarando o decreto subsequente de 4 de dezembro de 1827 que o imperador proveria os benefícios eclesiásticos em virtude do artigo 102 § 2 da Constituição do Império, e não como Padroeiro e Grão-Mestre da Ordem de Cristo.[72]

As instruções de Carvalho e Melo a monsenhor Corrêa Vidigal, as quais acompanharam o Despacho de 28 de agosto de 1824

---

[71] Confirmada esta deliberação por nota de 11 de maio de 1827.
[72] Cândido Mendes, *Direito Civil Eclesiástico Brasileiro*.

e se encontram publicadas na citada obra de Cândido Mendes, recomendavam-lhe que celebrasse uma Concordata com a Santa Sé para o estabelecimento dos privilégios do soberano do Brasil como tal, como Protetor da Igreja e como padroeiro das igrejas de todos os seus estados. O imperador nomearia todos os arcebispos, bispos e outros titulares de benefícios eclesiásticos, sendo confirmados *pro forma* pelo santo padre os titulares das sés vagas apresentados pelo monarca, e erigiria novos bispados, que o santo padre confirmaria. Como Grão-Mestre da Ordem de Cristo gozaria o imperador dos direitos exercidos na mesma qualidade pelo rei de Portugal. A Concordata nunca chegou a realizar-se, porque o espírito de regalismo era demasiado vivo e suscetível entre o mundo político brasileiro, para permitir a conclusão de um ajuste dessa ordem. Obtiveram porém solução favorável muitas das matérias incluídas nas instruções de Vidigal, por exemplo a criação de bispados, o desligamento das ordens de Cristo, Aviz e Santiago, sendo o imperador confirmado no Grão-Mestrado por Bula de 9 de junho de 1827 etc. Se não se obtiveram para a Igreja brasileira todos os privilégios inerentes e conferidos à Igreja lusitana (entre eles um patriarca e dois cardeais, sendo o primeiro *de jure* e o outro de graça especial) é porque o governo imperial descurou-se de impetrar o necessário Breve.

O reconhecimento nas outras Cortes europeias.

Nas principais Cortes europeias os nossos interesses andaram pois entregues desde princípio a pessoas competentes para zelá-los. Em Lisboa mesmo foram os assuntos brasileiros confiados a Clemente Álvares de Oliveira Mendes, o qual todavia mais parece haver sido um agente de negócios do que propriamente um agente político — alguma coisa no gênero do major Jorge Antônio Schaeffer, que de Hamburgo remetera, além de soldados e oficiais, colonos alemães, aliciados por meio de contratos ou engajamentos que o governo brasileiro proibiu em janeiro de 1824, recomendando-lhe que fosse promovendo a emigração espontânea ou voluntária, e mandando para instigá-la do Mecklemburgo o capitão Eustáquio Adolfo de Melo Matos, nesse tempo em comissão na Europa e que depois do 7 de abril foi ministro do Brasil em Londres.

Reconhecido o Império por D. João VI, pela Inglaterra, pela França e pela Áustria, é claro que potência alguma levantaria mais obstáculos à admissão da nova nação soberana no seu grêmio; nem mesmo a Rússia, onde Nicolau I subira ao trono imperial, e onde o reconhecimento o mais que podia era ser demorado, mas não recusado. A circular expedida por Itabaiana às legações estrangeiras em Londres — então mais numerosas, porque os estados menores da Alemanha mantinham seus representantes separados e a Itália estava ainda fragmentada — notificando nos começos de 1826 a assinatura do tratado de 29 de agosto de 1825 e o reconhecimento por S.M. Fidelíssima da Independência brasileira, foi acolhida sem surpresa e respondida com a máxima cordialidade. A Suécia nem esperou por tanto. Em 5 de janeiro participava o seu ministro em Londres Stivuseld que o rei da Suécia e Noruega nomeara um cônsul-geral Encarregado de Negócios interino no Rio de Janeiro, e acrescentava: "En m'acquittant de cette commission agréable et qui prouve l'empressement du Roi mon Maître de nouer, même avant les notifications d'usage, des relations intimes avec le nouvel Empire, je ne saurais, Monsieur le Baron, que me féliciter d'être le premier organe de ce voeu. Je vous prie, Monsieur le Baron, de vouloir bien porter cette communication, le plustôt que faire se pourra, à la connaissance de Votre Cour." Em 7 de fevereiro fazia o mesmo ministro suas primeiras aberturas para a celebração de um tratado de comércio.

O Conselho Federal Suíço respondia de Lucerna, diretamente ao imperador, em 30 de janeiro, nos termos de que dá ideia o seguinte parágrafo: "Le Directoire Fédéral reçoit avec une vive gratitude ces ouvertures affectueuses, et pour prouver à Votre Majesté Impériale le haut prix que la Suisse y attache, ainsi que son empressement à y répondre, nous ne voulons point tarder un seul jour de vous offrir, Sire, avec l'hommage de ses loyales félicitations au sujet des grands événements qui ont amené la reconnaissance de l'Empire Indépendant du Brésil, — l'expression des voeux les plus sincères pour la gloire et la prospérité du règne de Votre Majesté, pour celles de l'Auguste Dynastie Impériale qu'elle a fondée et pour le bonheur des Peuples soumis à son autorité paternelle. En demandant avec confiance au Gouvernement Impérial de vouloir bien envisager et traiter les Suisses dans ses provinces comme citoyens d'un Etat véritablement ami de la Couronne du Brésil, nous le prions en particulier d'accorder protection et faveur à leur commerce, enfin, comme il existe depuis quelques années non loin de la résidence Impériale une colonie[73] tirée de nos cantons, qui a souffert diverses vicissitudes affligeantes, nous prenons la liberté de recommander instamment ces Suisses, nos malheureux compatriotes, à la sollicitude et aux bontés de Votre Majesté."

Colquhoun, o representante das Repúblicas Hanseáticas, respondia em 14 de fevereiro com o ofício em que se destaca este trecho: "The undersigned is instructed further to express the eager desire of the Senates to reciprocate with the utmost sincerity these friendly sentiments, and to state, that the Senate of Hamburgh on the 14th December last, and the Senate of Lubeck on the 21st of that month, appointed Mr. Fen Brink their Consul General at Rio de Janeiro, enclosing to him letters of Congratulation on their behalf to His Imperial Majesty, and requiring him to solicit an Exequatur in the usual form, thus proving their early and anxious desire to invite the benevolent dispositions of the Emperor of Brazil, and to facilitate and encourage the commercial Intercourse between the Subjects of His Imperial Majesty, and the Citizens of the Hanseatic Republics."

Em 15 de fevereiro comunicava o ministro dos Países Baixos, Falck, que o seu soberano nomeava o cônsul-geral Brender a Brandis Encarregado de Negócios interino, e ajuntava: "Je suis convaincu que votre auguste cour verra dans cette mesure une preuve non équivoque de notre empressement à établir entre les deux pays des relations, qui ne peuvent manquer de devenir réciproquement avantageuses, et comme une marque ultérieure de ses sentiments personnels de haute estime et d'amitié pour Sa Majesté Impériale, le Roi mon Maître, Lui fera présenter par M. Brender les insignes de Grand-Croix de l'ordre du Lion Belgique."

A resposta do conde de Munster, representante do rei do Hanover, em 18 de fevereiro de 1826, insere o seguinte período: "Les sentiments d'amitié que Sa Majesté a voués à Sa Majesté Brésilienne ne sauraient laisser de doute sur le plaisir avec lequel Elle s'empresse à reconnaître, en sa qualité de Roi de Hanovre, l'indépendance du Brésil et le Titre Impérial pris par Son Auguste Souverain et à manifester en même temps la satisfaction avec laquelle Sa Majesté culti-

---

[73] A colônia de Nova Friburgo, sobre cujo malogro encontra-se um interessante capítulo na Viagem de Mathison, atrás citada.

vera les rapports d'amitié réciproque entre ses états héréditaires en Allemagne[74] et l'empire du Brésil."

Maltzahn, ministro da Prússia, respondia em 6 de março de 1826: "Le Roi, mon auguste Maître, a vu avec plaisir par la note que Votre Excellence m'a fait l'honneur de m'adresser le 16 janvier dernier et que je me suis empressé de transmettre à Berlin, que Sa Majesté l'Empereur du Brésil est animé du désir de cultiver son amitié. Sa Majesté n'attendait que ce témoignage des dispositions amicales de Sa Majesté l'Empereur pour y répondre de son côté avec empressement et il Lui sera très agréable d'entretenir avec Votre Auguste Maître les relations d'amitié qui ont si heureusement subsisté entre Elle et l'ancien Souverain du Brésil."

As respostas dos outros governos eram concebidas em termos análogos, repassados de benevolência.

---

[74] O rei do Hanover era o próprio Jorge IV da Inglaterra.

X

O prematuro desaparecimento de Canning, em agosto de 1827, poupou-lhe amargas decepções, porque, das nações latino-americanas por ele introduzidas na vida política, nenhuma, com exceção do Brasil, se mostrou imediatamente digna da honra que lhes fora dispensada. Nem comercialmente a América Latina, e aí não se excetua o Brasil, tornou-se o fertilíssimo campo de atividade, exploração e lucro que Canning devaneava, de harmonia com a maioria dos seus compatriotas. Também às novas nações foi muito sensível a falta de Canning, porque nele perderam um conselheiro interessado, zeloso e seguro, que lhes não furtaria animação, assim como lhes não regatearia admoestações, segundo pode depreender-se do seguinte período de uma carta sua a Granville:[75] "Rejubilou-me erguer esses povos à condição de estados, mas não os deixarei imaginarem-se muita coisa (*fancy themselves too fine fellows*), como certamente aconteceria se não fossem tratados do alto quando o merecem (*as they would be apt to do if not snubbed when they deserve it*)".

Não foi menos sensível a sua falta à Grã-Bretanha, cuja evolução no sentido democrático, poderosa ainda que indiretamente orientada nesse sentido pelo espírito aberto e progressivo de Canning, não pôde ficar suspensa pelos esforços do duque de Wellington e dos *high tories,* durante o curto ministério que serviu de transição para o gabinete reformista de lord Grey. Canning, se tivesse vivido, teria precedido Gladstone na sua famosa passagem do campo conservador para o campo liberal: teria certamente sido o organizador da nova Inglaterra, criada pela Reforma de 1832. Um escritor do valor de sir George Lewis, o autor do clássico livro sobre as administrações inglesas de 1783 a 1830, e inteligência cuja sagaz observação é realçada por um profundo conhecimento dos fatos de que se ocupa, não vacila em afirmar que nenhum estadista britânico dos

<aside>Falecimento de Canning. Sua individualidade.</aside>

---

[75] 11 de outubro de 1825.

tempos modernos deixou no continente da Europa um nome tão identificado com uma política larga e generosa.

Canning foi nada menos do que o agente dissolvente da Santa Aliança dos reis contra os povos, ou melhor, o enérgico reagente que produziu o precipitado de coroas absolutas, depositadas para sempre como sedimento no líquido purificado da corrente popular. A Independência do Novo Mundo latino-americano, ele a consumou contra a oposição da Europa Continental, ainda mais adversa, se possível, ao engrandecimento comercial e moral da Grã-Bretanha do que ao alastramento das ideias republicanas. E para pôr um remate adequado a tão nobre vida, contribuiu mais do que ninguém, mais mesmo do que os czares russos, empenhados de corpo e alma na absorção da Turquia, para a final libertação da Grécia, a parte das artes e da filosofia, a sua pátria intelectual, porque ele foi um apaixonado da Forma, ou da expressão real, e um cultor das Ideias, ou do fundamento abstrato. O seu estilo plástico — vibrante de ironia e de afeição nas cartas íntimas, túmido de originalidade e de força prática nos papéis oficiais, direto, incisivo e ao mesmo tempo cheio de dignidade nas orações parlamentares — era a expressão de uma intelectualidade facetada e luminosa como um diamante. De qualquer lado que a encaremos, para qualquer lado que a voltemos, ela sempre esparge luz e chama a nossa vista.

Canning, falecido aos 57 anos e tendo tido que dominar condições e circunstâncias contrárias, não pôde chegar ao zênite da sua influência política, mas a sua atração tanto sobre as massas como sobre a classe diretora, e naquele momento ainda quase exclusivamente diretora, foi, não obstante os dissidentes amigos da reação, verdadeiramente magnética. O *Times,* o jornal que neste século melhor tem traduzido a média do pensamento inglês, e cuja independência de linguagem foi sempre tão completa que, no dia imediato ao da morte de Jorge IV, pronunciou com absoluta franqueza no seu editorial que "nunca existira um indivíduo menos lamentado pelos homens do que o defunto rei", escrevia em 7 de agosto de 1827, quando Canning agonizava em Chiswick, que nunca a solicitude na Inglaterra fora mais intensa ou universal pela vida de um homem público. Esta homenagem da opinião é tão espontânea e foi tão singelamente manifestada, que nenhum outro elogio a poderia encarecer.

APÊNDICE

DOCUMENTO Nº 1

INSTRUÇÕES PARA SERVIREM DE REGULAMENTO AO SR. MANOEL RODRIGUES GAMEIRO PESSOA NA MISSÃO COM QUE PARTE PARA A CORTE DE LONDRES DE ENCARREGADO DE NEGÓCIOS DO IMPÉRIO DO BRASIL.

Tendo S.M. O Imperador Resolvido que Vmce. passasse a residir junto de S.M. britânica no mesmo caráter de Encarregado de Negócios deste Império em que se achava na Corte de França, por se fazer indispensável em Londres uma pessoa de provada capacidade acreditada por este governo, para que não houvesse interrupção no desempenho das funções políticas e comerciais a cargo do marechal Felisberto Caldeira Brant que antecedentemente as exercia; e servisse de órgão imediato dos sentimentos constantes de S.M. O Imperador para firmar em bases sólidas e decorosas os verdadeiros interesses de ambas as nações, das quais é sem dúvida o principal o reconhecimento da independência deste império, como tudo já foi a Vmce. participado nos meus antecedentes ofícios, cumpre agora remeter a sua credencial, e aquelas instruções mais essenciais que o governo de S.M.I. confia da sua desteridade e inteligência.

2º

Não cessando o cônsul-geral de S.M. Britânica nesta corte de representar sobre a detenção do Brigue Beaver em 12 de Janeiro p.p. bem como a admissão no serviço deste império do tenente britânico Taylor, qualificado como desertor da marinha da sua nação, e não parecendo suficientes as explicações que este ministério tem dado de ambos aqueles procedimentos, visto ter insistido o sobredito cônsul como a Vmce. tem sido constante pelo meu despacho número 17 de 26 de Novembro último; Deseja S.M. O Imperador que para não sofrer a menor dúvida a realidade de seus sentimentos em querer condescender com S.M.B. e inteirá-lo de sua franqueza e amizade, Vmce. se apresente imediatamente a esse governo como autorizado para ir tratar expressamente deste assunto, e depois de fazer uso de todas as razões produzidas na minha correspondência oficial com o cônsul britânico, tendentes a demonstrar que o governo brasileiro não teve premeditação a desagradar essa corte, que mui pelo contrário tem o maior sentimento pelas consequências que parecem nascer daqueles dois fatos, Vmce. fará ver que tem ordem de os desaprovar solenemente em nome e da parte de S.M.I., que os considera como um ato de inconsideração do passado ministério; dando Vmce. esta satisfação anunciará que S.M.I. em última prova da veracidade das protestações feitas e do seu ardor em manter a melhor harmonia com o governo britânico, estará pronto a demitir o tenente taylor; mas Vmce. empregará todo o seu zelo em ponderar a extensão do sacrifício que. S.M.I. fará em demitir e entregar um oficial que tão bom serviço tem prestado ao império, e que procura expiar a sua primeira falta redobrando de atividade e zelo no serviço de uma nação tão estreitamente ligada em interesses e afeições à sua própria nação. Exporá pois que nestas circunstâncias e na convicção de que S.M.B. não tem em vista levar este caso a um ponto só próprio de dois governos que acintemente desejassem romper publicamente os meios conciliatórios, Espera o Imperador que S.M.B. generosamente o desembarace da penosa alternativa em que se acha. O meu citado Despacho nº. 17 e as inclusas cópias da Correspondência que tem tido lugar sobre o Tenente Taylor, e Brigue Beaver, servirão ao seu zelo de subsídio para se regular em tão melindrosa como importante matéria.

3º

Dado este passo que muito se lhe recomenda será logo o seu primeiro cuidado procurar ser admitido publicamente como Encarregado de Negócios quando não assente que deva primeiramente instar pelo seu recebimento público nessa qualidade, antes de desempenhar a comissão acima, com o fundamento de que será mais solene, e por isso mais ampla e formal a satisfação por Vmce. dada como agente público e diplomático. Também se valerá para o fim de ser reconhecido diplomaticamente do exemplo da França que acaba de nomear um Encarregado de Negócios para residir junto de S.M.I., não se esquecendo outrossim de observar que consentindo o mesmo Augusto Senhor que o cônsul Chamberlain tenha funções diplomáticas nesta corte, só para que não sofram as relações de ambos os países, parecia de justa e decorosa reciprocidade que na corte de Londres não continuasse a repugnância de receber e reconhecer os Enviados do Brasil, até mesmo porque este recebimento era o preparatório de negociações da maior importância para a própria Inglaterra.

4º

Trabalhará imediatamente em promover o reconhecimento autêntico e formal da independência, integridade, e dinastia do Império do Brasil, para o qual esse governo já se acha disposto, dando Vmce. a entender quando julgar preciso que S.M.I. tem na Europa pessoas da sua confiança com todos os poderes necessários para tratar deste assunto com a potência ou potências que melhor apreço derem aos desejos do Brasil, contudo Vmce. não nomeará essas pessoas, mas participará oportunamente a estas as intenções do governo britânico, a quem por esta ocasião insinuará o quanto seria prejudicial à Inglaterra que outra qualquer potência fosse a primeira a tratar com o império do Brasil, e tivesse a prioridade do reconhecimento.

5º

Os plenipotenciários referidos no artigo antecedente são Vmce. e o marechal Felisberto Caldeira, que partirá brevemente desta corte levando os precisos poderes para ambos; e tanto com ele como com o Encarregado de Negócios em Paris terá uma correspondência efetiva, comunicando e recebendo todas as notícias que concorrerem ao bom desempenho de suas comissões.

6º

Para conseguir o desejado reconhecimento exporá com energia e firmeza os motivos que teve o Brasil. — 1º Para ressentir-se da retirada d'El rei fidelíssimo o snr. D. João VI. — 2º Conservar em seu seio o seu Augusto primogênito. — 3º Recusar o jugo tirânico que as cortes demagógicas de Lisboa preparavam à sua boa-fé. — 4º Aclamar por seu defensor perpétuo ao mesmo Augusto Príncipe. — 5º Separar-se enfim de uma metrópole a que não podia mais permanecer unido senão nominalmente, quando a política, os interesses nacionais, o ressentimento progressivo do povo, e até a própria natureza tornavam de fato o Brasil independente. — 6º O aclamar conseguintemente ao herdeiro da monarquia de quem fazia parte, conciliando os princípios da legitimidade com os da salvação do estado, e interesses públicos. — 7º Conferindo o título de imperador, por certa delicadeza com Portugal; por ser conforme às ideias dos brasileiros; pela extensão territorial; e finalmente para anexar ao Brasil a categoria que lhe deverá competir no futuro na lista das outras potências do continente americano.

Mostrará seguidamente em resposta aos receios que se suscitarem sobre a consolidação do império que esta mesma marcha gradativa, e aparentemente contraditória com que o Brasil tem chegado ao seu atual estado, é uma prova da prudência que o tem guiado a tão importante resultado, e demonstra evidentemente quanto deve ser aplaudida sua resolução, pois que esgotou todos os recursos para conservar a união com Portugal, e conheceu por experiência todos os inconvenientes das diversas situações por que passara.

Fará ver que nada poderá jamais mudar o sentimento destes povos em sustentar a sua independência e o seu imperador e defensor perpétuo, que por sua parte tem igualmente refletido com madureza sobre os interesses da nação que rege e defende; e jamais retrogradará um só passo da categoria a que está elevado; sendo por isso só calculada a espalhar o azedume e desconfiança toda e qualquer repugnância da parte das outras nações em reconhecer como legítimo um governo fundado na justiça, e na vontade de quatro milhões de habitantes. Insistirá nos esforços que S.M.I. tem feito para sufocar algumas facções dispersas que a efervescência do século tem animado contra os princípios monárquicos; facções estas que poderão porém ganhar forças, ou ao menos mais diuturnidade, se as potências da Europa continuando a não coadjuvarem materialmente a S.M.I., levarem a sua indiferença ao ponto de nem sequer prestarem a mera formalidade do reconhecimento do império; abandonando assim o imperador a seus próprios recursos, quando tanto interesse têm as ditas potências em que se mantenha a realeza na América.

7º

Além das razões acima expostas, dos exemplos de Columbia e outros pequenos estados que já têm sido reconhecidos independentes, e dos princípios de direito público a que pôde também recorrer, pois o Brasil tem sempre sido coerente com eles, insinuará destramente que os próprios interesses da Inglaterra pedem este reconhecimento pois não seria estranho que o governo brasileiro tratasse exclusivamente com outra potência a este respeito, estipulando-se condições que pudessem afetar os interesses comerciais da Grã-Bretanha neste vasto Império, e poderá por esta ocasião fazer ver que a Prússia mesmo já fez a iniciativa de um tratado a que por ora S.M.I. não julgou necessário responder.

8º

Sendo talvez a amizade existente entre a Inglaterra e o governo de portugal um aparente obstáculo ao reconhecimento por aquela potência do império do Brasil; cumpre que Vmce. mostre. — 1º que a independência deste império não foi efeito do sistema constitucional que regeu Portugal, para que cessado esse sistema tornasse por sua parte o Brasil ao primitivo estado; pois as cortes lisbonenses não fizeram mais que acelerar, por suas injustiças, uma independência que já de muito estes povos desejavam, e era consequente do estado de virilidade a que haviam chegado. — 2º Que S.M. fidelíssima é assaz ilustrado para reconhecer que foi chegada a época em que o Brasil, única colônia do novo mundo que estava por constituir-se, havia de entrar na lista das outras Nações, muitas das quais não têm a mesma grandeza territorial, a mesma população e os mesmos recursos. — 3º Que S.M. fidelíssima abandonando o Brasil, ou preferindo-lhe a outra parte da monarquia, a que então estava unido, em uma época tal, como que o tinha deixado árbitro da sua sorte, e dos melhores meios de firmar a sua grandeza e segurança. — 4º Que tendo estes povos aclamado o seu filho primogênito, quando era inevitável o rompimento com Portugal, mostraram-lhe nesta crise o quanto respeitavam a Casa de Bragança. — 5º Que sabendo S.M.F. não ser nova na história das nações a divisão destas em ramos de uma mesma dinastia; e estando finalmente o Imperador pronto a tratar com seu Augusto Pai, debaixo da base do reconhecimento da independência, de tudo quanto ainda puder ser vantajoso a ambas as nações, só resta a S.M.F. tirar partido de tão boas disposições, e por si ou por intervenção de alguma outra potência, aproveitar do Brasil o que ainda for possível.

9º

Fará sentir a esse governo que de algum modo conciliaria a sua delicadeza com os seus verdadeiros interesses servindo de mediador para que Portugal reconheça a independência, integridade, e dinastia deste império; mediação que S.M.I. aceitaria de boa vontade, ficando todavia reservadas para deliberação futura as condições que Portugal quisesse propor.

10º

Fará toda a vigilância em seguir o fio das intrigas e negociações da corte de Lisboa, e seus agentes, não poupando meio algum de as penetrar, e comunicar oportunamente a esta Secretaria de Estado, com os documentos que lhe forem relativos, sendo possível.

11º

Tudo o mais confia S.M. imperial do seu reconhecido zelo, inteligência e patriotismo, esperando que continuará a proceder com o maior ardor pelos interesses nacionais.
Palácio do Rio de Janeiro, 24 de novembro de 1823.
Luiz Jº. de Carvalho e Mello

DOCUMENTO Nº 2

Illmo. e Exmo. Snr.

Nós, abaixo-assinados, temos a honra de nos dirigir a V. Ex. para lhe notificarmos, que estamos munidos de plenos poderes de S.M. o imperador do Brasil para conferir, e tratar nesta corte com o plenipotenciário ou plenipotenciários que S.M. fidelíssima se dignar nomear a fim de pôr termo à discórdia existente entre os respectivos governos, e pela maneira que for mais decorosa a ambos os estados.

É tão honrosa e tão benéfica a nossa missão que ficamos persuadidos de que V. Ex. terá o maior prazer em levá-la ao conhecimento de S.M. fidelíssima, e de nos participar a resolução do mesmo Augusto senhor sobre um objeto que interessa tanto seu paternal coração. Resta-nos pedir a V. Ex. que haja de aceitar os mui sinceros protestos da nossa alta consideração. Deus guarde a V. Ex.

Londres, em 20 de abril de 1824
Ilmo e Exmo Snr. Marquês de Palmella
Felisberto Caldeira Brant,
Manoel Rodrigues Gameiro Pessoa

DOCUMENTO Nº 3

cópia da resposta do marquês de Palmella

O abaixo-assinado recebeu o Ofício que os Ilmos. Snres. Felisberto Caldeira Brant e Manoel Rodrigues Gameiro Pessoa lhe dirigiram na data de 20 de abril próximo passado, e tendo-o levado, como lhe cumpria, a real presença de sua majestade, imediatamente recebeu ordem do mesmo Augusto Senhor para transmitir ao Conde de Vila Real, seu enviado extraordinário e ministro plenipotenciário na corte de Londres, os poderes necessários, a fim de ouvir, e discutir as proposições que lhe forem dirigidas tendentes a pôr termo à discórdia que desgraçadamente existe entre os reinos de Portugal, e do Brasil; achando-se o mesmo conde eventualmente autorizado a concluir qualquer ajuste que possa conciliar os verdadeiros interesses, e o decoro de ambas as partes.

Sua majestade fidelíssima não tem cessado de dar provas dos sinceros desejos, que o animam de apagar tão fatais dissensões, e de restabelecer a boa harmonia entre dois países, cujos habitantes são

Irmãos e se acham mutuamente ligados por tantos, e tão estreitos vínculos; é de supor que estes benéficos desejos sejam plenamente correspondidos, e que sejam comprovados com fatos, como o têm sido os de S.M. fidelíssima: o abaixo-assinado concebe essa esperança lisonjeira, e não pode deixar de tirar uma indução favorável da acertada escolha que S. A. real o príncipe D. Pedro fez das pessoas a quem confiou o manejo de tão importantes interesses. O abaixo-assinado pede a suas senhorias queiram aceitar os protestos de sua alta consideração. Lisboa, 21 de maio de 1824
MARQUÊS DE PALMESLA

DOCUMENTOS N°s 4 a 7

NÉGOCIATION ENTRE LE PORTUGAL ET LE BRÉSIL.[76]

Nº 4

Première Conférence.

Présens : M. le Comte de VILA REAL, M. le Général BRANDT, M. le Chevalier GAMEIRO, M. le Chevalier de NEWMANN, M. CANNING.

M. le Plénipotentiaire de Portugal, et MM. les Plénipotentiaires du Brézil, ayant demande les bons offices des Gouvernements Britannique et Autrichien, à l'effet d'opérer une Réconciliation entre le Portugal et le Brézil, et s'étant réunis à cet effet, en présence de M. Canning, Secrétaire d'État de S.M. Britannique pour les Affaires Étrangères, et de M. le Chevalier de Newmann, Chargé d'affaires de S.M.I.R. et Apostolique auprès de la Cour de Londres, M. de Villa Réal, et MM. les P.P. du Brézil, ont exhibé à la Conférence leurs Pleins Pouvoirs respectifs, et, après les avoir lu, M. de Villa Réal a observé que puisqu'il n'était pas nécessaire, pour le moment, d'échanger ces instruments, il se contentait de protester verbalement contre les Titres du Prince, au nom duquel les Pleins Pouvoirs de MM. les Plénipotentiaires Bréziliens avaient été délivrés.

---

[76] A ortografia francesa é textualmente a dos protocolos elaborados e copiados no Foreign Office.

M. de Villa Réal a ensuite demandé aux P.P. Bréziliens, de vouloir bien lui expliquer quelles étaient les propositions qu'ils avaient à faire au Portugal.

MM. les Plénipotentiaires Bréziliens ont répondu, qu'ils demandaient du Portugal, la Reconnaissance de l'Indépendance du Brézil, et de la Catégorie Politique.

A quoi M. de Villa Réal a observé qu'avant toute autre discussion il y avait trois points sur lesquels il désirait avoir des explications et des assurances: savoir, si MM. les P.P. Bréziliens pouvaient promettre:

1º La cessation des hostilités de la part du Brézil contre le Portugal;

2º Le rétablissement des relations de commerce entre les deux pays;

3º La restitution des propriétés et vaisseaux portugais saisis par les Bréziliens, ou une indemnité équivalente.

MM. les P.P. Bréziliens ont répondu, qu'ils n'étaient pas autorisés à donner ces promesses; mais qu'ils pouvaient assurer, que de fait les hostilités avaient été suspendues de la part du Brézil, depuis le mois de Novembre dernier; qu'ils avaient déjà écrit pour presser la continuation de cette suspension; et que la négociation étant à présent ouverte, ils écriraient sans perte de temps à leur Gouvernement sur les deux autres points.

MM. les P.P. du Brézil ont de leur côté demandé des explications sur l'expédition qu'on préparait dans les ports du Portugal contre le Brésil: sur quoi M. de Villa Real a répondu, que cette expédition ne mettrait à la voile que dans le cas du renouvellement des hostilités de la part du Brézil, ou de la rupture de la présente négociation; et que de sa part il était disposé à continuer la négociation, dans l'espérance que les trois points susmentionnés seraient admis de la part du Brézil, aussitôt que les communications des P.P. Breziliens y seront parvenues.

Sur quoi la séance a été levée.

N.º 5

Seconde Conférence Brézilienne, le 19 juillet.

Présens: MM. le Comte de Villa Real, Général Brandt, M. le Chevalier Gameiro, le Prince Esterhazy, M. Canning, M. le Chevalier de Newmann.

Le Protocole de la dernière séance a été lu et approuvé.

MM. les P.P.B.B. déclarent qu'ils ont écrit à leur Cour par la Malle du 14 sur les trois points que M. le comte de Villa Real a suggérés dans la dernière conférence, demandant une prompte réponse et surtout qu'elle soit précédée d'un acte publique concernant la suspension des hostilités; et comme ils pouvaient assurer que tout cela serait accordé immédiatement si l'Indépendance du Brézil était reconnue, ils prient M. le comte de Villa Real de leur déclarer s'il est autorisé de reconnaître l'Indépendance et les nouveaux titres du Brézil.

M. de Villa Real a répondu qu'il envisageait les trois points susdits comme préliminaires à toute négociation, que cependant il n'avait pas voulu arrêter la marche de celle-ci, dans l'espoir que ces trois points seraient accordés; et qu'il était par conséquent prêt à continuer cette négociation pourvu qu'on n'exige pas comme condition préalable la reconnaissance de l'Indépendance: S.M.T.F. dans la supposition que cette demande préalable ne serait pas faite ayant consenti à ne pas mettre en avant son droit incontestable de souveraineté sur le Brézil.

Sur cela M. Canning a proposé, pour faciliter la marche de la négociation, de rédiger son projet de réconciliation, pour être ensuite pris en considération par les deux parties. Cette idée a été agréé par les P.P. B.B. et M. le comte de Villa Real a déclaré que faute d'autorisation pour la discuter, il s'empresserait de transmettre un tel projet à son Gouvernement.

MM. les P.P.B.B. ont demandé la restitution des prisonniers Bréziliens qui se trouvent actuellement en Portugal; et ont déclaré que si M. le comte de Villa Real pouvait consentir à leurs demandes, qu'ils enverraient de suite des bâtimens en Portugal pour amener ces prisonniers au Brézil.

M. le Comte de Villa Real a répondu qu'il n'avait pas de pouvoirs suffisants pour accorder cette demande, mais qu'il la transmettrait sans délai à sa Cour.

Sur quoi etc. etc.

N.º 6

PROTOCOLE
Conférence Brézilienne, le 9 Août 1824.

Présens: M. le Comte de Villa Real, M. le Général Brandt, M. le Chevalier de Gameiro, M. Canning, le prince Esterhazy, M. le Chevalier de Newmann.

Le Protocole de la dernière Conférence a été lu et approuvé.

M. de Villa Real a annoncé qu'il avait écrit à Sa Cour à l'égard des sujets Bréziliens détenus en Portugal, et a déclaré que son Gouvernement avait relâché et ordonné la restitution du Vaisseau Brézilien nommé *Jervis*; il a demandé ensuite à Messieurs les Plénipotentiaires Bréziliens s'ils avaient déjà reçu l'autorisation de faire une déclaration sur les trois points mentionnés dans le Protocole de la première séance.

MM. les Plénipotentiaires Bréziliens ont répondu, qu'à l'égard de la première question, c'est-à-dire celle relative aux hostilités, ils avaient déjà reçu des assurances positives de leur Gouvernement qu'aucune tentative ne serait faite de la part du Brézil contre les Colonies Portugaises — que sur les deux autres questions ils n'avaient encore aucune explication à donner; — mais qu'ils référaient M. le Plénipotentiaire Portugais à M. Canning pour les réponses que le Gouvernement Britannique pourrait avoir reçu sur ces objets du Gouvernement Brézilien.

MM. les Plénipotentiaires du Brézil ont demandé l'insertion au Protocole de la Déclaration suivante: qu'ils continueraient la négociation dans l'espoir qu'Elle terminerait par la reconnaissance de l'Indépendance du Brézil.

M. le Plénipotentiaire de Portugal a déclaré qu'il ne pouvait rien promettre qui invaliderait les droits de Souveraineté de Sa Majesté Très Fidèle, mais que l'objet de cette négociation étant une Réconciliation entre le Portugal et le Brézil, il la continuerait d'après les Principes énoncés par Lui dans les Protocoles précédents.

M. Canning a présénté à la conférence un Projet de Réconciliation qu'il avait préparé d'après l'offre qu'il en avait fait, à la conférence précédente.

M. Canning en a donné copies à MM. les Plénipotentiaires de Portugal, du Brézil et de l'Autriche; mais ce Projet ayant été rédigé seulement comme moyen de faciliter une Réconciliation, il a été convenu de ne pas le mettre au Protocole.

M. Canning a ajouté qu'il ne se tenait pas du tout ni à la forme ni à la substance de ce projet, que peut-être en le prenant en plus mûre considération, il y ferait des changements lui-même, et qu'il invitait MM. les Plénipotentiaires de lui faire le plus franchement possible, leurs observations là-dessus.

N° 7

Conférence Brézilienne les 11 *et* 12 *Août* 1824.
Présens: M. Canning, M. le P. Esterhazy, M. de Newmann, M. le Comte de Villa Real, M. le Général Brandt, M. le Chevalier Gameiro.
    Le Protocole de la dernière séance a été lu et approuvé.

M. le Plénipotentiaire du Portugal a annoncé que s'étant adressé à S.E.M. Canning en suite de ce qui a été déclaré par MM. les P.P.B.B. dans la dernière Conférence, a appris avec peine que le Gouvernement Brézilien n'a point accédé aux représentations qui lui ont été adressées par M. Chamberlain d'après l'ordre du Gouvernement Britannique, au sujet des trois points que le Gouvernement Portugais a toujours annoncés comme devant être applanis, et devoir servir de préliminaires à toute négotiation. Le Gouvernement du Brézil n'a pas même indiqué la plus légère intention de vouloir accéder à ces trois points, pas même celle de faire cesser les hostilités, mais il a simplement référé le Gouvernement Britannique aux instructions qu'il enverrait à MM. les P.P.B.B.

Le P. Portugais ayant pris sur lui l'immense responsabilité de ne pas insister sur l'admission de ces trois points par MM. les P.P.B.B. dans l'espoir qu'ils seraient accordés, ne peut plus aujourd'hui entretenir cet espoir contre les faits qui ressortent des dernières informations qui sont arrivées de Rio de Janeiro, et des déclarations peu satisfaisantes qui ont été faites par MM. les P.P.B.B. dans la dernière Conférence. Il se voit donc forcé à regret d'attendre de nouvelles instructions de Sa Cour, devant porter à sa connaissance que les représentations qui ont été adressées au Gouvernement de Rio de Janeiro n'ont point été agréées par Lui; quoiqu'elles soient de toute justice, et qu'elles aient été considérées ainsi, non seulement par le Cabinet de Londres, mais aussi par celui de Vienne qui les a fait appuyer auprès du Gouvernement de Rio de Janeiro.

MM. les P.P.B.B. ont dit qu'ils n'ont pas répondu à la première demande de M. le P. Port., parce qu'ils étaient chargés de le faire à S.E.M. Canning; la demande primitive ayant été faite au Gouvernement Brézilien par le Consul Général de S.M. Britannique. Qu'aujourd'hui ils pouvaient assurer M. le P. Port., que le Gouvernement Brézilien avait prévenu les désirs des Cours de Londres et d'Autriche, et avait pris la résolution de cesser les hostilités, de discontinuer les séquestres, et de faciliter les relations de commerce entre le Portugal et le Brésil, avec le ménagement qu'il doit avoir pour l'opinion publique, si fortement prononcée contre toute correspondance avec le Portugal, avant la Reconnaissance formelle de l'Indépendance du Brézil. Que ces ménagements sont si nécessaires au maintien de la Royauté dans le nouveau monde, que le Gouvernement Brézilien croit qu'ils seront approuvés par les Cours d'Autriche, et de Londres, ainsi que par le Portugal lui-même.

M. le P. Port. a répondu que les assurances de MM. les P.P.B.B. ne reposant pas sur des faits, mais sur des considérations morales, il ne pouvait que les porter à la connaissance de sa Cour, et attendre les instructions.

Il répétait en même temps qu'il ne pouvait espérer que les représentations de MM. les P.P.B.B. auraient plus d'effet que celles qui ont déjà été faites par les puissantes interventions de l'Autriche et de l'Angleterre.

MM. les P.P.B.B. ont répondu que la demande des deux Cours était faite dans une époque où les négociations n'étaient pas encore ouvertes entre le Brézil et le Portugal. La demande de M. le P. du Portugal ayant été présentée par suite de l'ouverture des négociations, MM. les P.P.B.B. espéraient que cette démarche serait agréée, et que le résultat en serait tout à fait satisfaisant.

MM. les P.P.B.B. en se référant à l'invitation contenue dans le Protocole précédent — de faire leurs observations sur le Projet présenté par M. Canning comme moyen de Réconciliation, ont dit, qu'ils adoptent comme le leur ce Projet de Réconciliation, en se réservant le droit de le discuter avec M. le P. Portugais, et de le signer sous *spe rati;* et qu'ils invitent M. le P. Portugais de le transmettre à sa Cour.

Le P. Portugais a observé que d'après la déclaration qui est consignée dans ce Protocole, et dans les précédents, il n'est pas autorisé à accepter, ni à transmettre un Projet de Réconciliation entre le Portugal et le Brésil, qui porte atteinte aux droits légitimes de S.M. T. F. sur le Brésil; mais que MM. les P.P.B.B. ayant accepté ce projet comme le leur, il ne peut s'opposer, vu le délai qui en résulterait pour la négociation, à ce qu'il soit transmis par un intermédiaire au Gouvernement de S.M.T.F., auquel il rendra compte de ce qui s'est passé à cet égard, afin de recevoir de sa Cour des ordres ultérieurs.

MM. les P.P.B.B. ont ensuite prié MM. les P.P. d'Autriche, et M. Canning de vouloir bien transmettre le projet au Gouvernement Portugais, avec l'invitation à ce Gouvernement d'autoriser le plus tôt possible son Plénipotentiaire à Londres à discuter le susdit Projet.

M. Canning a répondu qu'il se prêterait volontiers au désir exprimé par MM. les P.P.B.B., et qu'il transmettrait le Projet à la Cour de Lisbonne ou conjointement avec les P.P. d'Autriche, ou seul, si ces Messieurs ne se trouvaient pas autorisés à prendre part à cette transmission.

MM. les P.P. d'Autriche ont déclaré que jusqu'à présent ils s'étaient abstenus de délivrer officiellement aucune opinion depuis l'ouverture de cette négociation, le désir principal de leur Gouvernement ayant été que l'objet important qui avait réuni MM. les P.P. Portugais et Brésiliens, fût principalement considéré par eux comme une affaire de famille, à régler de gré à gré, chacune des parties étant le meilleur juge de son intérêt, et des sacrifices que l'une ou l'autre croira devoir faire à la force des circonstances. Le Gouvernement Autrichien a toujours agi avec le sentiment de la plus parfaite impartialité, en donnant sous une forme amicale et confidentielle, tant au Rio de Janeiro qu'à Lisbonne, les conseils qu'il croyait pouvoir être dans l'intérêt d'un chacun, à l'effet d'opérer une Réconciliation si désirable pour les deux pays. Le Gouvernement Autrichien eût préféré que MM. les P.P.B.B. et P. eussent pu s'entendre à l'amiable, et procéder dans cette négociation sans avoir besoin de recourir constamment aux puissances dont ils ont demandé les bons offices.

Mais depuis que cette négociation a acquis un caractère plus officiel qu'elle ne semblait devoir obtenir au premier abord, les P.P.A.A. par le même sentiment d'impartialité qui a guidé leur Gouvernement dans toute cette affaire, croiraient en dévier, s'ils ne déclaraient pas ici que, tout en sentant la necéssité d'un arrangement qui mette fin aux malheureux différents qui existent entre le Portugal et le Brésil, ils n'entendent pas par là rien énoncer qui puisse préjuger ou porter atteinte aux droits du Roi de Portugal — et c'est donc à S.M.T.F. de juger elle-même des meilleurs moyens qui pourraient terminer ces différents.

En conséquence de, la présente déclaration, et pour répondre à la demande qui vient de leur être adressée par MM. les P.P.B.B., ils ne se croient pas autorisés à prendre part à la transmission au Gouvernement Portugais du Projet de Réconciliation mentionné dans le présent Protocole; — projet qui, d'ailleurs sera, sans leur entremise, porté à la connaissance de ce Gouvernement par le P. Britannique.

M. Canning a ajouté, qu'il se chargeait, en conséquence, à lui seul, de transmettre ce Projet, — et qu'il attendrait les réponses qu'il pourrait recevoir du Portugal, pour inviter ces Messieurs à une nouvelle conférence; — mais MM. les P.P. sont tous généralement convenus que dans l'intervalle le manque d'une réunion formelle n'empêcherait pas MM. les P.P. Portugais et B.B. de s'entendre et de se fournir réciproquement des explications propres à faciliter un arrangement final et satisfaisant.

Sur quoi etc etc.

DOCUMENTO Nº 8

PROJETO DE UM TRATADO PRELIMINAR ENTRE PORTUGAL
E O BRASIL

PROJETO DE TRATADO

Portugal	Brasil
Artigo 1º	
O reino de Portugal e o império do Brasil com os limites, que tinham em abril de 1821 são, e ficam sendo para sempre duas Monarquias independentes, soberanas e separadas, nas pessoas dos monarcas atuais e seus sucessores.	Observações (de Brant e Gameiro). A separação, e independência da coroa do Brasil está tão formal, e expressamente enunciada neste artigo, quanto se pode desejar.
Artigo 2º	
S.M. fidelíssima em consequência desta separação das duas coroas renuncia por si, seus herdeiros, e sucessores a todos os direitos e pretensões de governo, e propriedade territorial sobre o Brasil. E querendo que esta renúncia seja a mais plena, formal e completa, que ser possa, deixará de ora em diante de mencionar o Brasil entre os títulos da coroa de Portugal.	A renúncia que se contém na 1ª parte deste artigo está redigida nos próprios termos das nossas instruções, e a eliminação do Brasil dentre os títulos da Coroa de Portugal foi-nos sugerida pelo nosso zelo, e é consequente, e regular.

Artigo 3º

S.M. Fidelíssima em virtude desta renúncia, reconhece a seu Augusto filho o sñr. dom Pedro, seus herdeiros e sucessores por imperador do Brasil, e trata com ele nesta qualidade.

Eis expresso o reconhecimento da nova categoria política do Brasil e do título de imperador.

Artigo 4º

S.M. O imperador do Brasil se obriga a restituir no estado em que se achar, toda a propriedade pertencente aos súditos da coroa de Portugal, que tenha sido sequestrada no Brasil, bem como os navios portugueses com as suas respectivas cargas, que tenham sido apresadas pelas forças navais do Império, e no caso de se ter vendido alguma destas presas, restituir-se-á o preço de tais vendas aos seus respectivos donos.

A Inglaterra e Áustria consideram esta restituição como um ato de rigorosa justiça pela razão de não ter existido entre o Brasil e Portugal um verdadeiro estado de guerra; mormente desde a época em que S.M. fidelíssima reassumiu a sua antiga autoridade, e mandou suspender as hostilidades em todos os pontos do Brasil ocupados por tropas portuguesas. Tanto para condescendermos com as ditas potências como para impormos a Portugal a obrigação de reparar os danos feitos pelas suas tropas no Brasil, e que importam em muito mais do que o valor de tais presas, propusemos esta restituição, sem a restituição prometida no artigo precedente não teríamos direito a este ato de reciprocidade.

Artigo 5º

S.M. fidelíssima promete igualmente restituir toda a propriedade pertencente aos súditos, e a quaisquer corporações do Brasil, que tenha sido apreendida pelas autoridades portuguesas, e nomeadamente as alfaias e valores que se acham em Portugal, e foram trazidas pelo comandante das tropas portuguesas, e mais pessoas que evacuaram a cidade de Bahia em 2 de julho de 1823.

Artigo 6º

S.M. fidelíssima promete outrossim indenizar a todos os súditos da coroa do Brasil a quem as tropas portuguesas tenham causado perdas, e danos, sem que as operações militares o exigissem. O reconhecimento, e liquidação de tais perdas serão cometidos a uma comissão mista, que se instituirá na cidade do Rio de Janeiro, logo depois da troca das retificações do presente Tratado.

Sem a promessa da mencionada restituição não podíamos pretender esta indenização, e muito sofreria o nosso patriotismo se o não pretendêssemos.

Artigo 7º

Haverá desde já a mais sincera amizade e a mais generosa correspondência entre os habitantes de ambos os países. E enquanto por um tratado especial não se regulam as suas relações comerciais pagarão os gêneros do Brasil nas alfândegas de Portugal, e os produtos de cultura e indústria de Portugal nas alfândegas do Brasil, 10% de direitos de entrada, e 2% de direitos de reexportação, devendo os direitos chamados de porto serem os mesmos no Brasil para os navios brasilianos e portugueses e vice-versa em Portugal.

Estando as potências da Europa acordes no princípio de que as metrópoles peninsulares devem gozar de favores especiais nos novos estados americanos, era mister privilegiar o comércio português relativamente ao das outras nações. Todavia o Brasil ganha mais do que Portugal nesta fixação promissória de direitos: porque os seus gêneros, que pagavam outrora uns por outros 30 p.r 0/0 de direitos de entrada em Portugal, pagarão somente 10 p.r 0/0 no intervalo que decorrer até o ajuste de um tratado definitivo de comércio.

Artigo 8º

Não querendo as altas partes contratantes retardar de modo algum as vantagens, que hão de resultar do pronto restabelecimento da boa correspondência entre os dois estados, convém em que fiquem reservados para um subsequente tratado definitivo todos os mais objetos que devam ser ajustados entre ambas as coroas.

Este artigo é em tudo conforme as nossas instruções, que nos mandam mui positivamente dividir a negociação em duas partes: notando-se na primeira a questão do reconhecimento e na segunda o mais que ocorrer entre os dois países.

Artigo 9º

As duas altas partes contratantes convidarão todas as potências amigas a acederem ao presente tratado.

DOCUMENTO Nº 9
PROJETO DE TRATADO

The two parts, European and American of the Portuguese Monarchy, shall be considered as distinct and separate.
Brazil shall be governed by his own Institutions.

The King of Portugal devolves upon His Son Dom Pedro all His Rights in Brazil.	The Emperor of Brazil renounces for Himself His Right of Succession to the Crown of Portugal.

Arrangements shall be made for settling the sucession to the Crown of Portugal, after the demise of the present King, according to the fundamental Principles of the Portuguese Monarchy; with such modifications the Cortes, now about to be assembled at Lisbon, may approve.

It is understood that all hostilities on the part of Brazil against the Territories, Ships, and Subjects of Portugal, have already ceased: and that all seizures of Portuguese Ships and Property, heretofore made, shall be restored or where res- | It is understood that all Brazilian Persons or Property seized or detained in Portugal, shall be forthwith liberated and restored; or where restitution of Property is impossible, that Indemnification shall be made. Brazilian Subjects in Portugal, titution is impossible, that Indemnification shall be made.

Also that Portuguese Subjects in Brazil shall be at liberty either to return to Portugal with all their Property or to reside in Brazil without molestation.

if there be any other than those already mentioned, shall be at liberty to return to Brazil with all their Property or to remain in Portugal without molestation.

Commissioners shall be forthwith named to watch over the execution of the foregoing stipulations relating to Person and Property.

Plenipotentiaries shall also be forthwith named to negotiate a commercial Treaty between the two Countries, in which each Country shall be placed by the other at least on the footing of the most favoured nation.

The Brazilian Government shall engage not only not to undertake any expedition against other Colonies, or Settlements, of Portugal, but not to entertain any Proposition which may be made to them for the alienation from Portugal, or union with Brazil of any of the said Colonies or Settlements.

The Portuguese Government shall engage to evacuate any Port or Place, which it may continue to occupy on that part of the Continent of America, which constitutes the Brazilian Territory.

Mode of execution of the second Article of the Treaty.

Art. 1. — The second article of the present treaty shall be thus executed.

Art. 2. — the King of Portugal voluntarily makes over to His Son Dom Pedro all His Rights in Brazil.

Art. 3. — The Emperor of Brazil declares his willingness to renounce his personal right of succession to the Crown of Portugal.

Art. 4 and secret. — As upon acceptance of the personal renunciation of the Emperor of Brazil Dom Pedro to the Crown of Portugal, the Cortes of Portugal will have to fix upon that one of the children of the Emperor, who shall be called to the succession of that crown at the demise of the present King: it is understood, that the said Cortes may call to that succession the eldest son of the said Emperor of Brazil or the eldest Daughter in failure of male issue.

DOCUMENTO Nº 10

Esboço de um Ato de Reconciliação entre Portugal E O BRASIL

Art. 1.º — As duas partes europeia e americana da monarquia portuguesa terão para o futuro debaixo da soberania do senhor dom João Sexto, e de seus legítimos descendentes, uma Administração respectivamente independente, subsistindo todavia entre elas perpétua união. Cada uma delas poderá ter as suas instituições, e leis apropriadas às suas circunstâncias particulares.

Art. 2.º — A sucessão das duas coroas de Portugal e do Brasil continuará a ser regulada pelas leis fundamentais da monarquia.

Art. 3.º — S.M. fidelíssima assumirá o título de rei de Portugal e dos Algarves, e imperador do Brasil. S. A. Real o príncipe Dom Pedro terá durante a vida de seu Augusto pai o título de imperador regente do Brasil, como associado ao governo daquele império.

Art. 4.º — O soberano residirá para o futuro em Portugal ou no Brasil, segundo as circunstâncias o requererem. Aquele dos dois países em que ele se não achar residindo, será regido pelo Príncipe ou princesa hereditária da coroa, aos quais para o futuro pertencerá só o título de regente.

Art. 5.º — Os tratados políticos serão os mesmos para ambos os Países; mas para cada um deles poderá o soberano concluir diferentes tratados de comércio, adaptados aos seus respectivos interesses.

Art. 6.º — O soberano delegará ao imperador regente ou príncipe regente daquele dos dois países em que não estiver residindo, a faculdade de prover aqueles empregos que a boa, e pronta administração do estado exigir, e S.M. fidelíssima confirmará por esta vez os títulos e cargos honoríficos assim como os empregos concedidos até ao presente no Brasil.

Art. 7.º — A Marinha de Guerra será comum a ambos os países.

Art. 8.º — Estabelecer-se-ão logo por lei as bases das relações comerciais, que hão de subsistir para o futuro entre Portugal e o Brasil, devendo os gêneros, e manufaturas de lavra, produção ou indústria de um e outro país transportados diretamente em vasos nacionais, serem mutuamente recebidos com menores direitos do que houverem de pagar pelos mesmos gêneros as nações mais favorecidas: de modo a promover-se eficazmente a Indústria respectiva de ambos, e devendo particularmente atender-se a favorecer os vinhos de portugal por serem o objeto mais considerável de exportação deste reino.

Art. 9.º — A dívida pública de Portugal havendo sido contraída para bem comum, e para defesa, e manutenção de ambos os países, será garantida e suportada por ambos, contribuindo cada um deles para a sua extinção com a parte que se ajustar.

Art. 10.º — Aquele dos dois países em que se não achar residindo o soberano, concorrerá anualmente com a soma de..... para o lustre, e sustentação da Casa Real. S.M. fidelíssima deixará agora para o uso do imperador regente o gozo das suas propriedades e domínios particulares no Brasil.

Art. 11.º — Deverão (sic)haver sempre comissários portugueses, e brasileiros reciprocamente residindo em ambos os países para serem mantidas por meio deles as suas mútuas, e recíprocas obrigações.

Art. 12.º — Os agentes diplomáticos nas cortes estrangeiras serão nomeados pelo soberano, o qual escolherá indistintamente para esses empregos portugueses, e brasileiros, os quais deverão manter correspondência com ambos os governos na forma das instruções de que forem munidos; e a sua manutenção pesará igualmente sobre os dois países.

Art. 13.º — As possessões da coroa na Ásia, na África e nas Ilhas adjacentes aos antigos continentes continuarão a ser consideradas perpetuamente como dependências da coroa de Portugal.

Art. 14.º — Cessarão imediatamente todas as hostilidades. As presas de navios, ou propriedades confiscadas serão restituídas ou indenizadas pelo Brasil (não podendo neste artigo estipular-se reciprocidade, porquanto S.M. fidelíssima não tem mandado praticar, nem permitido ato algum desta natureza).

Art. 15.º — Nomear-se-ão comissários de ambos (sic) as partes para ajustarem num prazo determinado a execução do artigo precedente, assim como dos artigos 8.º, 9.º e 10.º do presente ato de reconciliação.

Art. 16.º — Tanto os Indivíduos portugueses, que se acham no Brasil, como os brasileiros residentes em Portugal, estarão sempre em perfeita liberdade de continuarem a residir onde se acham ou de regressarem para as suas respectivas pátrias, podendo transportar ou vender, se quiserem, os bens móveis ou imóveis que possuírem.

Art. 17.º — Os atos legislativos tanto num como no outro país emanarão sempre da autoridade do soberano: porém naquele dos dois países, em que o soberano não residir, poderá o regente, quando a urgência das circunstâncias o exigir, promulgar leis, as quais serão tidas como válidas por espaço de um ano, dentro do qual se deverá procurar a sanção do soberano.

Art. 18.º — Uma vez que depois da aceitação final deste ato, qualquer das duas partes da monarquia ou das suas províncias tente desmembrar-se do estado, S.M. fidelíssima se reserva a faculdade, e o direito de empregar a força para a reduzir à sua devida obediência. Este ato de reconciliação será acompanhado da garantia de todos os governos que quiserem tomar parte nele, para receber desse modo a maior solenidade de que for suscetível.

Assinado: Marquês de Palmella
Está conforme: Conde de Villa Real

DOCUMENTO Nº 11
CONFÉRENCE BRÉSILIENNE

Protocole de la sixième Séance, le 11 Novembre 1824
    Présens: M. le Comte de Villa Real, le Prince Esterhazy, M. Canning, M. de Neumann, M. le Général Brandt, M. le Chevalier de Gameiro.
    Monsieur le Plénipotentiaire Portugais a annoncé être chargé par ordre de son Gouvernement, de présenter à MM. les Plénipotentiaires Brésiliens une Esquisse d'un acte de Réconciliation entre le Portugal et le Brésil, et a fait en même temps la déclaration suivante.
    "Le Plénipotentiaire Portugais, avant de faire la communication dont il est chargé, croit de son devoir de faire quelques observations qui mettront en évidence la conduite modérée et conciliante du Gouvernement Portugais dans toute cette négociation. Il doit rappeler d'abord que les seules bases sur lesquelles Sa Majesté Très Fidèle a consenti à entrer en négociation avec le Gouvernement du Rio de Janeiro étaient la cessation totale de toute sorte d'hostilités de la part de ce Gouvernement, la restitution et l'indemnisation des prises faites sur les Portugais, et enfin le rétablissement du commerce entre les deux pays. Sa Majesté Très Fidèle a déclaré aussi que si l'on accédait à ces trois points de la part du Brésil, il consentirait à entrer en négociations sans exiger la reconnaissance préalable de Sa Souveraineté sur le Brésil, pourvu que de l'autre côté on n'exigerait point la reconnaissance préalable de l'Indépendance du Brésil.
    "Ces principes reconnus justes par le Cabinet Britannique et par le Cabinet Autrichien, ont été présentés et appuyés par le premier auprès du Gouvernement du Rio de Janeiro; le Cabinet Autrichien les ayant également appuiés aussitôt qu'il en a eu connaissance. Il semblait donc indubitable qu'après de telles dèmarches le Gouvernement du Rio de Janeiro ne se refuserait pas à les admettre explicitement. Si Sa Majesté Très Fidèle avait décidé retarder la négociation, s'il n'était animé du désir bien sincère d'accélérer au contraire la négociation entre les Deux Pays, il n'aurait eu qu'un motif trop juste d'attendre des assurances positives du Gouvernement du Rio de Janeiro, sur l'admission des bases qui lui avaient été présentées. Cependant, aussitôt qu'il apprit que les Plénipotentiaires Brésiliens étaient arrivés en Angleterre, il nomma un Plénipotentiaire pour entrer en négociations

avec eux. On se rappellera sans doute que le Plénipotentiaire Portugais étant encore dans l'incertitude sur la résolution du Gouvernement du Rio de Janeiro, à l'égard des bases qui lui avaient été présentées, et ayant seulement l'espoir qu'elles seraient adoptées par lui, a déclaré positivement que l'expédition qui se préparait en Portugal ne mettrait à la voile que dans le cas de la rupture de la négociation, ou du renouvellement, ou continuation des hostilités.

"On a vu cependant, dans les premières conférences que MM. les Plénipotentiaires du Brésil ne se conformaient point au principe de mettre de côté la reconnaissance de l'Indépendance du Brésil, et d'après cela il aurait peut-être été du devoir du Plénipotentiaire Portugais d'arrêter aussitôt la négociation. Mais tout en maintenant les droits légitimes et incontestables de Son Souverain, le Plénipotentiaire Portugais a encore facilité la marche de la négociation en se persuadant d'après quelques explications d'une nature plus conciliante de MM. les Plénipotentiaires du Brésil, qu'il serait possible de s'entendre avec eux sur les bases d'un arrangement avantageux aux deux Pays, puisque Sa Majesté Très Fidèle, qui avait déjà antérieurement et par un acte spontanée élevé le Brésil à la Catégorie de Royaume, était toujours disposé à lui en confirmer les avantages en lui accordant une administration tout à fait indépendante. C'est lorsque la négociation marchait vers ce but que l'on reçut la nouvelle de la condamnation du Brick Portugais Voador. Elle n'a pu que produire une impression très défavorable dans l'esprit de MM. les Plénipotentiaires d'Angleterre et d'Autriche, et aurait justifié pleinement le Plénipotentiaire Portugais de rompre la négociation. Cependant, voulant toujours montrer à quel point Sa Majesté Très Fidèle portait sa modération, le Plénipotentiaire Portugais a consenti encore à suivre la négociation, lorsque l'on eut connaissance des Réponses peu favorables que le Gouvernement du Rio de Janeiro a faites aux Représentations qui lui furent adressées par ordre du Cabinet Britanique. On observera d'abord que le Ministre du Rio de Janeiro avait répondu aux premières Représentations que M. Chamberlain lui a faites pour l'engager à faire cesser les hostilités contre les Portugais, que le Gouvernement du Rio de Janeiro avait donné toutes les Instructions nécessaires à ses Plénipotentiaires en Angleterre. Mais lorsqu'ils furent interpellés par le Plénipotentiaire Portugais, ils répondirent simplement à la première conférence que les hostilités avaient cessé de fait, et se refusèrent à faire une déclaration positive à cet égard, en ajoutant qu'ils en écriraient de nouveau à leur Gouvernement. Une seconde démarche, plus positive encore que la première ayant été faite par M. Chamberlain auprès du Gouvernement du Rio de Janeiro, auquel il a représenté que ce Gouvernement ne pourrait avec justice ni avec prudence se refuser à l'ouverture qui lui était faite par la mère patrie, on aurait dû croire qu'à la suite d'une intervention aussi puissante il aurait muni les Plénipotentiaires d'instructions satisfaisantes, d'autant plus que le Gouvernement du Rio de Janeiro s'était rapporté de nouveau aux explications que donneraient MM. les Plénipotentiaires Brésiliens. Lorsque ceux-ci furent interpellés ils ont dit seulement:

"1º Quant à la cessation des hostilités, que le Gouvernement du Rio de Janeiro n'attaquerait point les Colonies Portugaises, ce qui ne revient pas à une déclaration positive qu'il ferait cesser toutes sortes d'hostilités contre les Portugais.

"2º Quant au rétablissement des relations de Commerce, MM. les Plénipotentiaires Brésiliens ont déclaré seulement que le Gouvernement du Rio de Janeiro le faciliterait avec les précautions qu'exigeait l'opinion publique au Brésil, ce qui revient à dire que le Commerce direct ne serait point rétabli.

"3º Pour ce qui regarde le séquestre des Propriétés Portugaises, MM. les Plénipotentiaires Brésiliens ont dit qu'il ne serait point continué, quoiqu'il soit connu de tout le monde qu'il n'existait plus alors des Propriétés Portugaises au Brésil. Mais ils n'ont rien déclaré sur l'indemnisation des propriétés qui avaient été séquestrées et n'ont donné aucune explication sur la condamnation du Brick Voador. Condamnation contraire aux principes du Droit des Gens reconnus même parmi les nations les moins civilisées, et d'autant plus extraordinaire qu'elle a été faite au moment où l'on savait que la négociation était ouverte à Londres.

"Le Plénipotentiaire Portugais croit inutile d'entrer dans un plus grand développement de ces faits pour mettre en évidence toutes les facilités que le Roi Son Auguste Maître a données pour parvenir à conclure un arrangement qui put réconcilier les deux pays tandis que de la part du Gouvernement du Rio de Janeiro, on n'a insisté que sur un seul point sans même annoncer quelles seraient les concessions qu'il serait disposé à faire pour l'obtenir.

"Sa Majesté Très Fidèle aurait pu s'en tenir à ce qu'il a fait jusqu'ici et attendre, avant de faire de nouvelles propositions, que le Prince Royal proposât lui même les bases d'un accommodement compatible avec la dignité du Roi Son Auguste Père. Mais mettant encore de côté toutes ces considérations et voulant donner une preuve encore plus évidente de sa modération, Sa Majesté a ordonné à son Plénipotentiaire de présenter à MM. les Plénipotentiaires Brésiliens l'esquisse d'un acte de Réconciliation aussi honorable qu'avantageux pour les deux Pays. MM. les Plénipotentiaires de l'Autriche et de l'Angleterre ne pourront que rendre justice à la modération qui règne dans tous les articles du Projet que l'on propose, et à l'esprit de conciliation que Sa Majesté Très Fidèle a fait voir dans tous le cours de cette négociation. C'est dans cette conviction que le Plénipotentiaire Portugais réclame de MM. les Plénipotentiaires d'Autriche et d'Angleterre leur appui efficace en faveur de l'acte de Réconciliation qu'il présente à MM. les Plénipotentiaires Brésiliens."

Sur quoi l'Esquisse de cet acte a été délivrée, et des Copies en ont été données à MM. les Plénipotentiaires de l'Autriche et de la Grande-Bretagne et la séance a été levée.

DOCUMENTO Nº 12

Ofício de Caldeira Brant e Gameiro Pessoa a Mr. George Canning e ao príncipe Esterhazy e barão de Neumann.

Monsieur,
Le retard que nous avons éprouvé depuis le 11 Novembre dernier à être invités à une conférence, et la nouvelle du prochain départ d'un dés plus distingués Diplomates Anglais (Sir Charles Stuart) qui doit se rendre à Rio-Janeiro, chargé d'une mission spéciale, nous ont fait sentir la nécessité de ne pas tarder plus longtemps à nous expliquer sur le Contre-Projet de Traité présente par M. le Plénipotentiaire Portugais dans la dernière Conférence, et nous avons pris le parti de le faire au moyen du présent office. — Votre Excellence sait très bien que nous ne nous sommes décidés à entrer en négociation avec le Plénipotentiaire Portugais, et à profiter des bons offices des Deux Hautes Puissances qui ont bien voulu nous les accorder, que sur la seule base de la reconnaissance de l'indépendance absolue

et de la souveraineté du Brésil; et comme le Projet de Traité en question est tout à fait contraire à cette base, notre devoir nous prescrit de ne pas l'accepter; ce que nous faisons avec d'autant plus d'assurance, que nous savons que notre Gouvernement a déjà prononcé sur lui un rejet péremptoire et formel, quand le Ministère Portugais, oubliant les égards qui étaient dus aux Cours Médiatrices, l'a porté à sa connaissance par l'entremise d'un agent secret qu'il a envoyé à Rio-Janeiro au mois de Juin dernier. — Nous prions donc Votre Excellence de vouloir bien, de concert avec MM. les Plénipotentiaires Autrichiens, communiquer à M. le Plénipotentiaire Portugais la résolution définitive que nous avons prise de rejeter le Contre-Projet de Traité qu'il nous a présente. Et comme nous sentons que la dignité du Brésil ne permet pas la continuation d'une négociation déjà trop prolongée, et qui sous les puissants auspices des Cours de Londres et de Vienne n'a pas pu être amenée à une fin honorable pour les deux Pays, nous nous sommes décidés, en outre, à discontinuer la négociation dès à présent. — Mais si les efforts réunis des Deux Hautes Puissances n'ont pas été couronnés d'un complet succès, le Gouvernement Brésilien n'en est pas moins reconnaissant. Et nous nous estimons heureux d'être l'organe des sentiments de vive gratitude dont il est pénétré envers les Deux Cours Médiatrices.

En même temps nous vous prions d'agréer nos remerciements personnels et les assurances de la très haute considération avec laquelle nousavons l'honneurd'être,
Londres, ce 10 Février 1825.
Le Général Brant. Le Chevalier Gameiro.

Son Excellence le Très Honorable George Canning, Principal Secrétaire d'Etat au Département des Affaires Étrangères.

Nesta mesma conformidade e data se oficiou aos plenipotenciários austríacos (o príncipe de Esterhazy e o barão de Neumann).

DOCUMENTO N.º 12 A

Resposta do príncipe Esterhazy e barão de Neumann ao precedente Ofício.

Messieurs,

Nous avons reçu la Communication en date du 10 décembre que Vous nous avez fait l'honneur de nous adresser, à l'effet de Vous expliquer sur le Contre-projet présenté à la Conférence du 11 Novembre dernier, par M. le Plénipotentiaire Portugais, en suite d'ordre de sa Cour. Si la détermination que Vous avez prise n'a pu manquer de nous causer des vifs régrêts, nous devons croire qu'il Vous aura été impossible de l'éviter.

Nous n'avons sous ce point aucune observation à faire; il n'en est pas de même d'un passage de la dite Communication par lequel vous déclarez que les bons offices des Puissances médiatrices n'ont été acceptés par Vous que sur la base de la reconnaissance et de l'indépendance absolue du Brésil, tandis qu'il a été convenu d'un commun accord que la négociation s'entamerait sans toucher l'objet du droit de souveraineté d'un côté et de l'indépendance de l'autre: s'il avait pu exister le moindre doute sur la position de l'Autriche à cet égard, la déclaration réservée au Protocole du 11 et 12 Août 1824 aurait dû les dissiper.

Nous saisissons cette occasion, Messieurs, pour rendre une justice entière à l'esprit de Conciliation que Vous avez déployé dans plus d'une occasion, et nous ne manquerons point de l'exposer sous son véritable jour à notre Auguste Cour.

Veuillez agréer l'assurance de notre Considération très distinguée.
Chandos House, le 14 Février 1825

ESTERHAZY, NEUMANN.
A M. le Général BRANT et M. le Chevalier DE GAMEIRO

DOCUMENTOS N.ºˢ 13, 14, 15 e 16

N.º 13

Tratado de Paz, e Aliança entre o Senhor D. Pedro I, Imperador do Brasil, e D. João, Rei de Portugal, assinado no Rio de Janeiro em 29 de agosto de 1825, e ratificado por parte do Brasil em 30 do dito mês, e pela de Portugal em 15 de novembro do mesmo ano.

Em Nome da Santíssima e Indivisível Trindade,

Sua Majestade fidelíssima tendo constantemente no seu real ânimo os mais vivos desejos de restabelecer a paz, amizade, e boa harmonia entre povos irmãos, que os vínculos mais sagrados devem conciliar, e unir em perpétua aliança, para conseguir tão importantes fins, promover a prosperidade geral, e segurar a existência política, e os destinos futuros de Portugal, assim como os do Brasil, e querendo de uma vez remover todos os obstáculos, que possam impedir a dita aliança, concórdia, e felicidade de um, e outro estado, por seu diploma de treze de maio do corrente ano, reconheceu o Brasil na categoria de império independente, e separado dos Reinos de Portugal, e Algarves, e a seu sobre todos muito amado, e prezado filho Dom Pedro por imperador, cedendo, e transferindo de sua livre vontade a soberania do dito império ao mesmo seu filho, e seus legítimos sucessores, e tomando somente, e reservando para a sua pessoa o mesmo título.

E estes Augustos senhores, aceitando a mediação de sua majestade Britânica para o ajuste de toda a questão incidente à separação dos dois estados, tem nomeado plenipotenciários, a saber:

Sua majestade imperial ao ilustríssimo e excelentíssimo Luiz José de Carvalho e Mello, do Conselho de Estado, dignitário da Imperial Ordem do Cruzeiro, comendador das Ordens de Cristo, e da Conceição, e ministro e secretário de estado dos Negócios Estrangeiros; ao Ilustríssimo e excelentíssimo barão de Santo Amaro, Grande do Império, do Conselho de Estado, gentil-homem da Imperial Câmara, dignitário da Ordem do Cruzeiro, e comendador das Ordens de Cristo, e da Torre e Espada; e ao ilustríssimo e excelentíssimo Francisco Villela Barbosa, do Conselho de Estado, Grão Cruz da Imperial Ordem do Cruzeiro, Cavaleiro da Ordem de Cristo, Coronel do Imperial Corpo de Engenheiros, Ministro e Secretário de Estado dos Negócios da Marinha, e Inspetor Geral da Marinha.

Sua majestade fidelíssima ao ilustríssimo e excelentíssimo cavalheiro sir Carlos Stuart, conselheiro privado de sua Majestade britânica, grão cruz da Ordem da Torre e Espada, e da Ordem do Banho.

E vistos e trocados os seus plenos poderes, convieram em que, na conformidade dos princípios expressados neste preâmbulo, se formasse o presente tratado.

Artigo I

Sua Majestade fidelíssima reconhece o Brasil na categoria de Império independente, e separado dos reinos de Portugal e Algarves; e a seu sobre todos muito amado, e prezado filho Dom Pedro por imperador, cedendo, e transferindo de sua livre vontade a soberania do dito império ao mesmo seu filho, e a seus legítimos sucessores. Sua Majestade fidelíssima toma somente, e reserva para a sua pessoa o mesmo título.

Artigo II

Sua Majestade imperial, em reconhecimento de respeito, e amor a seu Augusto pai o senhor Dom João VI, anui a que sua Majestade fidelíssima tome para a sua pessoa o título de imperador.

Artigo III

Sua Majestade imperial promete não aceitar proposições de quaisquer colônias Portuguesas para se reunirem ao império do Brasil.

Artigo IV

Haverá de ora em diante paz e aliança, e a mais perfeita amizade entre o império do Brasil, e os reinos de Portugal, e Algarves, com total esquecimento das desavenças passadas entre os povos respectivos.

Artigo V

Os súditos de ambas as nações, Brasileira, e Portuguesa, serão considerados, e tratados nos respectivos estados como os da nação mais favorecida e amiga, e seus direitos, e propriedades religiosamente guardados e protegidos; ficando entendido que os atuais possuidores de bens de raiz serão mantidos na posse pacífica dos seus bens.

Artigo VI

Toda a propriedade de bens de raiz ou móveis, e ações, sequestradas ou confiscadas, pertencentes aos súditos de ambos os soberanos, do Brasil, e Portugal, serão restituídas, assim como os seus rendimentos passados, deduzidas as despesas da Administração, ou seus proprietários indenizados reciprocamente pela maneira declarada no artigo oitavo.

Artigo VII

Todas as embarcações, e cargas apresadas, pertencentes aos súditos de ambos os soberanos, serão semelhantemente restituídas, ou seus proprietários indenizados.

Artigo VIII

Uma comissão nomeada por ambos os governos, composta de Brasileiros, e Portugueses em número igual, e estabelecida onde os respectivos governos julgarem por mais conveniente, será encarregada de examinar a matéria dos artigos sexto e sétimo; entendendo-se que as reclamações deverão ser feitas dentro do prazo de um ano, depois de formada a comissão, e que no caso de empate nos votos será decidida a questão pelo representante do soberano mediador. Ambos os Governos indicarão os fundos, por onde se hão de pagar as primeiras reclamações líquidas.

Artigo IX

Todas as reclamações públicas de governo a governo serão reciprocamente recebidas, e decididas, ou com a restituição dos objetos reclamados, ou com uma indenização do seu justo valor. Para o ajuste destas reclamações, ambas as altas partes contratantes convieram em fazer uma convenção direta, e especial.

Artigo X

Serão restabelecidas desde logo as relações de comércio entre ambas as nações, brasileira, e portuguesa, pagando reciprocamente todas as mercadorias quinze por cento de direitos de consumo provisoriamente, ficando os direitos de baldeação e reexportação da mesma forma, que se praticava antes da separação.

Artigo XI

A recíproca troca das Ratificações do presente tratado se fará na cidade de Lisboa, dentro do espaço de cinco meses, ou mais breve, se for possível, contados do dia da assinatura do presente Tratado.
Em testemunho do que nós abaixo-assinados, plenipotenciários de sua majestade imperial, e de sua majestade fidelíssima, em virtude dos nossos respectivos plenos poderes, assinamos o presente tratado com os nossos punhos, e lhe fizemos pôr os selos das nossas Armas.
Feito na cidade do Rio de Janeiro, aos vinte e nove dias do mês de agosto do ano do nascimento de nosso senhor Jesus Cristo de mil oitocentos e vinte cinco.
(Assinados). — L.S. Luiz José de Carvalho e Mello. — L.S. Barão de Santo Amaro. — L.S. Francisco Villela Barbosa. — L.S. Charles Stuart.
E sendo-nos presente o mesmo tratado, cujo teor fica acima inserido, e sendo bem visto, considerado, examinado por nós tudo o que nele se contém, tendo, e ouvido o nosso Conselho de estado, o aprovamos, ratificamos, e confirmamos assim no todo, como em cada um dos seus artigos, e estipulações, e pela presente o damos por firme e valioso para sempre. Prometendo em fé e palavra imperial observá-lo, e cumpri-lo inviolavelmente, e fazê-lo cumprir e observar por qualquer modo que possa ser. Em testemunho e firmeza do sobredito fizemos passar a presente carta por Nós assinada, passada com o selo grande das armas do império, e referendada pelo nosso ministro e secretário de Estado abaixo assinado. Dada no Palácio do Rio de Janeiro, aos trinta dias do mês de agosto do ano do nascimento de nosso senhor Jesus Cristo de mil oitocentos e vinte cinco. — Pedro, Imperador, *Com Guarda*. — Luiz José de Carvalho e Mello.

Nº 14

Carta de Lei pela qual El-Rei o Senhor dom João VI manda publicar, e cumprir a Ratificação de Tratado de Amizade, e Aliança de 29 de Agosto de 1825, entre Portugal e o Brasil, dada em Lisboa a 15 de Novembro do dito ano.

Dom João, por graça de Deus, rei do reino unido de Portugal, e do Brasil, e Algarves etc. etc. Aos Vassalos de todos os estados dos meus reinos e senhorios, saúde. Faço saber aos que esta carta de lei virem: que pela minha carta patente, dada no dia 13 de maio do corrente ano, fui servido tomar em minha alta consideração quanto convinha, e se tornava necessário ao serviço de Deus, e ao bem de todos os povos que a divina providência confiou a minha soberana direção, pôr termo aos males e dissensões que têm ocorrido no Brasil, em gravíssimo dano e perda, tanto dos seus naturais, como dos de Portugal e seus domínios, o meu paternal desvelo se ocupou constantemente de considerar quanto convinha restabelecer a paz, amizade, e boa harmonia entre os povos irmãos, que os vínculos mais sagrados devem conciliar, e unir em perpétua aliança. Para conseguir tão importantes fins, promover a prosperidade geral, e segurar a existência política, e os destinos futuros dos reinos de Portugal, e Algarves, assim como os do reino do Brasil, que com prazer elevei a essa dignidade, preeminência, e denominação, por carta de lei de 16 de dezembro de 1815, em consequência do que me prestaram depois os seus habitantes novo juramento de fidelidade no ato solene da minha aclamação em a corte do Rio de Janeiro: querendo de uma vez remover todos os obstáculos que pudessem impedir, e opor-se a dita aliança, concórdia, e felicidade de um e outro reino, qual pai desvelado que só cura do melhor estabelecimento de seus filhos: houve por bem ceder, e transmitir em meu sobre todos muito amado, e prezado filho Dom Pedro de Alcântara, herdeiro, e sucessor destes reinos, meus direitos sobre aquele país, criando, e reconhecendo sua independência com o título de império, reservando-me todavia o título de imperador do Brasil. Meus desígnios sobre este tão importante objeto se acham ajustados da maneira que consta do tratado de amizade, e aliança, assinado em o Rio de Janeiro em o dia 29 de agosto do presente ano, ratificado por mim no dia de hoje, e que vai ser patente a todos os meus fiéis vassalos, promovendo-se por ele os bens, vantagens e interesses de meus povos, que é o cuidado mais urgente do Meu paternal coração. Em tais circunstâncias, sou servido assumir o título de imperador do Brasil, reconhecendo o dito meu sobre todos muito amado, e prezado filho Dom Pedro de Alcântara, Príncipe real de Portugal, e Algarves, com o mesmo título também de imperador, e o exercício de soberania em todo o império; e mando que de ora em diante eu assim fique reconhecido com o tratamento correspondente a esta dignidade. Outrossim ordeno que todas as leis, cartas patentes, e quaisquer diplomas ou títulos, que se costumam expedir em o meu real nome, sejam passados com a fórmula seguinte: — dom João, por graça de Deus, imperador do Brasil e rei de Portugal e dos Algarves, de aquém e de além-mar, em África, Senhor de Guiné, e da Conquista, Navegação, e Comércio da Etiópia, Arábia, Pérsia, e da India etc. — E esta que desde já vai assinada com o título de imperador, e rei com guarda, se cumprirá tão inteiramente como nela se contém, sem dúvida ou embargo algum, qualquer que ele seja. Para que mando à mesa do desembargo do Paço etc. etc. Juízes, magistrados etc., a quem, e aos quais o conhecimento desta em quaisquer casos pertencer, que a cumpram, guardem, e façam inteira e literalmente cumprir, e guardar como nela se contém, sem hesitações ou interpretações que alterem as disposições dela, não obstante quaisquer leis, regimentos, alvarás, cartas régias, Assentos intitulados de cortes, disposições ou estilos que em contrário se tenham passado ou introduzido; porque todos, e todas de meu moto próprio, certa ciência, poder real, pleno e Supremo, derrogo e hei por derrogados, como se deles fizesse especial menção em todas as suas partes, não obstante a ordenação que o contrário determina, a qual também derrogo para este efeito somente, ficando aliás sempre em seu vigor. E ao doutor João de Mattos e Vasconcellos Barbosa de Magalhães, desembargador do Paço, do meu conselho, que serve de chanceler-mor destes reinos, mando que a faça publicar na chancelaria, e que dela se remetam cópias a todos os tribunais, cabeças de comarca, e vilas destes reinos e seus domínios ; registrando-se em todos os lugares onde se costumam registrar semelhantes leis, e mandando-se o original dela para a torre do Tombo. Dada no Palácio de Mafra, nos 15 dias do mês de novembro, ano do nascimento de nosso senhor Jesus Cristo de 1825. — imperador e rei. (Com guarda). — José Joaquim de Almeida e Araújo Corrêa de Lacerda.

Nº 15

Carta Patente (a que se refere a Carta de Lei de 15 de Novembro de 1825) pela qual El-Rei o Senhor D. João VI legitimou a Independência Política do Império do Brasil, ressalvando formalmente a sucessão de S. Majestade o Imperador o Senhor D. Pedro I à Coroa de Portugal; dada em Lisboa a 13 de Maio de 1825.

D. João, por graça de Deus, rei do Reino Unido de Portugal, e do Brasil e Algarves, de aquém, e de além-mar, em África Senhor de Guiné, e da conquista, navegação, e comércio da Etiópia, Arábia, Pérsia, e da Índia etc. etc. Faço saber aos que a presente carta Patente virem que, considerando eu quanto convém, e se torna necessário ao serviço de deus, e ao bem de todos os povos que a Divina providência confiou à minha soberana direção, pôr termo aos males e dissensões que têm ocorrido no Brasil, em gravíssimo dano, e perda, tanto dos seus naturais, como dos de Portugal, e seus domínios: e Tendo constantemente no meu real ânimo os mais vivos desejos de restabelecer a paz, amizade, e boa harmonia entre povos irmãos, que os vínculos mais sagrados devem conciliar, e unir em perpétua aliança: para conseguir tão importantes fins, promover a prosperidade geral, e segurar a existência política, e os destinos dos Reinos de Portugal, e Algarves, assim como os do Brasil, que com prazer elevei a essa dignidade, preeminência, e denominação, por carta de lei de 16 de dezembro de 1815, em consequência do que me prestaram depois os seus habitantes novo juramento de fidelidade no ato solene da minha aclamação em a corte do Rio de Janeiro; Querendo de uma vez remover todos os obstáculos que possam impedir, e opor-se à dita aliança, concórdia, e felicidade de um, e outro reino, qual rei desvelado, que só cura do melhor estabelecimento de seus filhos: sou servido, a exemplo do que praticaram os Senhores reis D. Afonso V, e D. Manoel, meus Gloriosos predecessores, e outros soberanos da Europa, ordenar o seguinte:

O reino do Brasil será daqui em diante tido, havido, e reconhecido com a denominação de Império, em lugar da de reino, que antes tinha;

Consequentemente tomo, e estabeleço para mim, e para os meus sucessores, o título, e dignidade de Imperador do Brasil, e Rei de Portugal e Algarves, aos quais se seguirão os mais títulos inerentes à coroa destes reinos.

O título de príncipe ou princesa imperial do Brasil, e real de Portugal e Algarves, será conferido ao Príncipe ou princesa, herdeiro ou herdeira das duas coroas imperial e real.

A administração, tanto interna como externa, do império do Brasil, será distinta, e separada da administração dos reinos de Portugal, e Algarves, bem como a destes da daquele.

E por a sucessão das duas coroas, imperial, e real, diretamente pertencer a meu sobre todos muito amado, e prezado filho o príncipe D. Pedro, nele, por este meu ato, e carta patente, cedo, e transfiro já de minha livre vontade o pleno exercício da soberania do império do Brasil, para o governar, denominando-se imperador do Brasil, e o de Rei de Portugal, e Algarves, com a plena soberania destes dois reinos, e seus domínios.

Sou também servido, como grão-mestre, governador, e perpétuo administrador dos mestrados, cavalaria, e ordens de nosso senhor Jesus Cristo, de S. Bento de Aviz, e de S. Tiago da Espada, Delegar, como Delego, no dito meu filho, imperador do Brasil, e príncipe real de Portugal, e Algarves, toda a jurisdição, e poder para conferir os Benefícios da primeira ordem, e os hábitos de todas elas no dito império.

Os naturais do reino de Portugal, e seus domínios serão considerados no império do Brasil como brasileiros, e os naturais do Império do Brasil no reino de Portugal, e seus domínios, como Portugueses; conservando sempre Portugal os seus antigos foros, liberdades, e louváveis costumes.

Para memória, firmeza, e guarda de todo o referido, Mandei fazer duas cartas patentes deste mesmo teor, assinadas por Mim, e seladas com o meu selo grande; das quais uma Mando entregar ao sobredito meu filho, imperador do Brasil, e príncipe real de Portugal, e Algarves, e outra se conservará, e guardará na Torre de Tombo; e valerão ambas como se fossem cartas passadas pela Chancelaria, posto que por ela não hajam de passar, sem embargo de toda, e qualquer legislação em contrário, que para esse fim revogo como se dela fizesse expressa menção.

Dada no Palácio da Bemposta, aos 13 do mês de maio de 1825. — El-Rei, *Com Guarda*.

Nº 16

Convenção adicional ao Tratado de Amizade, e Aliança de 29 de Agosto de 1825 entre o Senhor Dom Pedro I Imperador do Brasil, e Dom João VI, Rei de Portugal, assinada no Rio de Janeiro naquela mesma data, e ratificada por parte do Brasil em 30 de Agosto, e pela de Portugal em 15 de Novembro do dito ano.

Em Nome da Santíssima e Indivisível Trindade.

Havendo-se estabelecido no artigo ix do tratado de paz, e aliança, firmado na data desta, entre Portugal, e o Brasil, que as reclamações públicas de um a outro governo seriam reciprocamente recebidas e decididas, ou com a restituição dos objetos reclamados, ou com uma indenização equivalente, convindo-se em que, para o ajuste delas, ambas as altas partes contratantes fariam uma convenção direta, e especial; e, considerando-se depois ser o melhor meio de terminar esta questão o fixar-se, e ajustar-se desde logo em uma quantia certa, ficando extinto todo o direito para as recíprocas, e ulteriores reclamações de ambos os governos: os abaixo-assinados, o ilustríssimo e excelentíssimo Luiz José de Carvalho de Mello, do Conselho de Estado, dignitário da Imperial Ordem do Cruzeiro, comendador das Ordens de Cristo, e da Conceição, e ministro, e Secretário de Estado dos Negócios Estrangeiros; o Ilustríssimo e Excelentíssimo barão de Santo Amaro, grande do Império, do conselho de Estado, gentil-homem da Imperial Câmara, dignitário da Imperial Ordem do Cruzeiro, e comendador das Ordens de Cristo, e da Torre, e Espada; o ilustríssimo e excelentíssimo Francisco Villela Barbosa, do conselho de Estado, Grã Cruz da Imperial Ordem do Cruzeiro, Cavaleiro da Ordem de Cristo, coronel do Imperial Corpo de Engenheiros, Ministro e secretário de Estado dos Negócios da Marinha, e Inspetor Geral da Marinha, plenipotenciários de Sua Majestade o Imperador do Brasil, debaixo da mediação de Sua majestade britânica, e sir Charles Stuart, conselheiro privado de sua majestade britânica, grã cruz da Ordem da Torre, e Espada, Plenipotenciário de sua majestade fidelíssima El-Rei de Portugal, e Algarves; convieram, em virtude dos seus plenos poderes respectivos, em os artigos seguintes:

Artigo I

Sua majestade imperial convém, à vista das reclamações apresentadas de governo a governo, em dar ao de Portugal a soma de dois milhões de libras esterlinas; ficando com esta soma extintas de ambas as partes todas e quaisquer outras reclamações, assim como todo o direito a indenizações desta natureza.

Artigo II

Para o pagamento desta quantia toma sua majestade imperial sobre o Tesouro do Brasil o empréstimo que Portugal tem contraído em Londres no mês de outubro de mil oitocentos e vinte e três, pagando o restante, para perfazer os sobreditos dois milhões esterlinos, no prazo de um ano, a quartéis, depois da ratificação, e publicação da presente convenção.

Artigo III

Ficam excetuadas da regra estabelecida no artigo I desta convenção as reclamações recíprocas sobre transporte de tropas, e despesas com as mesmas tropas.
Para liquidação destas reclamações haverá uma comissão mista, formada, e regulada pela mesma maneira que se acha estabelecido no Artigo VIII do Tratado de que acima se faz menção.

Artigo IV

A presente convenção será ratificada, e a mútua troca das ratificações se fará na cidade de Lisboa dentro do espaço de cinco meses, ou mais breve se for possível.
Em testemunho do que, nós abaixo-assinados, plenipotenciários de sua majestade El-Rei de Portugal, e de sua majestade o imperador do Brasil, em virtude de nossos respectivos plenos poderes, assinamos a presente Convenção, e lhe fizemos pôr os Selos das nossas Armas.
Feita na cidade do Rio de Janeiro, nos 29 dias do mês de Agosto de 1825. — (L. S.) Luiz José de Carvalho e Mello. — (L. S.) Ba-

rão de Santo Amaro. — (L. S.) Francisco Villela Barbosa. — (L. S.) Charles Stuart.

Carta Régia pela qual El-Rei o Senhor Dom Pedro IV. Abdicou a Coroa Portuguesa a favor da Sua Filha a Senhora Princesa Dona Maria da Glória, dada no Rio de Janeiro a 2 de Maio de 1826.[77]

Dom Pedro, por Graça de Deus, Rei de Portugal e dos Algarves, de aquém e de além-mar, em África Senhor de Guiné, da Conquista, navegação e comércio da Etiópia, Arábia, Pérsia e da Índia etc. Faço saber a todos os meus súditos portugueses, que, sendo incompatível com os interesses do Império do Brasil, e os do reino de Portugal, que eu continue a ser rei de Portugal, Algarves, e seus domínios, e querendo facilitar aos ditos reinos quanto em mim couber: hei por bem, de meu moto próprio, e livre vontade, abdicar, e ceder de todos os indisputáveis, e inauferíveis Direitos que tenho à coroa da Monarquia Portuguesa, e à soberania dos mesmos reinos, na pessoa da minha sobre todas muito amada, prezada, e querida filha, a princesa do Grão-Pará dona Maria da Glória, para que Ella, como sua rainha reinante, os governe independentes deste Império, e pela Constituição que eu houve por bem decretar, dar e mandar jurar por minha carta de lei de 29 de abril do corrente ano; e outrossim sou servido declarar que a dita minha filha, rainha reinante de Portugal, não sairá do Império do Brasil sem que me conste oficialmente que a Constituição foi jurada conforme eu ordenei, e sem que os esponsais do casamento, que pretendo fazer-lhe com o Meu muito amado e prezado Irmão, o Infante Dom Miguel, estejam feitos, e o casamento concluído; e esta minha Abdicação e cessão não se verificará (sic), se faltar qualquer destas duas condições. Pelo que mando a todas as autoridades, a que o conhecimento desta minha carta de lei pertencer, a façam publicar para que conste a todos os meus súditos portugueses esta minha deliberação. A regência desses Meus reinos e domínios, assim o tenha entendido e a faça imprimir, e publicar do

---

[77] Este documento acompanha os anteriores na *Coleção dos Tratados* de Pereira Pinto, e forma como que o seu último comentário. Servirá aqui de transição para a continuação deste trabalho, sob o título: *Do reconhecimento à abdicação* (1825-1831).

modo mais autêntico, para que se cumpra inteiramente o que nela se contém, e valerá por carta passada pela chancelaria, posto que por ela não há de passar, sem embargo da ordenação em contrário, que somente para este efeito hei por bem derrogar, ficando aliás em seu vigor, não obstante a falta de referenda, e mais formalidades do estilo que igualmente sou servido dispensar.

Dada no Palácio do Rio de Janeiro, nos 2 dias do mês de Maio do ano do nascimento de nosso senhor Jesus Cristo de 1826. — El-Rei, com guarda.

Este livro foi impresso na Edigráfica.
Rua Nova Jerusalém, 345 Bonsucesso, Rio Janeiro, RJ.